Hans Donat

Außenborder
auf Yachten

Hans Donat

Außenborder auf Yachten

pflegen · warten · reparieren

So wird's gemacht

Delius Klasing Verlag

Von Hans Donat erschienen im
Delius Klasing Verlag
folgende Titel:

Ausbau von Bootsrümpfen
Außenborder
Bootsmotoren - Diesel und Benzin
Dieselmotoren auf Yachten
Kleine Boote selbst gebaut
Mehr Meilen mit weniger Sprit
Motorsegler
Schiffe aus zweiter Hand
Sicherheit und Technik auf Segelyachten
Signaltafeln für die Berufs- und Sportschiffahrt
Tafeln Seemannschaft
Yacht-Bordbuch

Bildnachweis

Die Vorlagen oder Bildteile für die Abbildungen stammen von folgenden Firmen
(die Ziffern in Klammern verweisen auf die Seite):
Evinrude (14, 16, 54), Force (172, 173), Honda (169, 174, 175), Johnson (10, 11, 21, 22, 30, 47,
49, 53, 87, 112, 113, 114, 123, 169, 176, 177),König (178, 179), Mariner (11, 98, 99, 180, 181),
Mercury (9, 11, 30, 31, 32, 34, 35, 43, 57, 62, 63, 69, 80, 81, 84, 89, 96, 165, 168, 182, 183),
Selva (186, 187), Suzuki (26, 31, 36, 37, 45, 59, 71, 83, 92, 120, 184, 185), Tohatsu (56, 58, 71,
72, 77, 86, 188, 189), Volvo Penta (13, 30, 33, 40, 190, 191), Yamaha (8, 11, 13, 17, 23, 29, 39,
41, 42, 52, 68, 82, 87, 93, 116, 117, 167, 192, 193), Yanmar (194,195), Zündapp (196).

Die Deutsche Bibliothek - CIP-Einheitsaufnahme

Donat, Hans:
Aussenborder auf Yachten: pflegen - warten - reparieren;
so wird´s gemacht / Hans Donat. - 1. Aufl. -
Bielefeld: Delius Klasing, 1992

ISBN 3-7688-0742-8

© Copyright by Delius Klasing & Co., Bielefeld
Zeichnungen und Photos: Hans Donat,
nach Originalen der im Quellenverzeichnis auf Seite 199
und oben genannten Firmen.
Belichtung: Schwarzenbeker Buchdruckerei
Layout und DTP: Hans Donat
Printed in Germany 1992
Druck: Paderborner Druck Centrum

Wunschdenken ?

Wenn man in den Prospekten der Außenborder-Hersteller blättert, hat man den Eindruck, alle Motoren seien Kennfeld-gesteuert und so leicht zu handhaben, als hätte man einen Joy-Stick in der Hand.
Wenn man in den Betriebsanleitungen blättert, wird man das Gefühl nicht los, daß man auf Herstellerseite nicht viel davon hält, dem Skipper den Motor näher zu bringen. Man malt stattdessen das Bild einer Maschine, die man zur Werkstatt trägt, wenn sie nicht tut, was man will. Man versucht den Eindruck zu erwecken, als sei die preiswerte und allzeit bereite Werkstatt mit den netten Service-Männern gleich um die Ecke.
Ganz so ist es denn doch nicht!
Außenborder sind immer noch Motoren, die Lärm machen und Kraftstoff verbrauchen. Und obwohl sie sicherer geworden sind, tun sie auch mal nicht das, was man will, und das meistens Sonntag nachmittag, wenn es ohnehin kaum eine geöffnete Werkstatt gibt. Es sind auch nicht alle Außenborder Kennfeld-gesteuert, sondern höchstens ein oder zwei Topmodelle eines Herstellers.
Der Skipper ist immer noch derjenige, der die Probleme in den Griff bekommen muß. Und genau das war der Beweggrund für dieses Buch. Unter anderem ausgelöst durch den Erfolg des Buches "Dieselmotoren auf Yachten". Die Ausgabe hat gezeigt, wie wichtig diese Bücher sind, die zwischen der komplexen Technik des Sportgerätes und dem Skipper vermitteln und Hilfestellung bieten, unter dem Motto

"So wird´s gemacht"

Möge dieses Buch auch Ihnen einige Wochenenden retten, dann ist sein Zweck erfüllt.

Gute Fahrt und
glückliche Heimkehr

Inhaltsverzeichnis

Fahren ohne Störung

Störungsfreies Fahren ist sehr eng mit dem Begriff Sicherheit verbunden, und es sind gerade die Dinge, zu denen man nicht vordergründig gezwungen wird, die ein sicheres Fahren mit dem Motor gewährleisten.

Störungsfreies Fahren erfordert die Erfüllung der drei Grundkriterien, die auf Technik allgemein angewendet werden können.

- **Richtig kaufen**
- **Richtig warten und pflegen**
- **Richtig bedienen und fahren**

Boot und Motor sind technische Sportgeräte. Das Ziel: Freude am Fahren.

1. Richtig kaufen

Richtig kaufen schließt konsequente Planung, richtige Einschätzung der Einsatzart und die realistische Beurteilung der finanziellen Belastung ein.

Einen Außenborder mit zu geringer Leistung zum Boot zu kaufen, ist zwar keine solche Katastrophe wie bei einer Einbaumaschine, bedeutet aber bei Neukauf der richtigen Maschine finanzielle Einbuße und wahrscheinlich einen Sommer lang schlechte Erfahrung.

Was sehr wichtig ist, wenn Sie mit Boot und Motor die ersten Schritte tun:

Sie kaufen den Motor einschließlich der Auslieferungsinspektion. D.h., der Motor muß mit dem richtigen Propeller an Ihrem Boot und im Wasser von Händler abgenommen werden!

Die zwei Welten technischer Sportgeräte: Viel Freude, dank gründlicher Wartung ➡

Die Garantie ist sonst in Frage gestellt. Diese Auslieferungsinspektion umfaßt über den Daumen gepeilt folgende Punkte (der genaue Inspektionsumfang steht in der Garantie):

Sinnvolle Motorisierung
Betriebsbereitschaft des Motors
Prop-Abstimmung und Drehzahlcheck
Optimale Vergasereinstellung
Prüfung der Schaltung und Lenkung
Kontrolle aller Systeme
Einführung des Käufers

Da die Wahrscheinlichkeit groß ist, daß Sie Boot und Motor bereits besitzen, wenn Sie dieses Buch lesen, wurde getreu dem Motto "Pflegen - Warten - Reparieren" auf weitere Details zum Thema Kaufen verzichtet.

2. Richtig warten und pflegen
Wartung und Pflege kommen immer vor dem Fahren. Beim ersten Törn oder Anbau des Motors sollte das Lesen der Betriebsanleitung vor allem anderen stehen. Dieser Lektüre folgen der Check der Systeme, der tägliche Blick über den Motor und unter die Haube, die Kontrolle des Tankinhalts, der Blick auf die Batterie usw.

3. Richtig bedienen und fahren
Der Stand des Motorenbaus und speziell der Bau von Außenbordern ist so weit entwickelt, daß man bei richtiger Wartung und Pflege sowie dem Befolgen von einigen Handgriffen zur Bedienung des Motors und einer Handvoll Fahrregeln keine Pannen hat.

.... und viel Ärger, wenn man nicht die wenigen Handgriffe der Betriebsanleitung befolgt!

Was sind Außenborder?

Heute sind Außenborder vor allen Dingen Bootsantriebe, an denen man sich die Finger "fast" nicht mehr schmutzig zu machen braucht. Wartung und Pflege sind eher Kosmetik.

Aus der Sicht des Eigners, der viel fährt, sind die kurzen Kraftstoffreinigungs-Intervalle von nur 10 Stunden und der Wust an empfohlenen Pflegemitteln unangenehm.

Aus der Sicht des Herstellers: Bringen Sie im Herbst Ihren Außenborder zur Fachwerkstatt, damit er nach dem Kontrollauf im Testhang richtig konserviert wird. Dann bleibt Ihr Motor wirklich viele Jahre ohne Störungen.

Der Außenborder ist nichts anderes als ein senkrecht gestellter Bootsantrieb in einer gut gestylten Verpackung, unkompliziert und leicht zu handhaben.

Der Außenborder hat viele Gesichter:

(1) **Leicht und spritzig für das Badeboot.**
(2) **Klein und leicht als Paddelersatz.**
(3) **Kraftvoll und stark für Wander- und Skiboote.**
(4) **Zuverlässig als Flautenschieber auf Segelbooten oder Notmotor auf Motoryachten.**
(5) **Doppelte Kraft und Sicherheit für Sportkreuzer und Offshore-Boote.**
(6) **Hochgezüchtet und optimiert für Rennboote.**
(7) **Bis zu einer gewissen Größe leicht im Auto unterzubringen.**

Der Außenborder ist ein kompakter, sehr praktischer, leicht zu handhabender Bootsantrieb. Der Motor ist spezifisch leicht und beansprucht im Boot fast keinen Raum. Bei genauem Hinsehen ist er eine senkrecht gestellte Motoranlage in einem gut gestylten Gehäuse mit einer sehr einfachen Befestigungsvorrichtung für die Spiegelmontage.

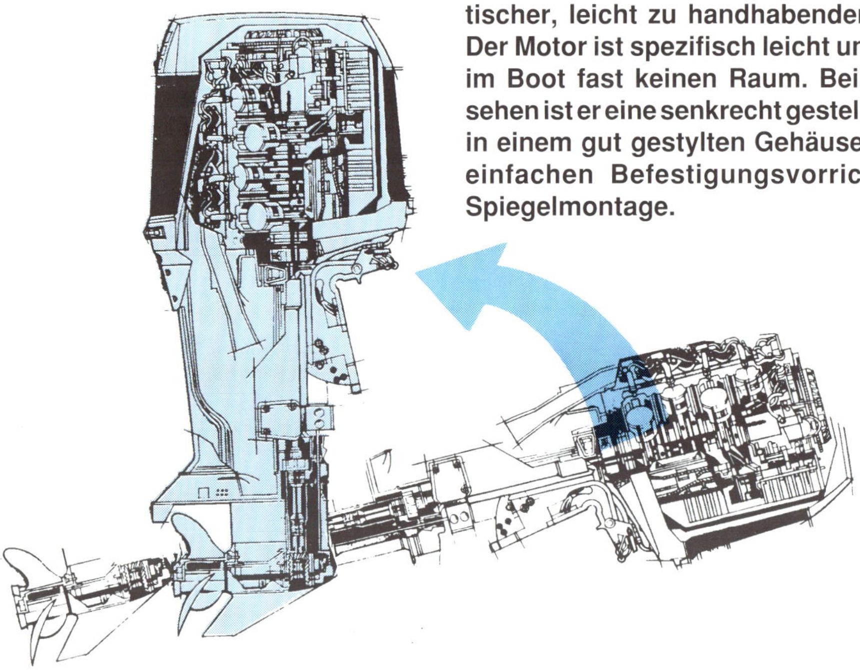

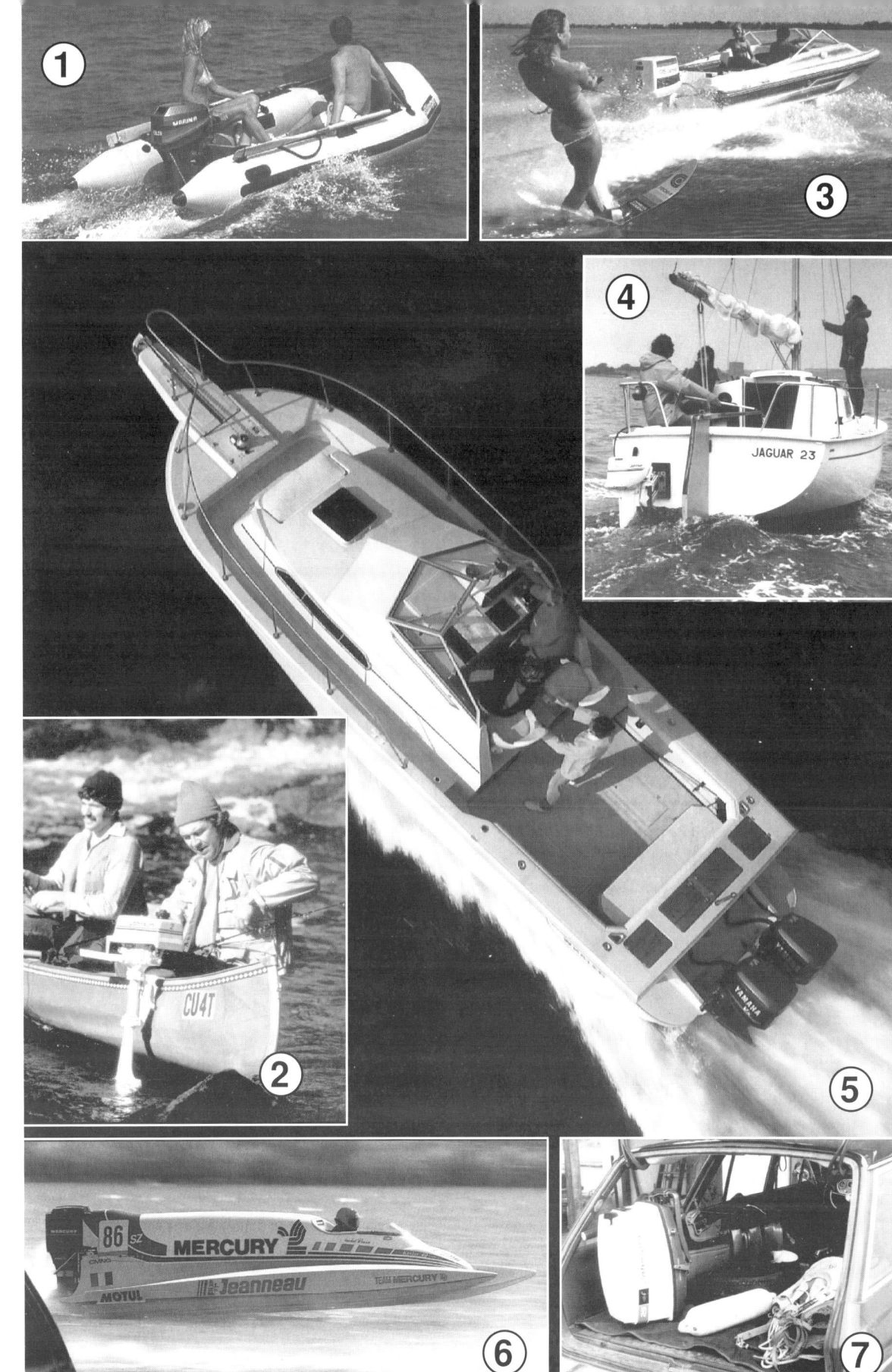

Störung - was tun?

Es liegt in der Natur einer Störung, daß sie auftritt, wenn man sie nicht gebrauchen kann. D.h. bei schlechtem Wetter, wenn man es besonders eilig hat, wenn die Kinder endlich eingeschlafen sind, mitten in einem dicht befahrenen Fahrwasser usw.

Wahrscheinlich ist es gerade Samstag nachmittag, Sie wollen schnell zurück, da Sie ohnehin zu spät dran sind, alle sind genervt, und dann regelt plötzlich der Überhitzungsschutz die Drehzahl runter und ein Blick auf den Kühlwasser-Kontrollstrahl sagt Ihnen:

Kein Kühlwasser!

Sie gehen gedanklich die Banalfehler durch, und da taucht automatisch die Frage auf: Sind die Kühlwassereintrittsschlitze verstopft? Das ist leicht zu prüfen:
Schaft hoch, und, wenn Sie Glück haben, hängt ein Stück Folie am Schaft. Und auch wenn keine sichtbare Verstopfung da ist, sollten Sie den Motor noch einmal starten. Es kommt häufig vor, daß durch Drehzahlwechsel Plastiktüten vom Schaft abfallen.

Sonst die Situation aus seemännischer Sicht überdenken:

1. Auflandiger Wind
2. Sand-/Felsküste
3. Zunehmende Wetterverschlechterung

Wenn Sie aus seemännischer Sicht Zeit haben, kann die Fehlersuche beginnen, zuerst nach der Störungstabelle in der Betriebsanleitung. Wenn das kein Resultat bringt, nach der Störungstabelle im Kapitel Fehlersuche.

Wenn Sie an einem schönen Sonntag nachmittag vor Anker liegend den Schaft hochklappen, damit Ihre eigene Angel nicht in den Propeller treibt, und entdecken eine Angelschnur an der Nabe, sollten Sie keinesfalls denken, das wird schon bis nach Hause reichen, sondern sollten versuchen, die Angelschnur herauszuziehen. Im Zweifelsfall den Propeller abnehmen und die Angelschnur entfernen. Ist sie sehr tief eingedrungen, sollte so bald wie möglich das Öl gewechselt werden, um zu prüfen, ob die Dichtung beschädigt wurde und Wasser eingedrungen ist.

Preiswerter Drehzahlmesser-Ersatz für kleine Motoren: Vibrationsmesser.

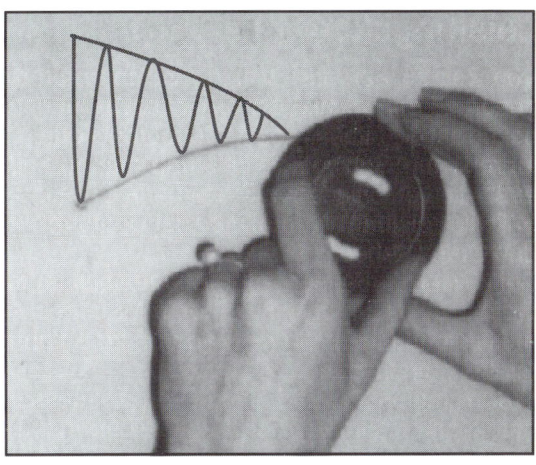

 Wenn irgendein System ausfällt, sollten Sie zuerst die sogenannten Banaldefekte an Ihrem geistigen Auge vorbeiziehen lassen, um sie abhaken zu können, bevor Sie ins Detail gehen und den Motor eventuell auseinanderpflücken. Man muß bei einem Defekt jeweils die drei hier dargestellten Hauptkriterien abklopfen. Die Banaldefekte werden im Kapitel Fehlersuche nicht mehr extra angesprochen.

Banaldefekte

Kraftstoff	Kühlung	Elektrik
Tank leer ?	Läuft Wasser aus der Kontrollöffnung?	Funke an der Zündkerze?
Belüftungsschraube am Tank geöffnet?		Motoren mit E-Starter: **Batterie-Hauptschalter ein?**
Benzin vorgepumpt?		Batterie geladen?
		Batterieklemmen fest?
		Motorsicherung okay?

Leistungskontrolle

Von Zeit zu Zeit die Leistung zu überprüfen, gehört zu den wichtigsten Checks, die man in bezug auf die Fitness des Außenborders durchführen kann. Solange die Leistung stimmt, sind auch die verschiedenen Systeme in Ordnung. Fällt die Leistung ab, muß man der Ursache auf den Grund gehen.

Bei kleinen Außenbordern muß man sich aufs Gefühl verlassen oder eine kurze Meßstrecke ausfindig machen, die man ab und zu abfährt (siehe Meßstrecke).

Wer ein gutes Log und einen Drehzahlmesser hat, kann dies im Vergleich der beiden Instrumente tun.

Wenn das Boot bei Übergabe mit durchgechecktem Motor und optimalem Propeller Nenndrehzahl erreicht, hat man einen guten Anhaltswert für die Leistungsfähigkeit des Motors. Wichtig ist natürlich, daß man die spätere Kontrolle bei gleichem Gewicht und gleichem Trimm (Schwerpunktlage) vornimmt. Der Drehzahlmesser ist für sich allein ein gutes Überwachungsgerät, das wichtigste überhaupt für einen Motor. Die sichere Diagnostizierung eines Leistungsabfalls ist aber erst in Kombination mit dem Log (Geschwindigkeitsmesser) möglich. Sie sollten gleich nach der ersten Inspektion mit gut warmgelaufener Maschine und mit Normalbelastung eine Testfahrt durchführen um eine Vergleichstabelle für Drehzahl und Ge-

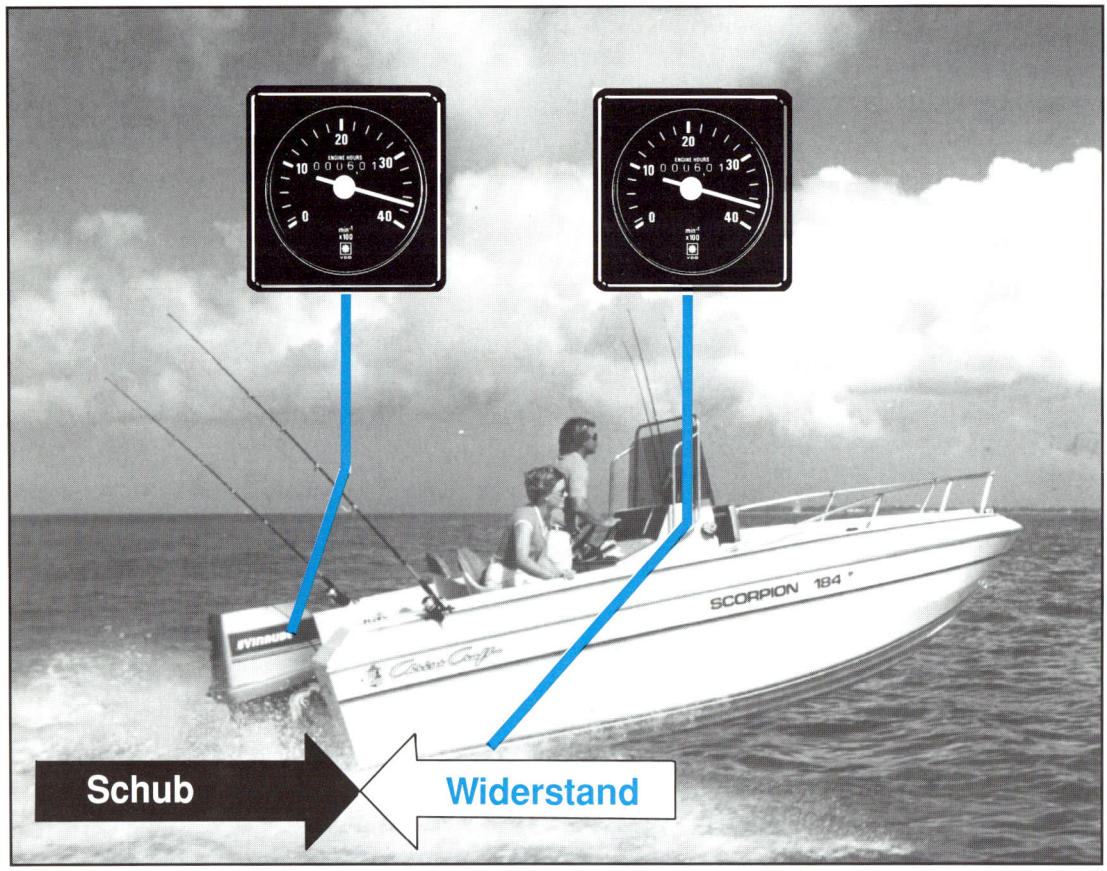

schwindigkeit aufzustellen, sie bietet Ihnen später einen Leistungsvergleich mit Drehzahlmesser und Log.

Bei Gleitern sollten die charakteristischen Punkte gewählt werden:

1. bei langsamer Fahrt, wenn das Boot gut auf dem Ruder liegt
2. wenn das Heck gut aus dem Wasser gekommen ist
3. eine Messung bei 80 % der Nenndrehzahl
4. eine Vollgasmessung
   (Drehzahl des Motors muß im Vollgasbereich liegen sonst ist der Propeller falsch!)

Bei Verdrängern reicht eine Messung bei 50%, 80% und 100% der Nenndrehzahl.

Sollten Sie nach einiger Zeit einen Geschwindigkeits- oder Drehzahl-Abfall bemerken, muß der Ursache auf den Grund gegangen werden.

Es könnten sein:
● Bewuchs am Rumpf,
● Schaden am Propeller oder ein
● Leistungsabfall am Motor durch unsachgemäße Wartung, Veränderung am Kraftstoffsystem oder der Elektrik (siehe Fehlersuche).

In Bezug auf den Motor sagt einem der Drehzahlmesser auch, wieviel man etwa verbraucht. Man kann den Bereich von 50 bis 100 % Drehzahl in drei Verbrauchszonen einteilen. Wirtschaftlich fährt man allerdings bei Gleitern erst, wenn sie sauber mit dem Heck aus dem Wasser sind.

Schub und Widerstand halten sich die Waage. Diese Tatsache versetzt einen in die Lage, mit Drehzahlmesser und Speedometer eine ziemlich genaue Leistungskontrolle durchzuführen. Wer keine Instrumentierung auf seinem Boot hat, sucht sich eine kurze Meßstrecke von ca. 20 Sek. bis 1 Min. und fährt diese von Zeit zu Zeit ab.

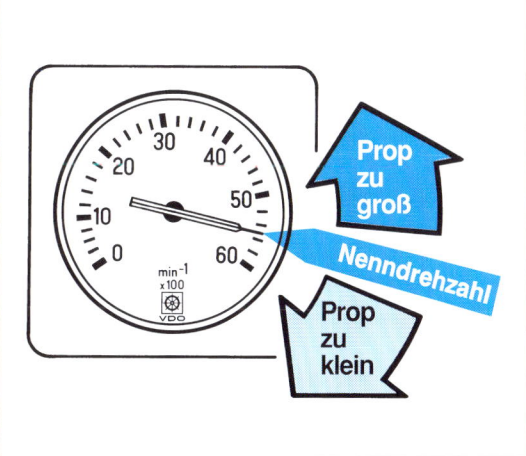

Drehzahl zu hoch   - Propeller zu klein
Drehzahl zu niedrig - Propeller zu groß

Der Drehzahlmesser zeigt Ihnen bei der Propellerwahl, wann Sie den richtigen Propeller haben. Zusammen mit dem Log ist er der sichere Indikator für die Leistungskontrolle.

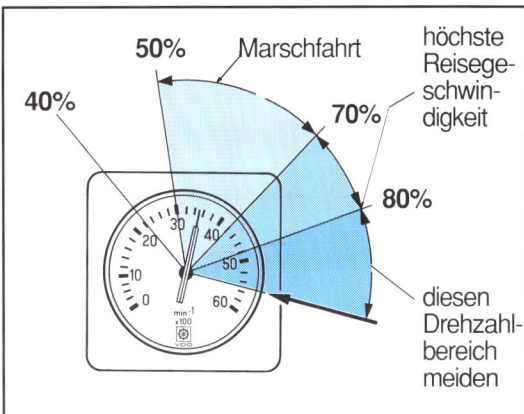

90 % Drehzahl - 80 % Kraftstoffverbrauch
80 % Drehzahl - 60 % Kraftstoffverbrauch
50 % Drehzahl - 25 % Kraftstoffverbrauch

Gefühl für den Motor

Menschen, die ständig mit Motoren zu tun haben, entwickeln eine so starke Sensibilität zur Maschine, daß sie diese als exakten Indikator für die Früherkennung von Störungen benutzen können. Das erfordert aber relativ viel Erfahrung und ist bei reinem Wochenendbetrieb kaum zu erreichen. Somit muß man sich bei kleinen Außenbordern weitgehend auf den Wasserkontrollstrahl, eine Leistungskontrolle durch Stoppen einer Meßstrecke und auf sein Gefühl verlassen. Man kann zwar mit einem Vibrationsmesser die Drehzahl checken, muß aber sonst während der Fahrt seinem Gefühl vertrauen. Dabei spielt die Vibration des Motors eine wesentliche Rolle. Wer ein Boot mit voller Instrumentierung fährt, hat es in dieser Hinsicht einfacher, da er von den Instrumenten exakte Meßwerte bekommt und sich nicht nur auf das richtige Feeling zum Motor verlassen muß. Dennoch wird der Anteil des Fühlens immer wichtig sein, da man je nach Begabung folgende Informationensquellen bewußt verwertet bzw. auf sich einwirken läßt:

- Blick unter die Haube.
- Kontrolle des Kühlwasserstrahls am Motor.
- Veränderungen der Laufgeräusche des Motors, Veränderungen der Vibrationen und des Körperschalls, die man über den Sitz oder den Cockpitboden aufnimmt.

Hinzu kommt der Blick auf die Instrumente, so daß man mehr oder weniger bewußt, aber unbeschwert weiterfahren kann.

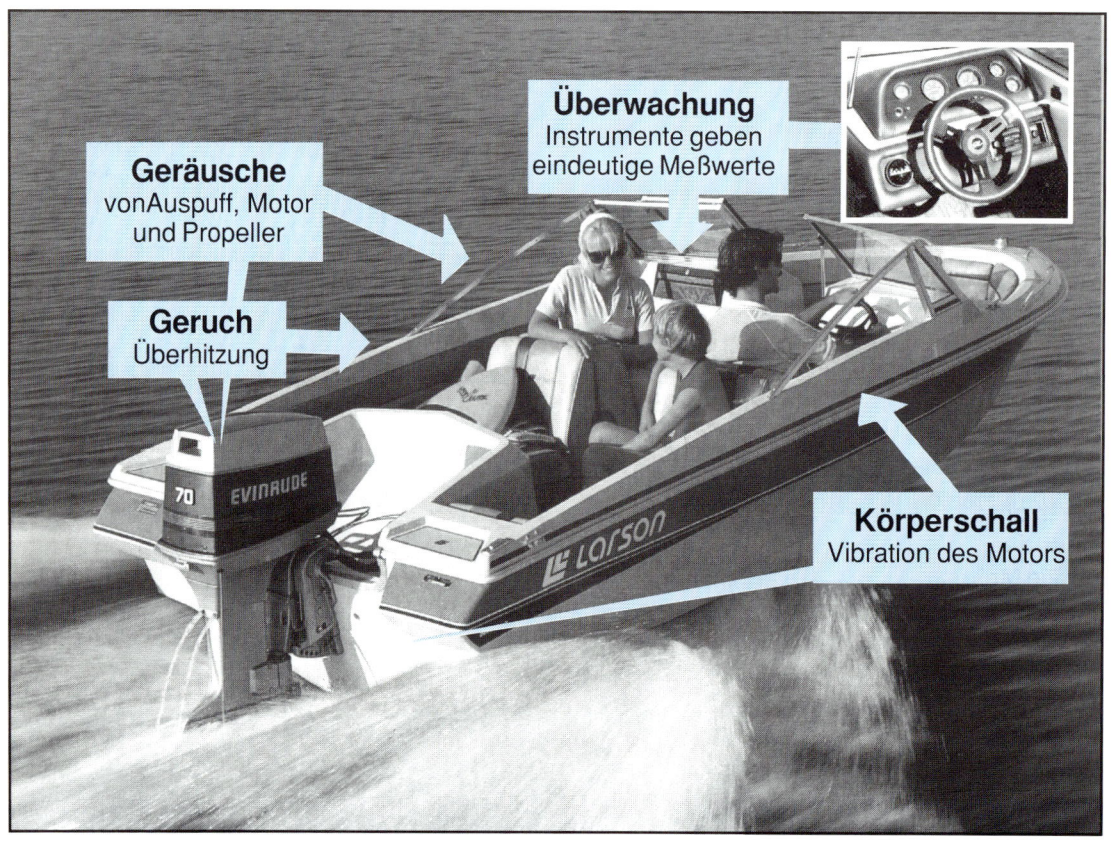

Überwachung
Instrumente geben eindeutige Meßwerte

Geräusche
vonAuspuff, Motor und Propeller

Geruch
Überhitzung

Körperschall
Vibration des Motors

▼ Hat das Boot keine Instrumentierung, so ist man weitgehend auf das Gefühl angewiesen. Dabei spielen der Arm an der Pinne und die Geräuschentwicklung eine enorme Rolle. Dennoch sollte immer wieder ein Blick dem Kühlwasser-Kontrollstrahl gelten und alle 2 bis 3 Wochen oder bei Verdacht auf Leistungsabfall die Zeit an der bereits erwähnten Meßstrecke gestoppt werden.

Geräusche
vonAuspuff, Motor
und Propeller

Geruch
Überhitzung

Körperschall
Vibration des Motors

◀ Es sind sehr unterschiedliche Sinneseindrücke, die der Skipper vom Motor empfängt und mehr oder weniger bewußt zusammen mit der Anzeige der Instrumente verarbeitet. Die Motorvibration und Geräusche richtig zu deuten, setzt Erfahrung voraus, die bei den wenigen Stunden, die man fährt, selten gesammelt werden kann. Wer das richtige Feeling aber hat, kontrolliert den Motor, ohne daß es ihn belastet, mit dem Gehör (Veränderung der monotonen Geräusche), durch Fühlen des Körperschalls (über die Füße und sonstige Körperteile, die mit dem Boot in Berührung stehen). Auch die Nase spielt eine wichtige Rolle (Überhitzung diverser Materialien) und schließlich das Auge bei der Beobachtung der Kühlwassermenge am Kontrollstrahl oder dem Hilfsauspuff sowie der Abgase, soweit sie sichtbar sind.

Handwerkliche Anforderungen

Ein moderner Motor ist keine Bastelstube. Wenn er richtig gewartet wird, gibt es praktisch keine Reparaturen.

Die Arbeiten, die durchzuführen sind, stellen keine handwerklichen Anforderungen. Alles, was über die einfachen Handgriffe wie die Beseitigung von Leckagen, das Festdrehen von losen Teilen sowie die üblichen Wartungsarbeiten hinausgeht, sollte der Fachwerkstatt übertragen werden.

Die Aufgabe des Skippers ist es, durch einen täglichen Blick unter die Haube festzustellen, ob irgendwelche Leckagen auftreten und Teile lose sind, um so durch Früherkennung jeden Schaden zu vermeiden. Dazu gehören auch der bewußte Rundblick und die Notizen nach der Fahrt. Wenn der Motor abgestellt wurde, sollte man sich noch soweit konzentrieren, daß man alle Unregelmäßigkeiten, die einem, wenn auch nur gefühlsmäßig, während der Fahrt aufgefallen sind, notiert. Wer sich in dieser Hinsicht konsequent verhält, müßte diese Störungen noch vor der Heimfahrt oder durch früheres Kommen am folgenden Wochenende selbst beseitigen oder dem Service Bescheid sagen. Das alles ist mit dem Außenborder kein großes Problem, da man entweder das Boot mit Hänger oder den Motor im Kofferraum zur Werkstatt fährt. Im Prinzip bleiben also nur Arbeiten übrig wie sie vom Hersteller im Rahmen der Wartungsarbeiten und vor längeren Betriebs-pausen vorgeschrieben sind.

Lose Teile

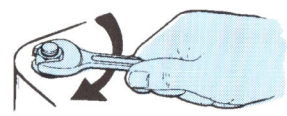

1. Versuch
Festziehen,

falls bald wieder lose

2. Versuch
Sicherung erneuern,

falls bald wieder lose

3. Versuch - (Fachmann fragen)
Bauteile haben Verspannung/Schwingung

Leckagen

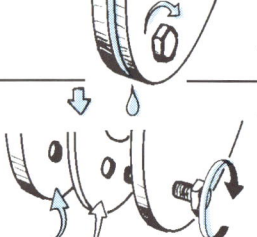

1. Versuch

Schrauben festziehen, falls nicht dicht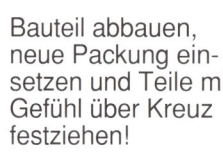

2. Versuch

Bauteil abbauen, neue Packung einsetzen und Teile mit Gefühl über Kreuz festziehen!

Die Fotofolge rechts zeigt die Handgriffe, die im wesentlichen bei der Betreuung eines Motors auf Sie zukommen:
(1) Überprüfen der Zündkerze
(2) Reinigen des Kraftstofffiltersiebs
(3) Vielleicht das Bohren eines Lochs zur Befestigung des Motors
(4) Propellerwechsel
(5) Befestigen und Abnehmen des Gas- und Schaltkabels der Fernsteuerung
(6) Zusammenstecken von Kabeln beim Nachrüsten mit Instrumenten oder ähnlichem

Die Skizzen zeigen im wesentlichen die Anforderungen, die handwerklich auf Sie zukommen. Sie bestehen im Festziehen von Schrauben, um lose Teile zu befestigen oder Leckagen zu beseitigen. Der Rest ist Improvisation unter Zuhilfenahme von Bordmitteln.

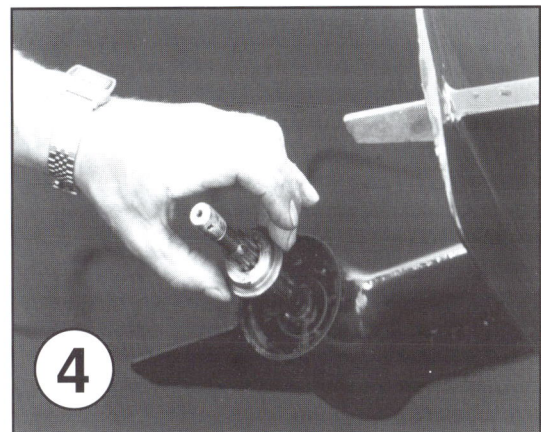

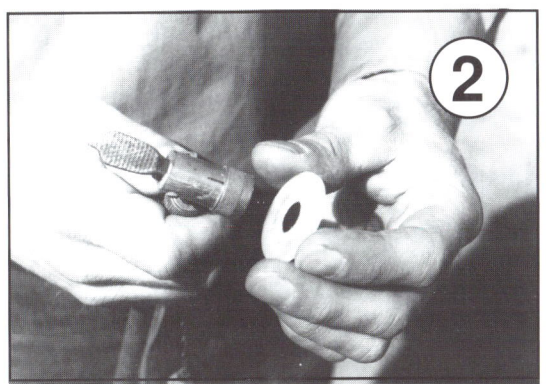

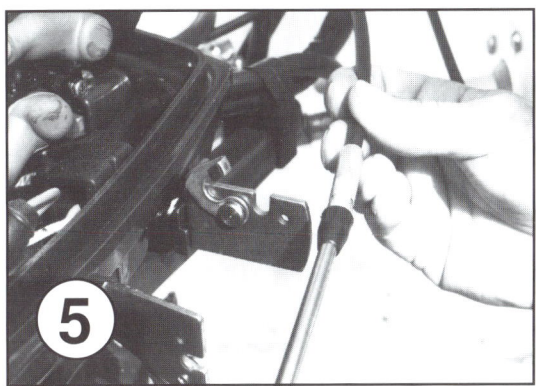

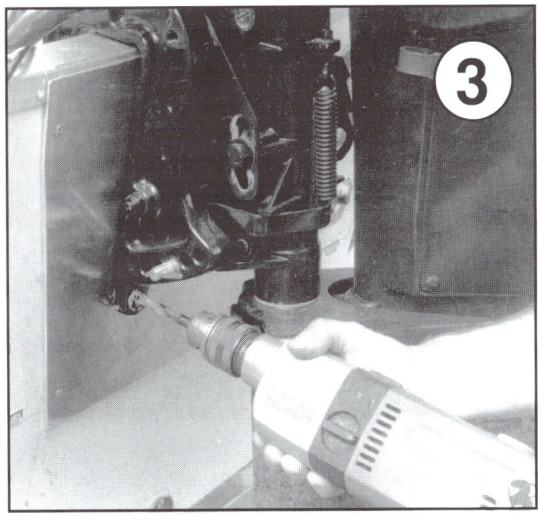

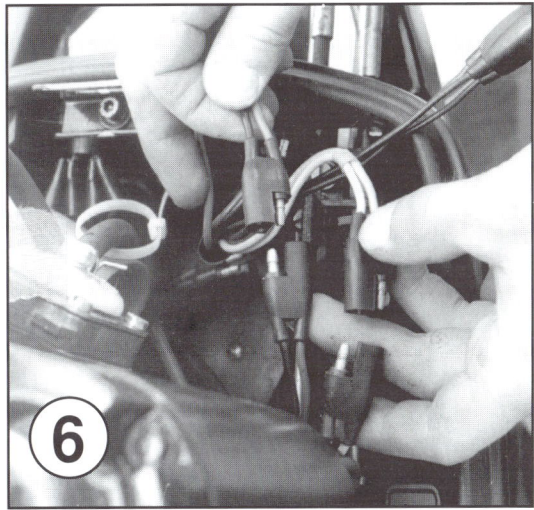

Motorblock und Triebwerk

Motorblock und Triebwerk sind der eigentliche Motor. Ein Haufen optimal durchkonstruiertes Metall, der bedingungslos 10 und mehr Jahre läuft, wenn die Systeme, die ihn versorgen, in Ordnung sind. Das bezieht sich im Freizeitsport vor allen Dingen auf das richtige Einwintern, d. h. das Konservieren des Motors.

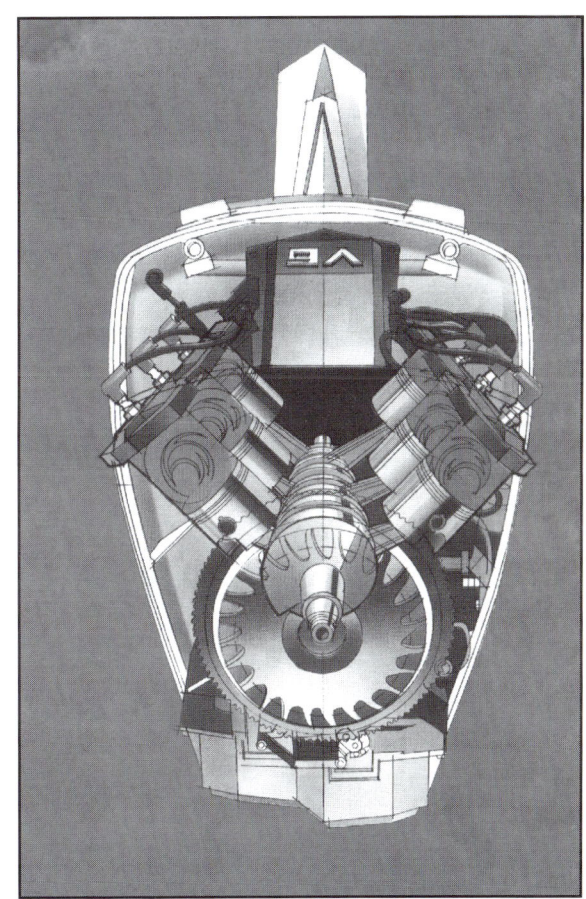

In dieser Fotomontage (Johnson) versucht der Grafiker, die dominierende Rolle des Triebwerks darzustellen. Für den Motorenbesitzer stehen das Triebwerk und der Block eher im Hintergrund. Störungen treten überwiegend in den Systemen auf, die den Motor versorgen und schützen. Das zu wissen und zu beachten, ist für die Betriebssicherheit und die Lebensdauer des Motors von immenser Bedeutung.

Hauptteile des Motors

Der Zweitakt-Motor hat wesentlich weniger bewegte Teile als der Viertakter. Es fehlt die Nockenwelle mit Kipphebeln und Ventilen. Im Prinzip besteht der Motorblock oder Kraftkopf wie er von den Motorenherstellern genannt wird eines Einzylinders nur aus etwa einem Dutzend Teile. Der Viertakter hat ein Vielfaches davon. Diese geringe Stückzahl des Zweitakters ist u. a. der Grund, warum man diesem Motor eine Renaissance vorhersagt. Weniger bewegte Teile bedeuten weniger Verschleiß, weniger Aufwand und gleichzeitig mehr Betriebssicherheit und größere Lebensdauer.

Um einen Motor richtig zu begreifen, muß man sich deutlich machen, daß das Triebwerk und der Block für etwa 5000 - 10000 Betriebsstunden gut sind, bevor der Verschleiß eine Überholung des Motors notwendig macht. Wenn ein "Vielfahrer" 200 Stunden pro Jahr absolviert, dann sind das 25 - 50 Jahre. Die meisten Außenborder aber laufen nur 50 - 100 Stunden je Saison. Diese Lebenserwartung wird aber nur wahrscheinlich, wenn man den Motor für Betriebspausen über 14 Tage und natürlich für den Winter richtig konserviert, d. h. alle Metallteile im Motor (und besonders im Motor) müssen einen Ölfilm bekommen, der sie schützt. Der Schutz muß wirksam sein gegen Kondensat, das sich mit Verbrennungsrückständen zu Säuren verbindet und die Metalloberflächen anfrißt. Das wiederum führt zu verstärkter Reibung zwischen den Teilen, was Lagerschäden zur Folge hat, oder die Kolbenringe nutzen zu schnell ab, die Kompression im Zylinder fällt und damit die Leistung und Betriebssicherheit. Im Extremfall hat man durch Wärmestaus Kolbenfresser und schwere Schäden am Triebwerk. Das alles sind Probleme, die sich besonders durch richtige

▶ **Der Motorblock mit Triebwerk sitzt umgeben von den verschiedenen Systemen unter der Haube und nimmt nur einen Bruchteil des gesamten Motorvolumens ein. Die Teile, die zum Motorblock und Triebwerk gehören, sind farbig und auf der übernächsten Seite noch einmal einzeln dargestellt.**

▼ **Hauptteile der Kurbelwelle. Die Außenbordmotoren haben keine Gleitlager wie Einbaumaschinen, sondern Kugel- bzw. Nadellager.**

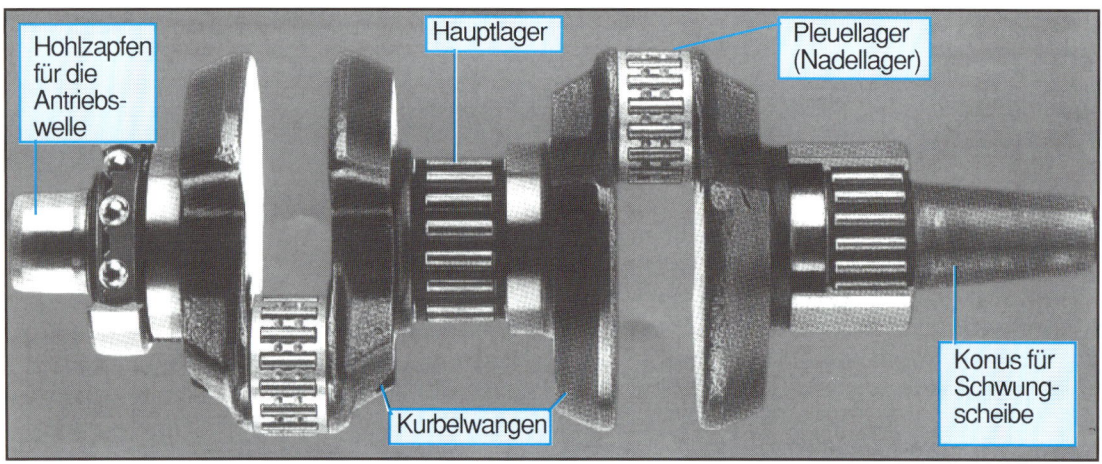

Hohlzapfen für die Antriebswelle

Hauptlager

Pleuellager (Nadellager)

Kurbelwangen

Konus für Schwungscheibe

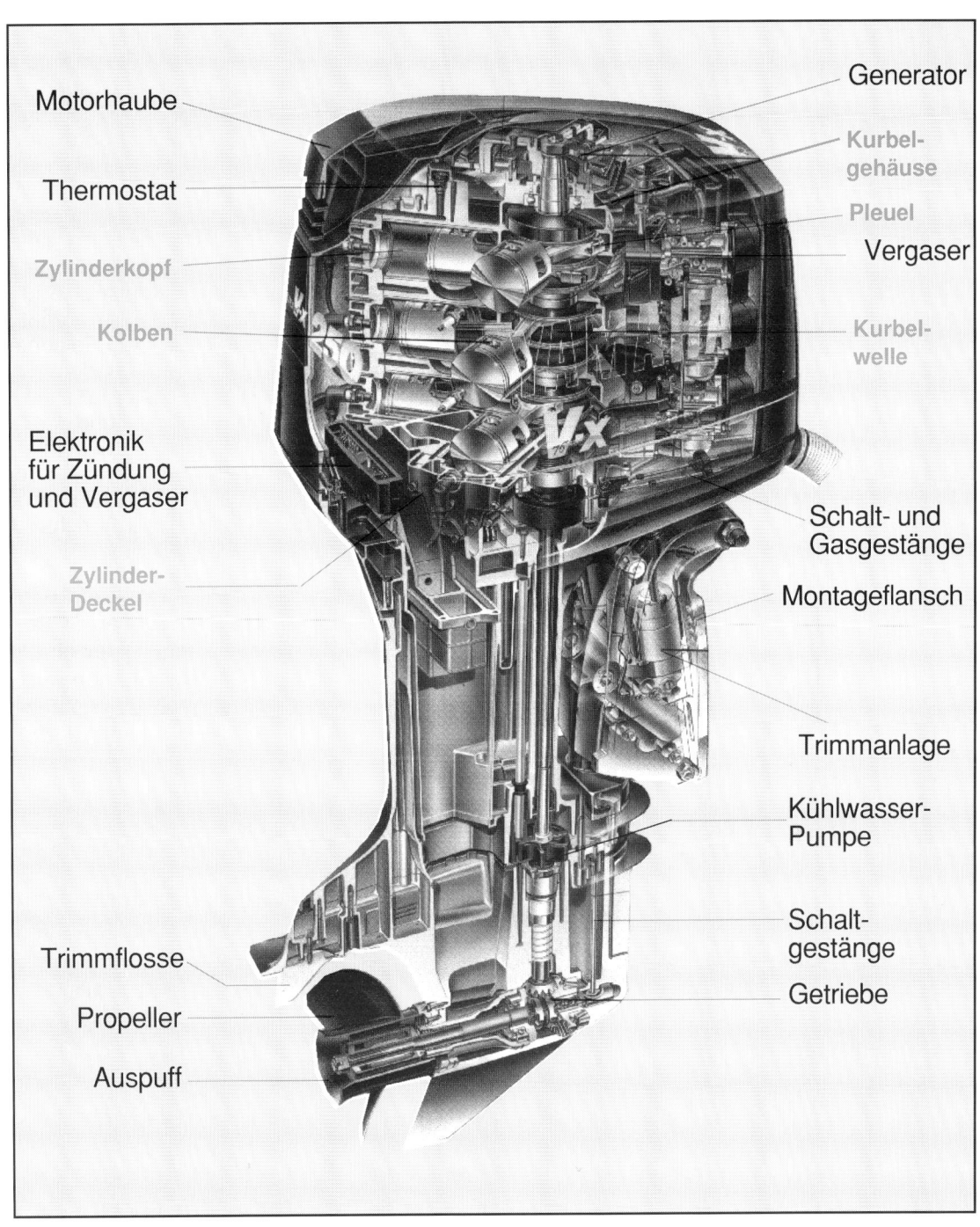

Generator

Motorhaube

Kurbel-
gehäuse

Thermostat

Pleuel

Vergaser

Zylinderkopf

Kolben

Kurbel-
welle

Elektronik
für Zündung
und Vergaser

Schalt- und
Gasgestänge

Montageflansch

Zylinder-
Deckel

Trimmanlage

Kühlwasser-
Pumpe

Schalt-
gestänge

Trimmflosse

Propeller

Getriebe

Auspuff

Konservierung vermeiden lassen.

Natürlich ist die Konservierung nicht das einzige Hilfsmittel, das den Kraftkopf in Gang hält. Während des Betriebes wird über das Kühlsystem soviel Wärme abgeführt, damit der Motor nicht zu glühen beginnt, aber gleichzeitig so warm bleibt, daß der Verschleiß möglichst gering ist. Die Zylinderlaufflächen und Lager werden im Betrieb durch das Motoröl geschmiert, das mit dem Kraftstoff-Luft-Gemisch in das Kurbelgehäuse gelangt oder eingespritzt wird. Schließlich wird die Kraft, um die sich alles dreht, über das Kraftstoffsystem in Form von Benzin-Luft-Gemisch durch das Kurbelgehäuse in den Zylinder gedrückt und dort vom Zündsystem zur Verbrennung gebracht. Diese Systeme, die sich praktisch nur um das Wohlergehen des Kraftkopfes kümmern, sind in den folgenden Kapiteln beschrieben.

▶ **Hauptteile des Kraftkopfes. Die Teile des Motorblocks werden durch Schrauben zusammengehalten, und die großen Dichtungen verhindern, daß es in den Zylindern zu Druckverlust kommt oder bei Unterdruck Falschluft angesaugt wird. Außerdem wird mit den Dichtungen das Kühlwasser gegenüber dem Kurbelgehäuse und den Zylindern abgeschottet. Lockern sich diese Schrauben, dann kommt es sehr schnell zu Leckagen, die sowohl nach außen, aber vor allen Dingen nach innen gerichtet sein können und dann schweren Schaden anrichten. D. h. regelmäßige Kontrolle aller Schrauben am Block (siehe Wartungsplan).**

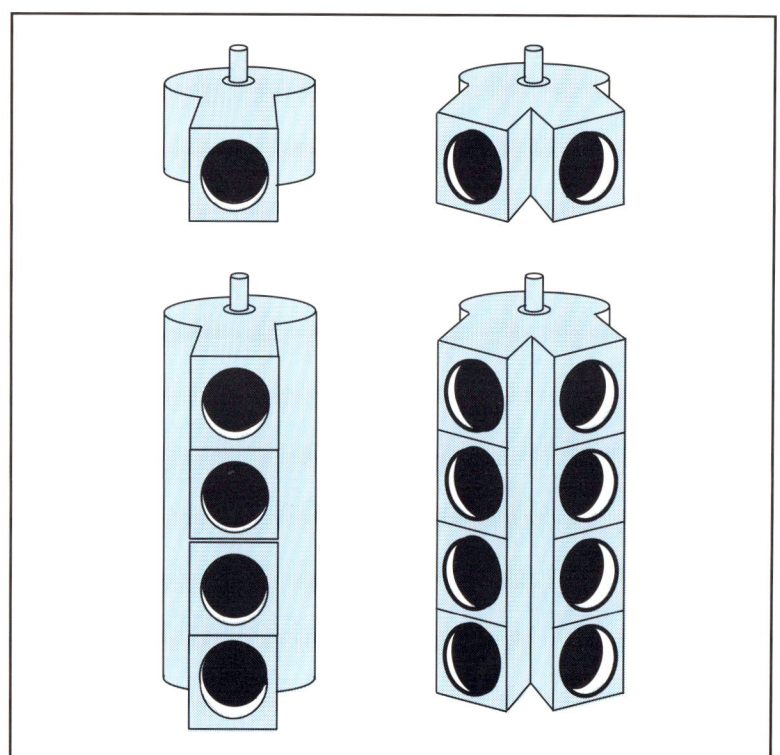

◀ **Außenbordmotoren werden als Reihen- und V-Motoren gebaut. Es gibt z. Zt. Motoren mit bis zu 6 Zylindern in Reihe und bis zu 8 Zylindern in V-Form.**

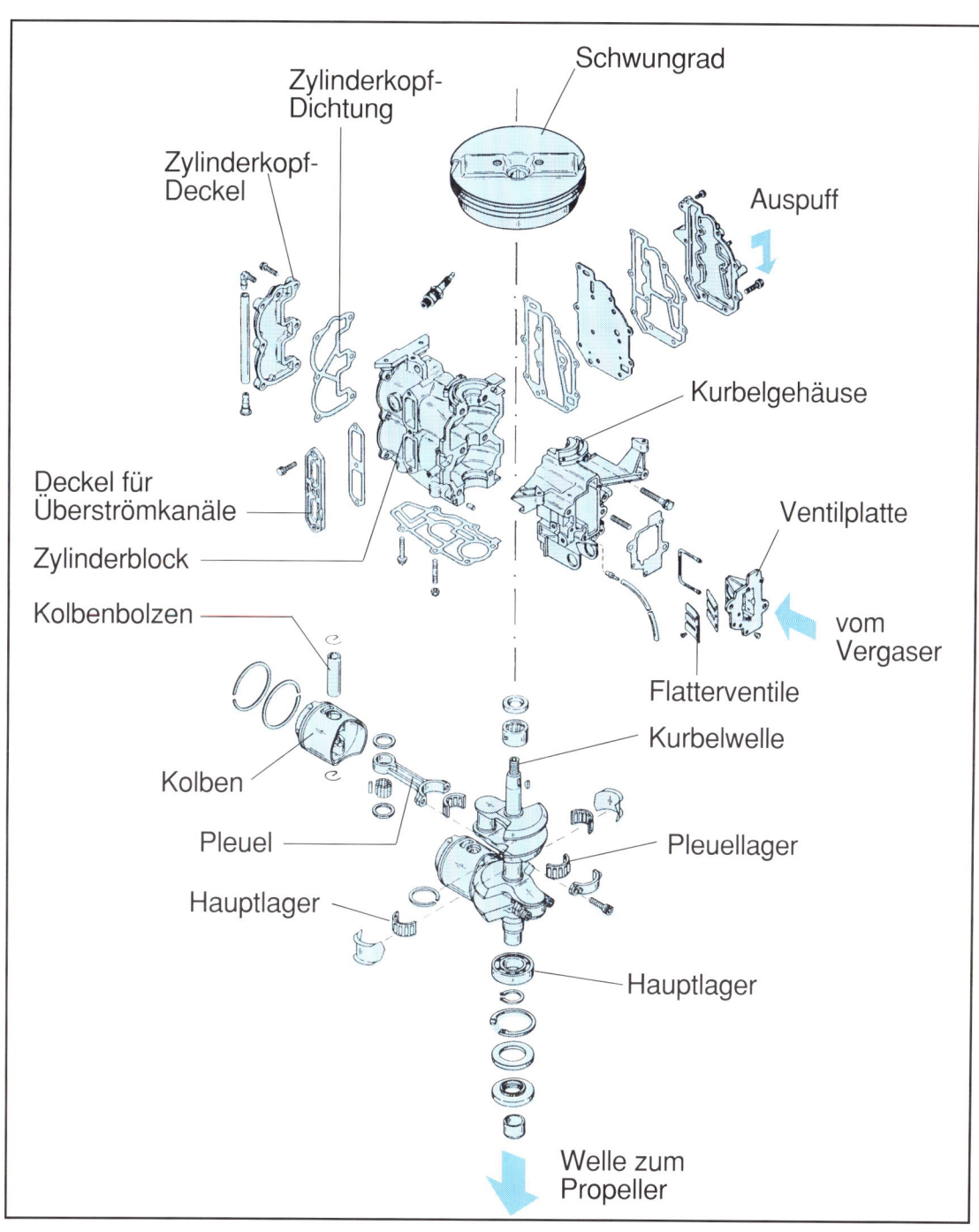

Zylinderkopf-Dichtung

Schwungrad

Zylinderkopf-Deckel

Auspuff

Kurbelgehäuse

Deckel für Überströmkanäle

Ventilplatte

Zylinderblock

vom Vergaser

Kolbenbolzen

Flatterventile

Kurbelwelle

Kolben

Pleuel

Pleuellager

Hauptlager

Hauptlager

Welle zum Propeller

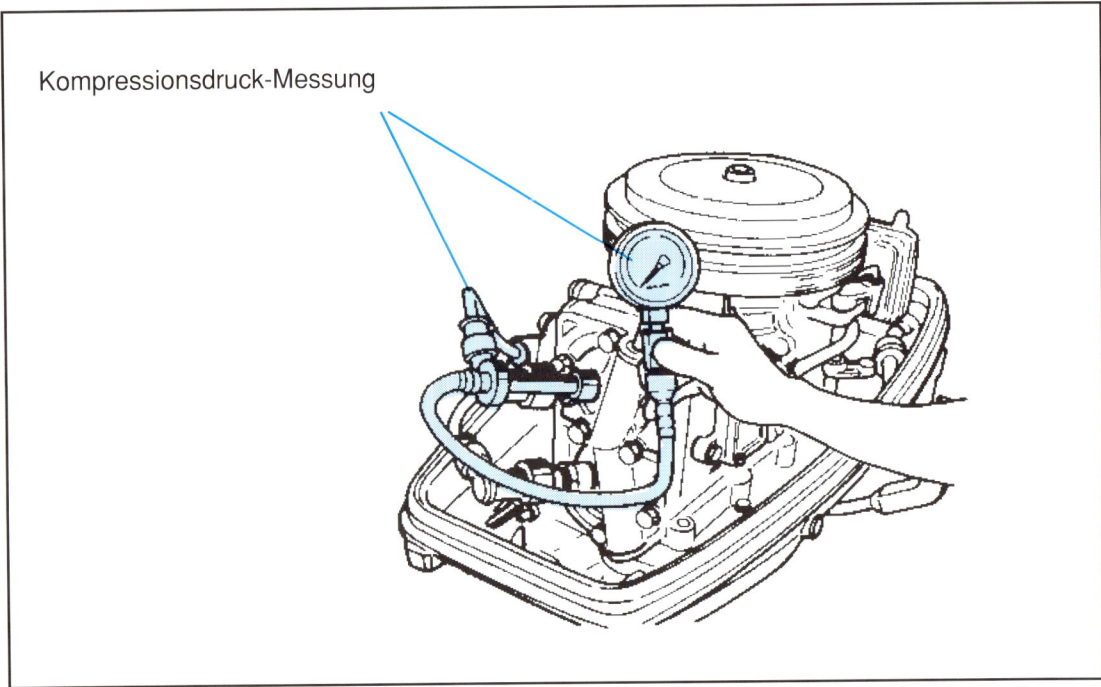

Kompressionsdruck-Messung

Die Messung des Kompressionsdrucks ist der einzig brauchbare Indikator, um eine sichere Auskunft über den Zustand des Triebwerks zu bekommen. Die Höhe des Drucks zeigt gegenüber dem in der Betriebsanleitung genannten Kompressionsdruck, wie gut die Kolbenringe den Brennraum noch abdichten. Es ist sicher einleuchtend, daß die Kraftentwicklung umso größer ist, je höher der Kompressionsdruck steigt.

Wenn Sie einen gebrauchten Außenbordmotor kaufen, sollten Sie auf diese Messung auf keinen Fall verzichten. Achten Sie darauf, daß der Kompressionsdruck, auch wenn er etwas niedriger ist als in der Betriebsanleitung, daß er aber bei allen Zylindern ungefähr gleich ist. Ist er bei einem besonders niedrig, so deutet das auf Verschleiß der Kolbenringe oder der Zylinderlaufflächen hin.

Kraftstoff und Motoröl

Beim Außenborder als Zweitakter muß man das Benzin immer zusammen mit dem Öl sehen, da bei den meisten Motoren immer noch das Triebwerk über das Gemisch geschmiert wird. Im Zeitalter der Elektronik geschieht dies in zunehmendem Maß über Öldosiersysteme, die genauso wie die Zündung über die Drehzahl gesteuert werden.

Schema des Kraftstoff-sytems mit Öldosierung. Bei älteren Modellen und kleinen Außenbordern wird das Motoröl zur Schmierung des Trieb-werks noch im Tank mit dem Benzin vermischt. Vorwiegend aus Umwelt-gründen setzt sich aber die getrennte, von der Dreh-zahl abhängige Öldosie-rung durch.

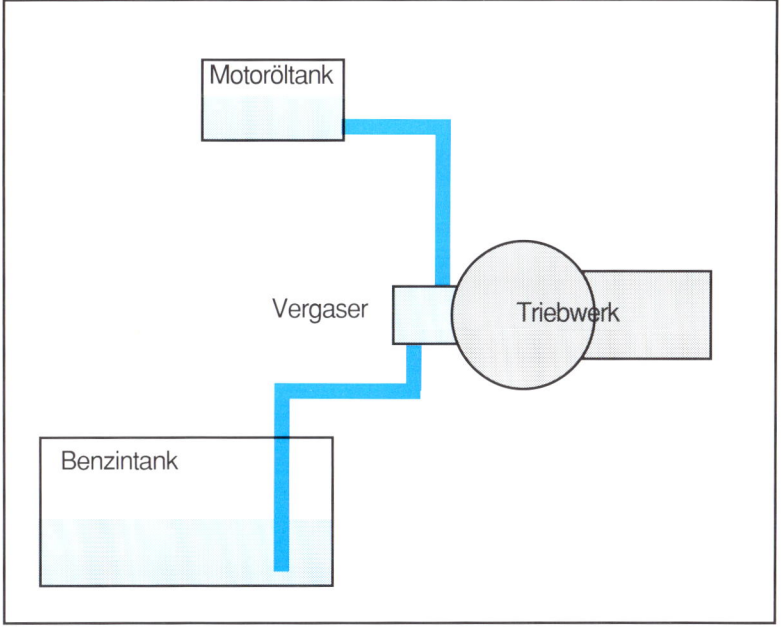

Kraftstoffsystem

Das Kraftstoffsystem eines Außenborders ist im Prinzip mit zwei Sätzen beschrieben. Die verschiedenen Baugruppen können aber teilweise sehr komplex sein.

Je nach Leistung und Einsatzart ist der Tank ein kleiner Kopftank am Motor oder ein großer Einbautank.

Beim verbreitetsten System führt vom Tank eine Schlauchleitung mit einem Pumpball zum Motor, wo sie mit einem Bajonettverschluß angekuppelt wird. Im Motor führt die Leitung über einen Filter zur Kraftstoffpumpe, von dort in den Vergaser, wo der Kraftstoff zerstäubt wird und mit der Luft ins Kurbelgehäuse strömt.

Üblich sind ab etwa 2 - 4 kW aufwärts tragbare Tanks zwischen 5 und 25 Litern.

Der Einbautank gehört bei Außenbordern genau genommen zum Sonderfall, wäre aber in vielen Fällen zu empfehlen.

Die Skizze rechts gibt einen Überblick. Auf den folgenden Seiten werden die Hauptteile des Kraftstoffsystems beschrieben.

Das klingt natürlich alles einfach, es gibt aber doch sehr komplexe Bauteile wie Vergaser und Öleinspritzsysteme, die sollten bis auf ganz wenige Wartungshandgriffe tabu bleiben.

▶ **Schematische Darstellung des Außenborder-Kraftstoffsystems mit tragbarem Tank und Öleinspritzung.**

◀ **Kraftstoffsystem eines kleinen Außenborders. Es bleibt im Prinzip gleich, auch wenn es sich um einen V6- oder V8-Motor handelt. Bei den größeren Motoren sind dann nur mehr Vergaser, mehr Pumpen und möglicherweise mehr Filter vorhanden. Es bedeuten:**

(1) Eingang des Kraftstoffs aus dem Tank zum Vorsieb an der Kraftstoffpumpe

(2) Feinfilter, bei den meisten Motoren wieder verwendbar

(3) Vergaser

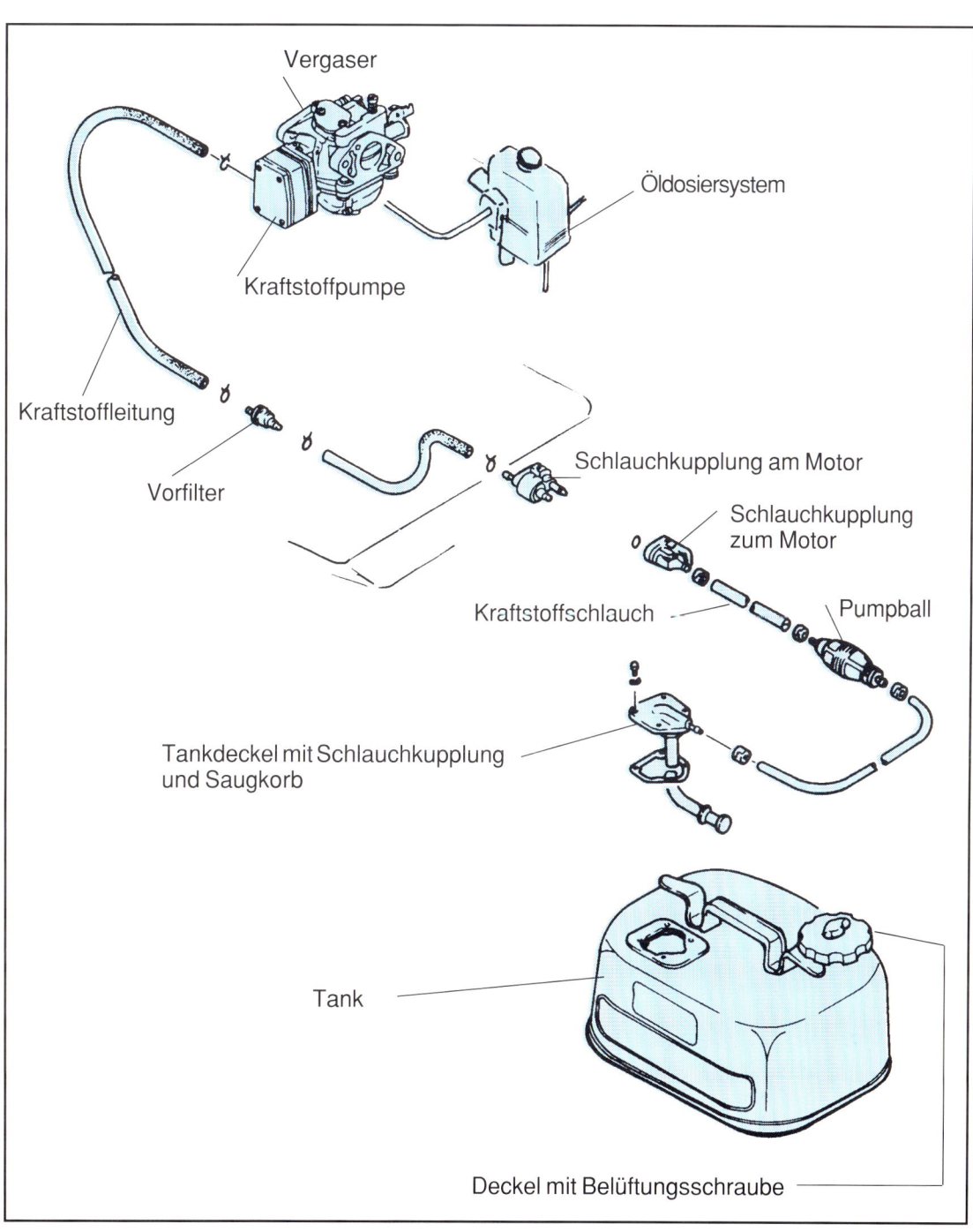

Vergaser

Öldosiersystem

Kraftstoffpumpe

Kraftstoffleitung

Vorfilter

Schlauchkupplung am Motor

Schlauchkupplung zum Motor

Kraftstoffschlauch

Pumpball

Tankdeckel mit Schlauchkupplung und Saugkorb

Tank

Deckel mit Belüftungsschraube

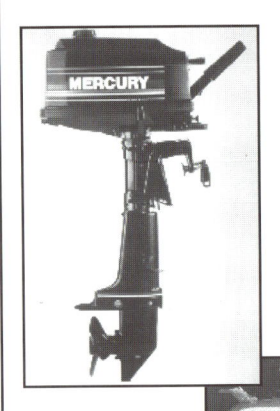

Tank
unter der
Motorhaube

Tragbarer Tank
mit integrierter
Öldosierung
(Evinrude/
Johnson)

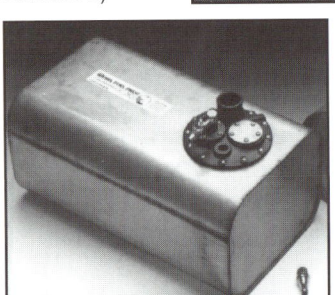

Eibautank
aus Edelstahl
(Volvo/Tohatsu)

Tank

Der Tank ist im Normalfall ein tragbarer Tank, der mit dem Motor über einen Gummischlauch mit Pumpball verbunden ist. Der Schlauch hat auf der Tank- und Motorseite einen Schnellverschluß mit Ventilen, die ein tropffreies, einfaches Verbinden ermöglichen. Andere Bauarten zeigen die Fotos links.

Beim Umbau vom tragbaren Tank auf einen Einbautank sollte man besonders darauf achten, daß die Förderhöhe nicht zu groß wird, da die Kraftstoffpumpen des Außenborders über den Unterdruck im Kurbelgehäuse angetrieben werden (ca. 0,5 m). Größere Förderhöhen lassen sich aber mit einer zusätzlichen Kraftstoffpumpe bewältigen. In diesem Fall sollten Sie sich an eine Fachwerkstatt wenden, da diese Problematik für jedes Fabrikat und jeden Motor unterschiedlich ist.

► **Tanks für Außenborder.**
Bei ganz kleinen Außenbordern bis etwa 3 kW werden alternativ zum tragbaren Tank kleine Kraftstoffbehälter in den Kopf des Motors eingebaut.
Der für Außenborder aber typische Tank ist der tragbare Tank, der in Größen von 5 - 25 Litern üblich ist.
Je nach Einsatzart ist aber auch zu Einbautanks zu raten. Hier ist wie schon erwähnt die Förderhöhe zu beachten und im Zweifelsfall eine Fachwerkstatt zu konsultieren.

► **Hauptteile des Kraftstoffsystems vom Tank bis zum Motor (Mercury).**
Der Tankdeckel hat eine Belüftungsschraube, die fälschlicherweise immer als Entlüftungsschraube bezeichnet wird. Entnommen wird der Kraftstoff über eine Saugleitung mit Saugkorb. Der Flansch mit der Schnellkupplung für die Kraftstoffleitung hat meist auch noch ein Schauglas, an dem der Inhalt angezeigt wird. Die Kraftstoffleitung hat auf beiden Seiten Schnellkupplungen, die durch Ventile verschlossen sind und sich erst öffnen, wenn die Leitung angekuppelt ist. Der Pumpball hat auf beiden Seiten ein Ventil, dem Tank zugekehrt ein Saug-, dem Tank abgekehrt ein Druckventil.

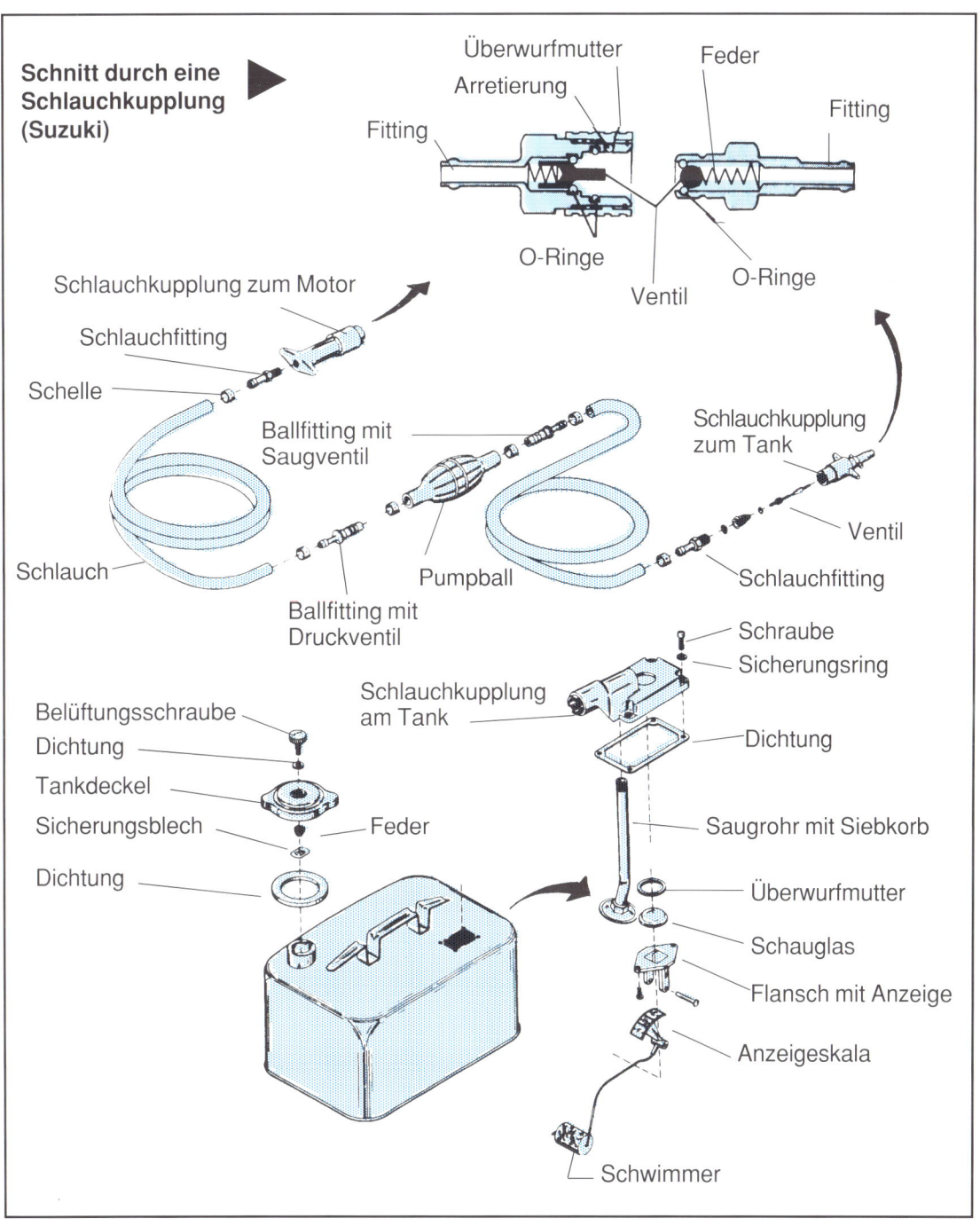

Schnitt durch eine Schlauchkupplung (Suzuki) ▶

Überwurfmutter

Feder

Arretierung

Fitting

Fitting

O-Ringe

O-Ringe

Ventil

Schlauchkupplung zum Motor

Schlauchfitting

Schelle

Ballfitting mit Saugventil

Schlauchkupplung zum Tank

Schlauch

Ventil

Pumpball

Schlauchfitting

Ballfitting mit Druckventil

Schraube

Sicherungsring

Belüftungsschraube

Schlauchkupplung am Tank

Dichtung

Dichtung

Tankdeckel

Sicherungsblech

Feder

Saugrohr mit Siebkorb

Dichtung

Überwurfmutter

Schauglas

Flansch mit Anzeige

Anzeigeskala

Schwimmer

Vergaser

Aufgabe des Vergasers ist es, das Benzin mit der Luft zu mischen. Das geschieht durch Sog, den die Luft beim Durchströmen des Vergasers erzeugt. Je nach Luftgeschwindigkeit, die mit der Drosselklappe über den Gashebel gesteuert wird, reißt der Luftstrom mehr oder weniger Benzin aus den Haupt- und Nebendüsen. Das Benzin verdampft und wird mit der Luft zu dem brennbaren Gemisch, das im Motor die Kraft erzeugt, die man sich am Propeller wünscht. Vergaser sind ziemlich komplexe Bauteile, an denen man auf keinen Fall "herumschraubt", ohne ganz genau zu wissen, was man tut.

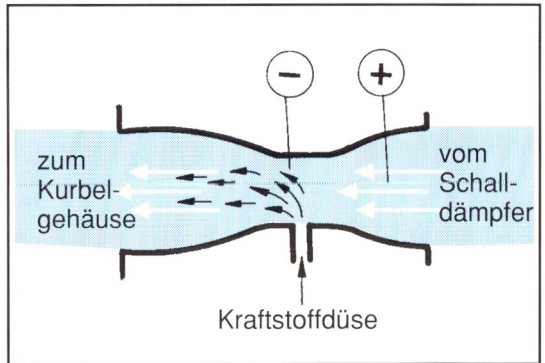

zum Kurbelgehäuse

vom Schalldämpfer

Kraftstoffdüse

▲ **Kraftkopf eines Suzuki V 6. Der Motor hat 6 Zylinder und dementsprechend vorne am Kurbelgehäuse-Eingang 3 Doppelvergaser, die natürlich über Gestänge miteinander synchron geschaltet sind. Gleichzeitig ist das Gestänge der Drosselklappen mit der Zündsynchronisierung verbunden, über die der Zündzeitpunkt verstellt wird, so daß der Motor je nach Drehzahl zur richtigen Zeit zündet. Auf der hinteren Seite des Motors sehen Sie oben noch den Einfüllstutzen für den Öltank.**

▲ **Prinzip der Vergaser-Funktion.**
Im Kurbelgehäuse wird durch die Drehbewegung der Kolben Unterdruck erzeugt. Dadurch wird Luft durch den Vergaser gesaugt. Der Luftkanal ist düsenförmig ausgebildet, so daß im Bereich der Benzindüsen ebenfalls starker Unterdruck entsteht. Dadurch wird je nach Luftgeschwindigkeit Benzin aus der Düse herausgerissen und im Luftstrom zerstäubt. Das Benzin verdampft und bildet mit der Luft das erwünschte brennbare Gemisch. Gesteuert wird der Luftstrom mit der Drosselklappe und dem Choke (siehe übernächste Seite).

Die Skizzen zeigen die beiden Hauptformen der Vergaser mit unten und seitlich liegender Schwimmerkammer. Das Benzin kommt von der Pumpe und wird in die Schwimmerkammer gedrückt. Dort wird soviel Benzin aufgenommen, bis der Schwimmer über ein Ventil die Zufuhr verschließt.

Fortsetzung rechts

Fortsetzung von links unten

Aus der Schwimmerkammer läuft über Bohrungen das Benzin zu den verschiedenen Düsen. Im Prinzip gibt es zwei Hebel am Vergaser. Der eine steuert den Choke. Das ist eine Luftklappe am Eingang des Vergasers. Der zweite ist die Drosselklappe. Das ist eine Klappe am Ausgang des Vergasers. Mit beiden Klappen wird der Luftstrom durch den Vergaser geregelt (siehe nächste Seite).

Wenn man kein Vergaser-Kenner ist, sollte man sich darauf beschränken, den Leerlauf einzustellen. Sonst aber die Vergaser und die damit zusammenhängenden Gestänge bis auf das Einfetten unberührt lassen.

Nach oben herausgezogen sehen Sie das Detail Leerlaufdüse. Auch hier muß man beim Verstellen sehr vorsichtig sein, da die Düsennadeln sehr empfindlich sind. Sobald der Düsenkegel eingekerbt ist, kommt es zu Störungen im Kraftstoffdurchfluß, und die Düse muß erneuert werden.

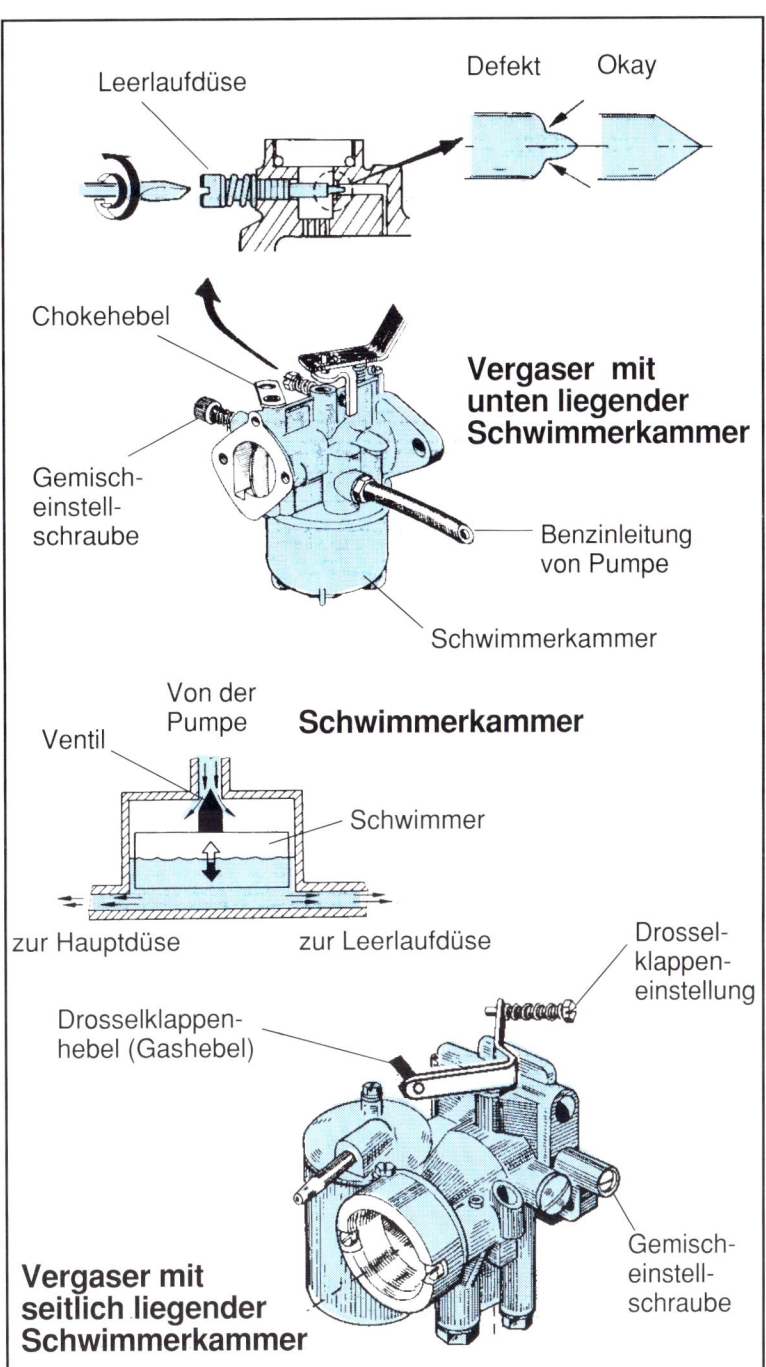

Leerlaufdüse

Defekt   Okay

Chokehebel

Vergaser mit unten liegender Schwimmerkammer

Gemischeinstellschraube

Benzinleitung von Pumpe

Schwimmerkammer

Von der Pumpe   **Schwimmerkammer**

Ventil

Schwimmer

zur Hauptdüse   zur Leerlaufdüse

Drosselklappeneinstellung

Drosselklappenhebel (Gashebel)

Gemischeinstellschraube

Vergaser mit seitlich liegender Schwimmerkammer

Funktion des Vergasers

Hier sehen Sie viermal den Schnitt durch einen Vergaser (Mariner) mit unten liegender Schwimmerkammer. Die Luft strömt von links nach rechts, kommt zuerst zur Klappe des Choke, dann an den Düsen vorbei zur Drosselklappe. Über den Schwimmer in der Schwimmerkammer wird der Zufluß des Benzins geregelt, so daß die Düsen nicht überlaufen. Dargestellt sind die vier grundsätzlichen Funktionsschritte Start, Leerlauf, etwas Gas und Vollgas.

Start:	Leerlauf:
Der Choke ist geschlossen, die Drosselklappe etwas geöffnet. Wenn der Motor gestartet wird, beginnen die Unterseiten der Kolben im Kurbelgehäuse Unterdruck zu erzeugen und saugen Luft durch den Vergaser. Die Luft strömt durch die Bohrung der Drosselklappe über die Hauptdüse und im oberen Bereich über die Nebenluftdüse zu Bypass und Leerlaufdüse. Dieser ganz gezielte Strom direkt über der Hauptdüse und im oberen Bereich über dem Bypass reißt verhältnismäßig viel Benzin aus den Düsen, und der Motor bekommt ein angereichertes Startgemisch. Wenn er läuft und der Choke zurückgeschoben wird, beginnt der Leerlauf.	Der Choke ist quergestellt, d. h. die Luft kann über den vollen Querschnitt eintreten. Die Drosselklappe aber ist ganz geschlossen. D.h. jetzt wird nur die Luft über die Nebenluftdüse und den Bypass angesaugt und über die Leerlaufdüse ins Kurbelgehäuse geführt. Der Motor bekommt das Leerlaufgemisch.

Leerlaufregelschraube
Bypass
Luftkorrekturdüse
Nebenluftdüse
Hauptluftdüse

Choke-
klappe

Luft

Haupt-
mischrohr

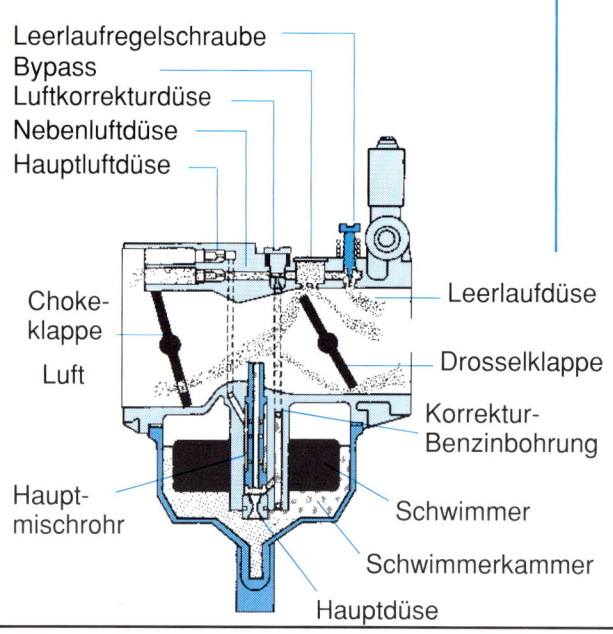

Leerlaufdüse

Drosselklappe

Korrektur-
Benzinbohrung

Schwimmer

Schwimmerkammer

Hauptdüse

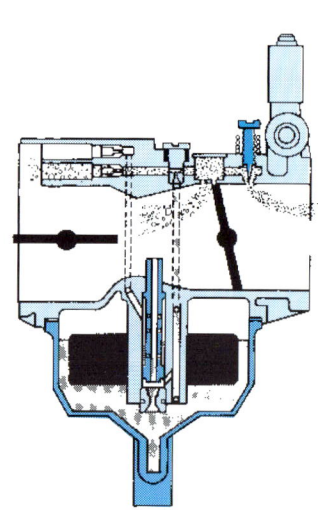

Gas geben:

Wenn Gas gegeben wird, beginnt die Drosselklappe sich gegen den Uhrzeigersinn zu öffnen, es strömt mehr Luft in den Motor und nimmt über den Bypass auch etwas mehr Benzin mit. Wird die Drosselklappe weiter geöffnet, beginnt auch die Hauptdüse zu arbeiten, bis sie ebenfalls horizontal steht. Das ist der Zustand rechts --> Vollgas.

Vollgas:

In Vollgasstellung stehen Choke und Drosselklappe horizontal, d. h. der ganze Luftquerschnitt ist geöffnet. Luft strömt in großer Geschwindigkeit ein und nimmt über die Hauptdüse, den Bypass und die Leerlaufdüse Benzin mit. Gleichzeitig tritt die Hauptluftdüse in Funktion und führt etwas Luft in die Hauptdüse, so daß dort bereits ein Luft-Benzin-Gemisch austritt. Gleichzeitig wird mit der Drosselklappen-Mechanik (Gasgestänge) auch die Zündung mit verstellt, so daß der Motor möglichst günstig verbrennt.

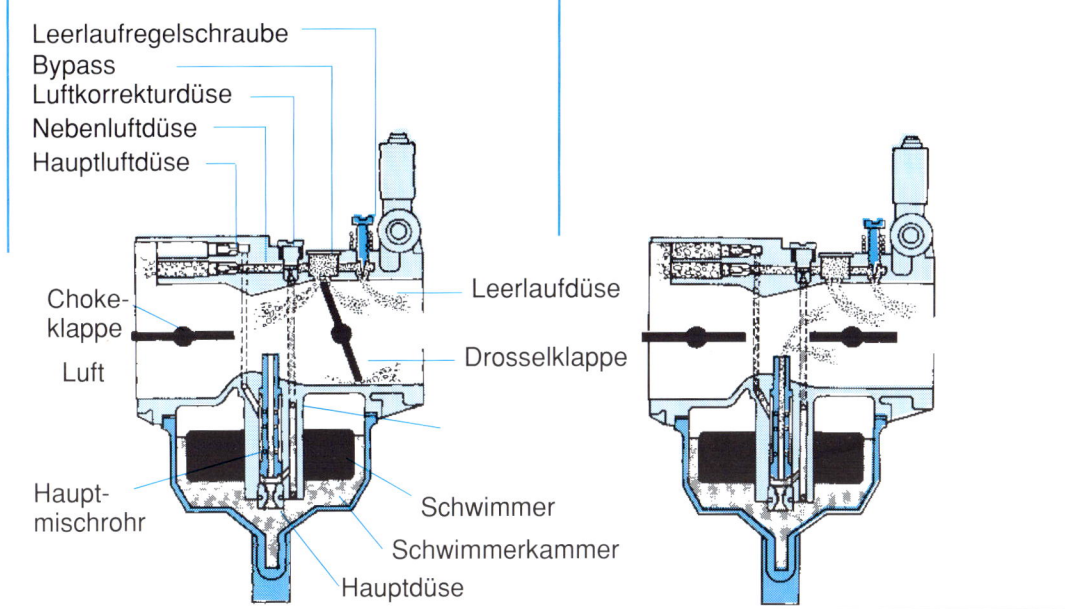

Leerlaufregelschraube
Bypass
Luftkorrekturdüse
Nebenluftdüse
Hauptluftdüse

Choke-
klappe

Luft

Haupt-
mischrohr

Leerlaufdüse

Drosselklappe

Schwimmer

Schwimmerkammer

Hauptdüse

Öl fürs Triebwerk

Der Zweitakter hat keine Ölwanne wie der Viertakter, aus der das Triebwerk das für die Schmierung notwendige Öl beziehen könnte. Das Schmieröl wird seit jeher beim Zweitakter dem Benzin beigemischt. Das Gemisch wird über das Kurbelgehäuse in die Zylinder gepumpt und gibt auf diese Weise das Öl im Triebwerk zur Schmierung ab. Bis vor etwa 15 Jahren fuhren die Außenborder noch mit Mischungsverhältnissen von 25 : 1, ja sogar von 10 : 1. Dann begann das allgemeine Nachdenken für die Umwelt, und man reduzierte den Ölanteil auf heute 50 : 1 bis 150 : 1. Üblicherweise wurde der entsprechende Anteil Öl in den Tank gegossen, mit etwas Benzin vermischt und dann der Tank ganz aufgefüllt. Anfang der 80er Jahre begann man dann aber Öldosiersysteme zu entwickeln, die das Öl getrennt vom Benzin fahren und erst im Vergaser oder sogar hinter dem Vergaser "einspritzen". Diese getrennte Öldosierung hat, wie der Name schon sagt, den Vorteil, daß man das Öl Drehzahlabhängig genau bemessen kann, so wie der Motor es braucht. Heute sind die Motoren ab ca. 25 kW standardmäßig mit getrennten Öldosiersystemen ausgerüstet. Für kleinere Leistungen bis runter zu 3 kW kann man sie als Extra kaufen.

Aber auch ohne die Öldosiersysteme sind die Mischungsverhältnisse bei 50 bis 100 : 1.

Es gibt auch Öldosiersysteme, die nicht in den Motor integriert sind, sondern im Tank oder neben dem Tank im Boot stehen.

▶ **Schematische Darstellung der Öldosieranlage (Suzuki). Das Öl wird von der Ölpumpe aus dem Öltank gesaugt und über ein Rückschlagventil hinter die Drosselklappe gepumpt. Die Ölleitung führt vor der Einspritzung über ein Mischventil im Kurbelgehäuse, das dem Öl Luft zur besseren Zerstäubung hinter der Drosselklappe beimischt.**

Das Foto zeigt die Backbordseite eines Suzuki 6V. Zwischen Schalldämpfer und Zylinder block befindet sich ein großer Öltank, der das Motorenöl für die Dosieran-lage enthält.

Schnitt durch ein Mischventil

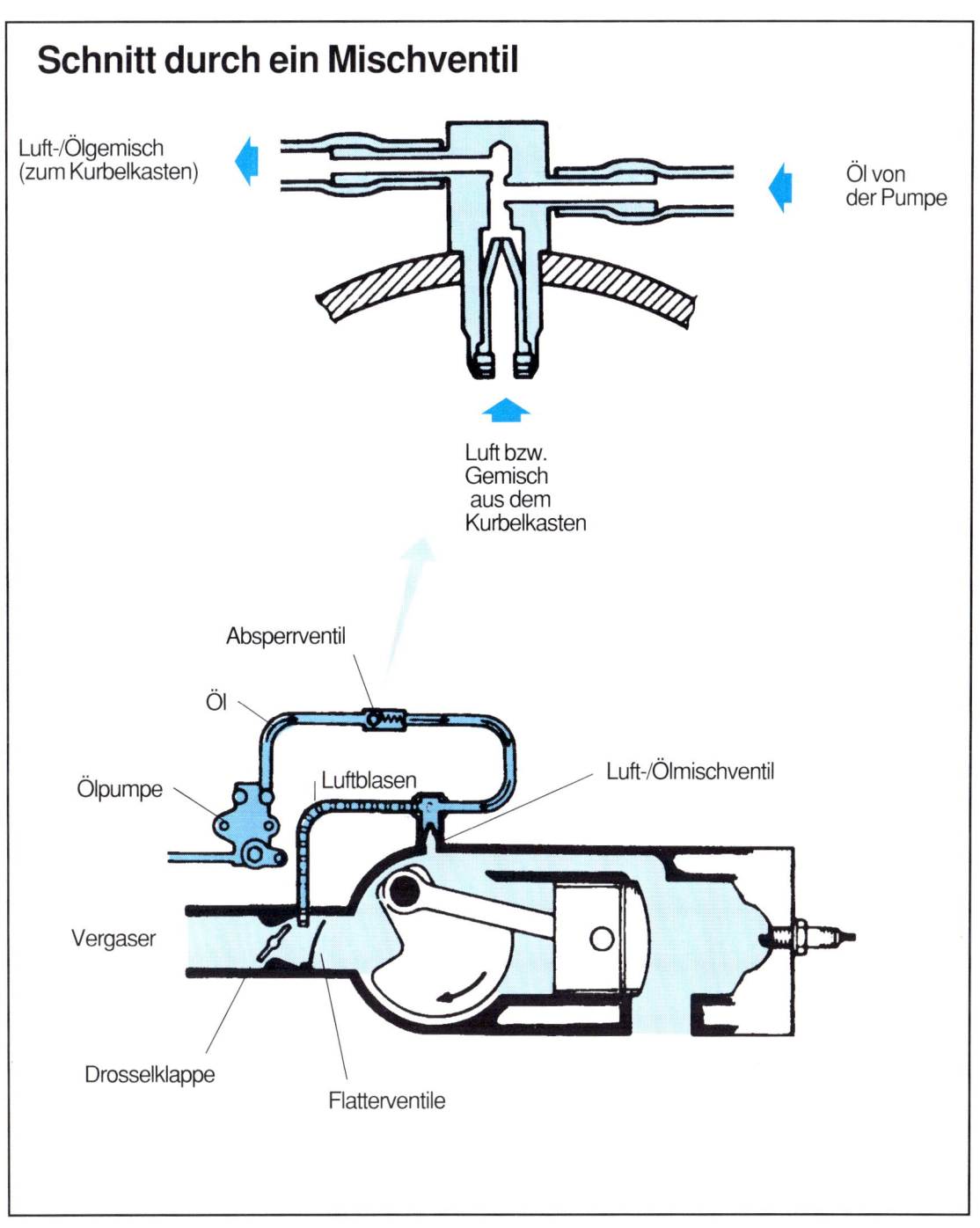

Luft-/Ölgemisch
(zum Kurbelkasten)

Öl von
der Pumpe

Luft bzw.
Gemisch
aus dem
Kurbelkasten

Absperrventil

Öl

Luftblasen

Luft-/Ölmischventil

Ölpumpe

Vergaser

Drosselklappe

Flatterventile

Filter

Außenborder haben normalerweise zwei Filter. Einen, der entweder zwischen der Kupplung am Motor und vor der Kraftstoffpumpe oder zwischen Kraftstoffpumpe und Vergaser sitzt. Der andere ist meist nur ein Sieb und sitzt direkt am Eingang der Kraftstoffpumpe. Wenn Sie sich die Vergaser angesehen haben, werden Sie verstehen, daß die Düsen durch Verunreinigungen sehr leicht verstopfen würden, was zu unliebsamen Störungen und aufwendigen Reparaturen führt. Aus diesem Grund baut man vor und setzt Filter in die Leitung. Trotz der Filter sollte man auch beim Tanken sehr ordentlich sein und vor allem nicht direkt aus irgendwelchen fragwürdigen Blechtonnen tanken. Aber was noch wichtiger ist, beachten Sie auf jeden Fall den Filterreinigungs-Intervall!

Wer einen Einbautank fährt, sollte einen Zusatzfilter mit Wasserabscheider einbauen, da durch die größere Kraftstoffmenge sehr leicht Kondensat entsteht, was durch Emulsion mit dem Kraftstoff ebenfalls zu Verstopfungen im Vergaser führt. Beim Einbau von Zusatzfiltern muß man auch die Saughöhe der Kraftstoffpumpe beachten, und wenn keine genauen Angaben vorliegen, eine Werkstatt zu Rate ziehen. Im allgemeinen wird das durch den Einbau einer elektrischen Kraftstoffpumpe gelöst.

Wenn in der Kraftstoffpumpe ein Filtersieb zu finden ist, dann ist der Deckel sehr leicht abnehmbar und im Wartungsplan der Wartungsintervall des Filtersiebs verzeichnet. Nur wenn das der Fall ist, sollten Sie der Betriebsanleitung folgend den Deckel der Kraftstoffpumpe abnehmen.

Kleiner Zweizylinder mit Filtersieb an der Kraftstoffpumpe und Vorfilter zwischen Kraftstoffpumpe und Vergaser.

Kühlsystem

Das Kühlsystem ist Ballast. Leider kann darauf nicht verzichtet werden, sonst würde sich der Motor in kurzer Zeit so weit erwärmen, bis er in Glut und Hitze einen Kollaps erleidet. Mit diesem Übel lebend, trachtet man, das Kühlsystem möglichst sicher zu bauen und zu überwachen.

Die einfachste und zuverlässigste Methode das Kühlwasser zu überwachen, ist der Kühlwasser-Kontrollstrahl, der seit einigen Jahren bei jedem Außenborder an der Rückseite der Motorwanne zu finden ist.

Kühlsystem

Aufgabe der Kühlung

Das Kühlsystem ist ein aufwendiges, aber unbedingt erforderliches Übel. Die in den Zylindern durch die Verbrennung erzeugte Wärme würde die Bauteile, die den Brennraum umgeben, zum Schmelzen bringen. Um das zu verhindern, werden die Zylinderwände des Zylinderkopfs und Teile des Auspuffs gekühlt.

Es sind über 30 % der Gesamtenergie aus dem Kraftstoff, die über die Kühlung abgeführt werden und damit verlorengehen (s. unten).

Neben der Tatsache, daß über die Kühlung soviel Energie verlorengeht, gibt es noch zwei wesentliche Nachteile, deren man sich bewußt sein muß:

1. Durch den Kaltstart ist der Verschleiß der reibenden Teile sehr groß. Es sind vor allem die Zylinder und Kolbenringe.

2. Durch die heute übliche Wasserkühlung wird der Motor einer starken elektro-galvanischen Beanspruchung ausgesetzt. Deshalb ist eine besonders sorgfältige Materialwahl und ein gründlicher Schutz durch Zinkanoden erforderlich.

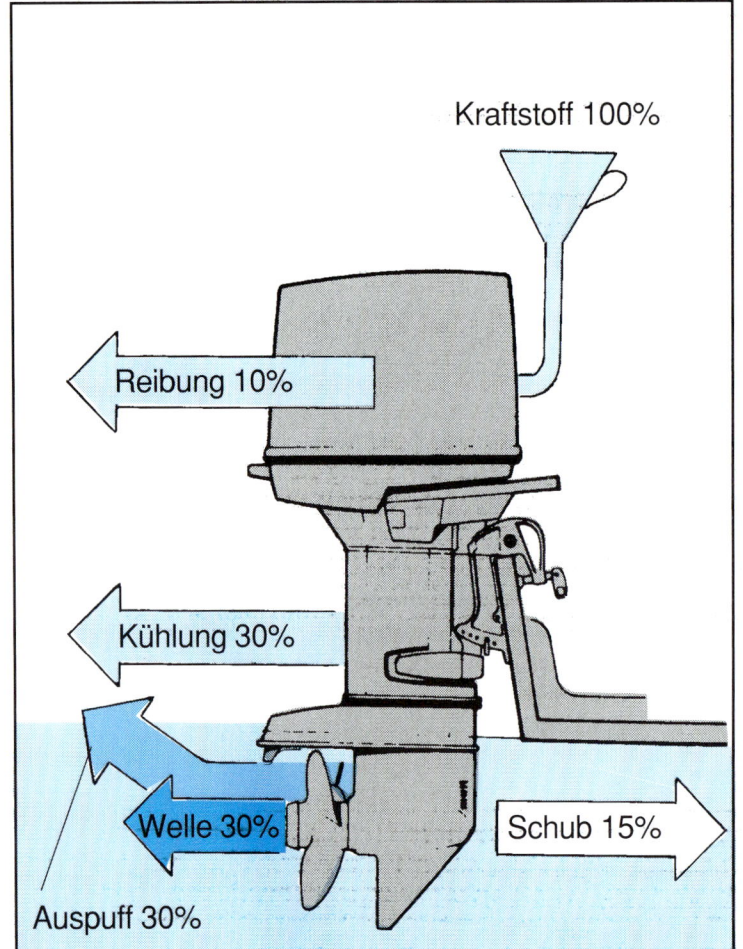

◀ Die Energiebilanz eines Außenborders verdeutlicht, wieviel Energie über die Kühlung verlorengehen muß, um einen "Hitzschlag" des Motors zu verhindern.

Diese Energiemenge muß aber gleichzeitig dem Eigner deutlich machen, daß das Kühlsystem einer ständigen Überwachung und gründlichen Wartung bedarf.

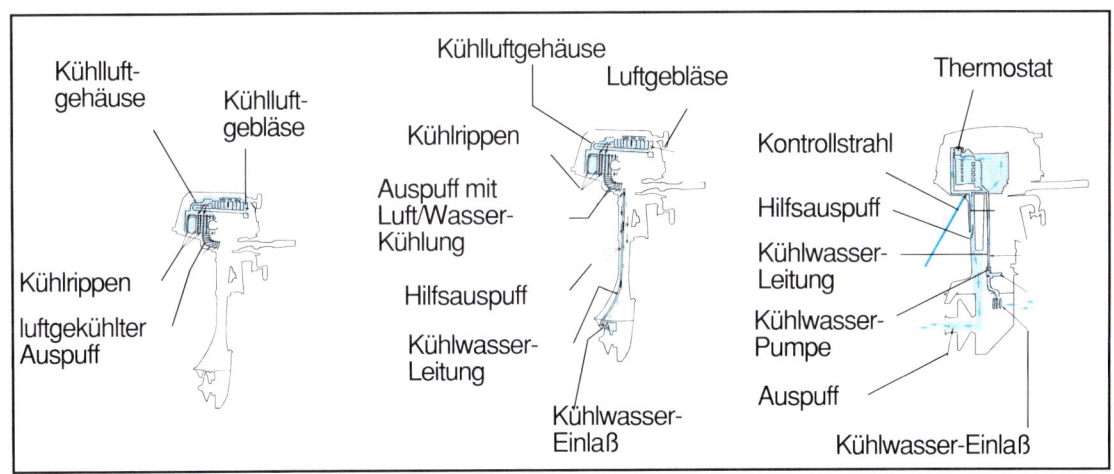

▲ **Kühlsysteme von Außenbordern. Kleine Außenborder wurden bis vor einigen Jahren mit Luft gekühlt. Außerdem gab es eine Zeitlang "Zwitter", die mit Luft-Wasserkühlung ausgestattet waren. Z. Zt. wird die Meinung vertreten, daß ein guter Außenborder wassergekühlt sein sollte. Es gibt immer wieder "Billigangebote", bei denen schlicht und einfach ein Rasenmäher-Motor einen Schaft und Propeller bekommt. Durch den entstehenden Lärm ist seine Herkunft dann auch nicht zu überhören. Die Skizzen zeigen das Prinzip der drei Kühlarten.**

► **Hauptteile des Kühlsystems.**
Das Wasser wird über Schlitze im Unterwasserteil von der Pumpe angesaugt und über die lange Kühlwasserleitung durch den Schaft zum Zylinderkopf und dem Zylinderblock geleitet. Im Zylinderkopf und Zylinderblock wird der Hauptteil der Wärme aufgenommen, dann läuft das Kühlwasser über die Überwachungssonden (Thermoschalter, Druckschalter usw.) und wird je nach Betriebstemperatur über den Bypass zurück in das Kühlsystem oder über den Thermostaten zum Auspuffmantel geleitet. Nach dem Passieren des Auspuffmantels, wo auch noch wieder Wärme aufgenommen wird, wird das Kühlwasser in den Auspuff eingespritzt und verläßt über das Unterwasserteil mit den Abgasen den Motor.

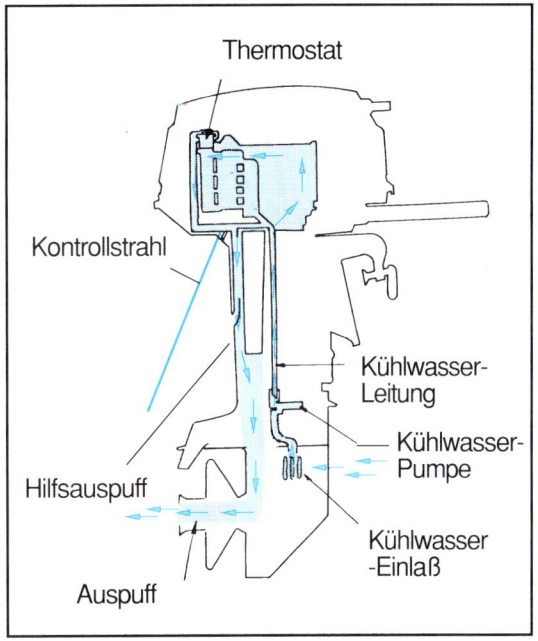

Funktion des Kühlsystems

Bis vor einigen Jahren war bei kleinen Ein-Zylindermotoren die Luftkühlung durchaus üblich. Später ging man auch bei den "Kleinen" zu einer Mischkühlung Luft/Wasser über. Heute sind auch die ganz kleinen Motoren wassergekühlt, und es bestehen keine Zweifel daran, daß die Wasserkühlung zumindest bei Bootsmotoren der Luftkühlung in jeder Hinsicht überlegen ist. Das Kühlsystem des Motors soll so aufgebaut sein, daß der Motor möglichst schnell seine Betriebstemperatur erreicht. Das ist mit Hilfe eines Thermostaten ganz gut gelöst. Der Thermostat ist im Prinzip nichts anderes als ein über die Kühlwassertemperatur gesteuerter Schalter, der den Weg des Kühlmittels umlenkt.

Ist der Motor noch kalt, wird das Kühlwasser teilweise im Kreis gefahren, so daß der Motor schneller warm wird. Nach Erreichen einer bestimmten Betriebstemperatur macht der Thermostat auf, und das Kühlmittel fließt über den Auspuff nach draußen.

Zusätzlich zu diesem Thermostaten gibt es bei einigen Herstellern noch Druckventile, die die Wassermenge zur Auspuffkühlung steuern.

▼ **Schematische Darstellung der Thermostat-Funktion im Kühlwasserkreislauf.**
Solange die Betriebstemperatur des Motors noch nicht erreicht ist, läuft ein Großteil des Kühlwassers über einen Bypass zurück in den Zylinderdeckel und -block. Dies geschieht nicht immer prinzipiell wie in der Skizze dargestellt über die Kühlwasserpumpe, sondern häufig durch Ausgleichskanäle, deren Darstellung hier aber zu verwirrend wäre. Wird die Betriebstemperatur erreicht, öffnet der Thermostat, und das Kühlwasser läuft auf direktem Weg über den Auspuff aus dem Motor.

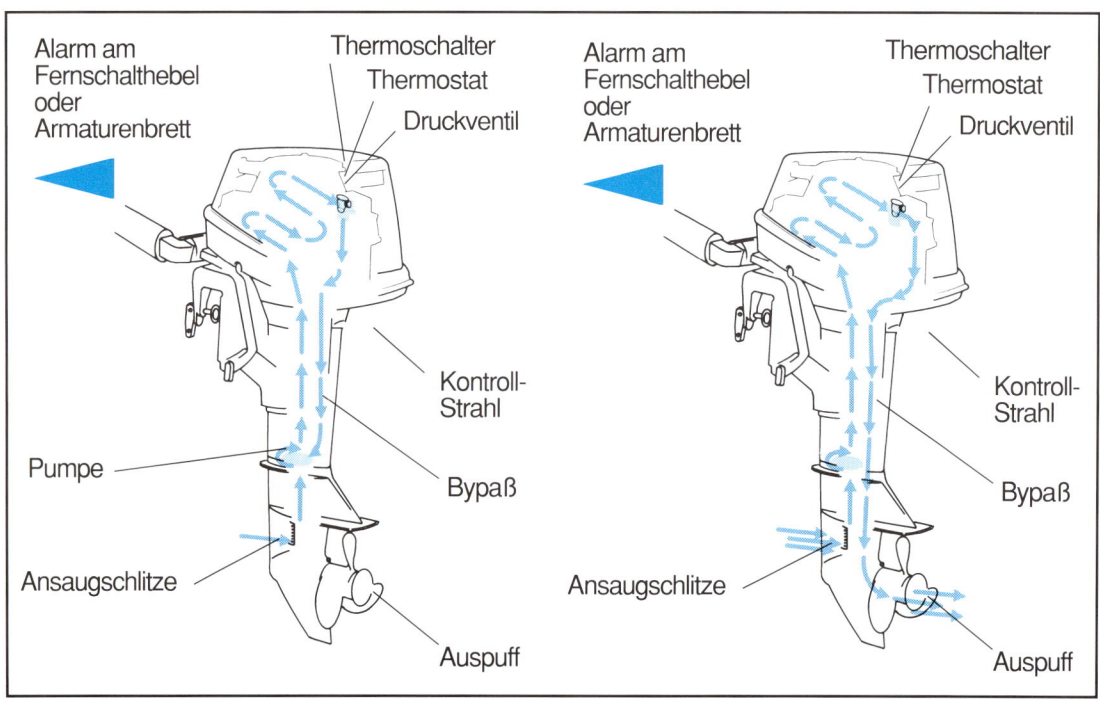

Überwacht wird das Kühlsystem einerseits optisch über einen Kontrollstrahl, der meist an der Rückseite der Motorwanne austritt und über den bei vielen Motoren sichtbaren Hilfsauspuff. Tritt aus diesen beiden Öffnungen die gewohnte Menge Wasser aus, ist das Kühlsystem in Ordnung, zumindest stimmt die durch den Motor gepumpte Kühlwassermenge. Zusätzlich gibt es je nach Komfort und Preis die Überwachung mit Thermo- und Druckschaltern. Der Thermoschalter löst bei Erreichen einer Grenztemperatur Alarm aus, der Druckschalter bei Druckabfall im Kühlsystem.

Durch das Wasser, das durch den Motor fließt, entstehen starke elektro-galvanische Spannungen, die durch Zinkanoden kontrolliert werden. Soweit die Anoden außerhalb des Motorblocks angebracht sind, sind sie leicht zu kontrollieren. Die Anoden, die sich im Zylinderblock und im Zylinderkopf befinden, sind dem Auge allerdings verborgen. Ihre Funktion und ihr Vorhandensein muß der Fachmann kontrollieren.

▼ **Funktion des Thermostaten und der Druckventile.**
Der Thermostat öffnet, wenn das Kühlwasser warm geworden ist. Das ist das Zeichen, daß der Motor Betriebstemperatur erreicht hat. Im Prinzip führt dieses Öffnen des Thermostaten zu einem Druckabfall, da der Abflußquerschnitt größer wird.

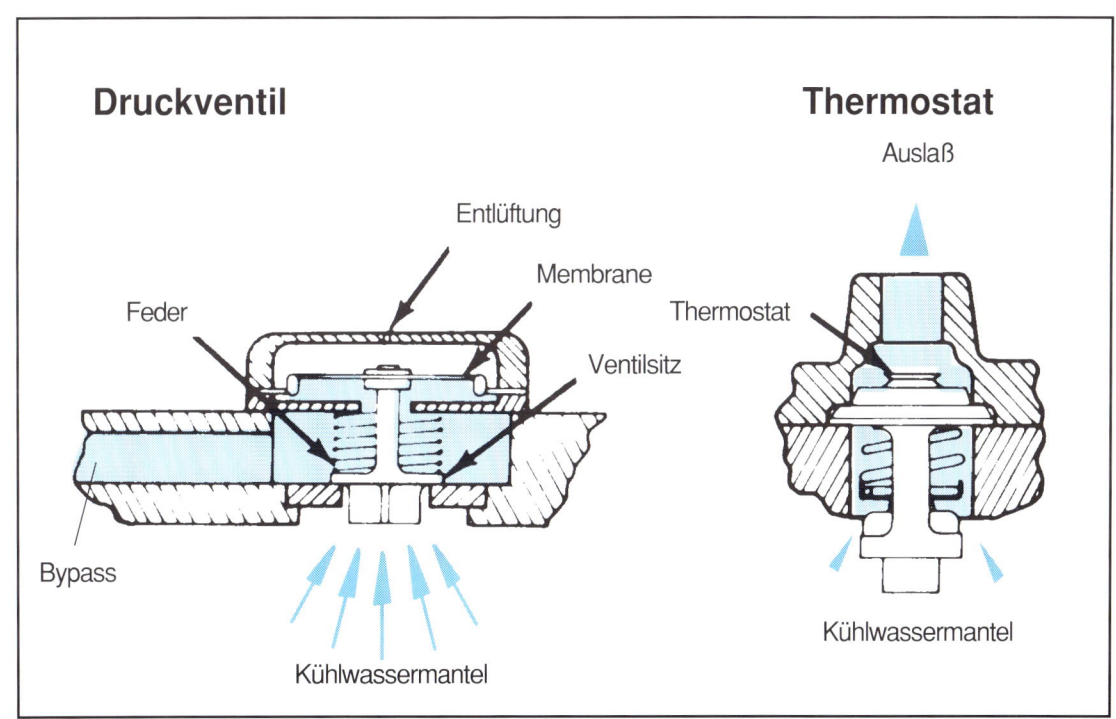

Druckventil

Thermostat

Auslaß

Entlüftung

Membrane

Feder

Thermostat

Ventilsitz

Bypass

Kühlwassermantel

Kühlwassermantel

Kühlsystem

Angetrieben wird der Kühlwasserkreislauf durch eine Pumpe, die bei praktisch allen Außenbordern aus einem Gummi-Impeller besteht. Das Kühlwasser wird über Schlitze im Unterwasserteil des Schachtes angesaugt, von der Pumpe über den Zylinderkopf und Zylinderblock in Richtung Auspuff gepumpt.
Nur noch wenige ganz kleine Motoren ohne Getriebe (360° drehbar) haben keine Kühlwas-

serpumpe. Dort funktioniert der Kühlwasserkreislauf durch Staudruck, was voraussetzt, daß das Boot fährt, wenn der Motor läuft. Deshalb auch kein Leerlauf und kein Getriebe.
Störungen am Kühlsystem sind bei richtiger Wartung und Kontrolle selten. Hauptursache sind verstopfte oder durch Plastikfolien verdeckte Kühlwasserschlitze.
Störungen im Kühlwassersystem Seite 146.

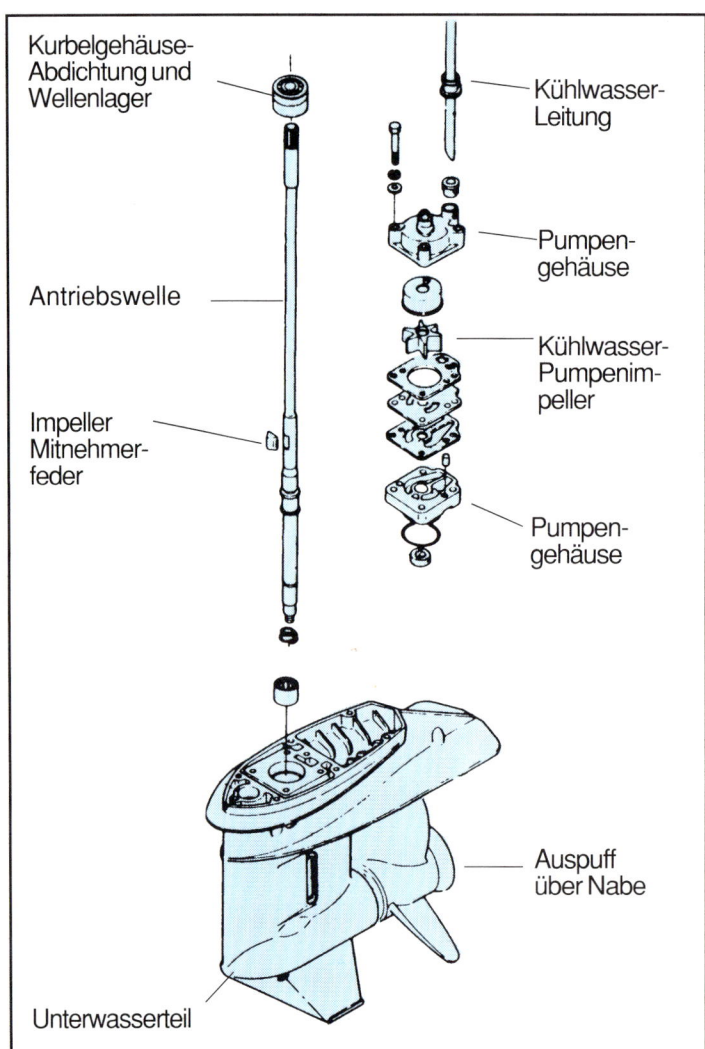

Kurbelgehäuse-Abdichtung und Wellenlager

Kühlwasser-Leitung

Pumpen-gehäuse

Antriebswelle

Kühlwasser-Pumpenimpeller

Impeller Mitnehmerfeder

Pumpen-gehäuse

Auspuff über Nabe

Unterwasserteil

◄ **Die Kühlwasserpumpe ist ein Impeller aus Gummi, der bei niedriger Drehzahl wenig und bei steigender Drehzahl mehr Wasser fördert. Wer schon einen Innenborder gefahren hat, stellt sich sofort die Frage, warum man beim Außenborder zur Werkstatt muß, wenn die Kühlwasserpumpe streikt. Die Antwort ist einfach: Bei Einbaumotoren erreicht man den Impeller durch Abschrauben von 3 - 4 kleinen Schrauben und Abnehmen eines einzelnen Deckels. Bei Außenbordmotoren muß man, wie die Abbildung zeigt, das ganze Unterwasserteil abnehmen. Dabei kommen eine Menge Teile zum Vorschein: Das lange Schaltgestänge, die Antriebswelle, die ganzen Teile der Pumpe, usw. Das wäre noch nicht weiter schlimm, aber der Zusammenbau erfordert meist Sonderwerkzeuge und genaue Kenntnis der Details, so daß man wirklich jedem ans Herz legen muß: Wenn die Kühlwasserpumpe streikt, sollten Sie mit dem Motor in die Werkstatt gehen.**

▶ Die Abbildung zeigt die vorwiegend benutzten Positionen für Schutzanoden. Das Innenleben des Motors besteht aus diversen Metallen, die über den Kreislauf des Kühlwassers miteinander verbunden werden. Dadurch entstehen elektro-galvanische Ströme, die zu Zerstörungen führen können. Man versucht zwar, das Kupfer aus den Aluminiumlegierungen der Außenbordmotoren herauszuhalten, dennoch entstehen unterschiedliche Potentiale zwischen Propeller, der Propellerwelle und den verschiedenen Bauteilen entlang des Kühlwassersystems. Um die Teile zu schützen, werden an diversen bevorzugten Stellen Zinkanoden montiert, die allerdings regelmäßig erneuert werden müssen, wenn sie den Schutz aufrechterhalten sollen. Das ist bei den Zinkanoden an der Motorhalterung und am Unterwasserteil sehr einfach. Schwieriger wird es, die Zinkanoden unter dem Zylinderdeckel zu erreichen, das wiederum ist eine reine Sache für die Werkstatt. Wie man Zinkanoden pflegt und austauscht, finden Sie im Kapitel Wartung.

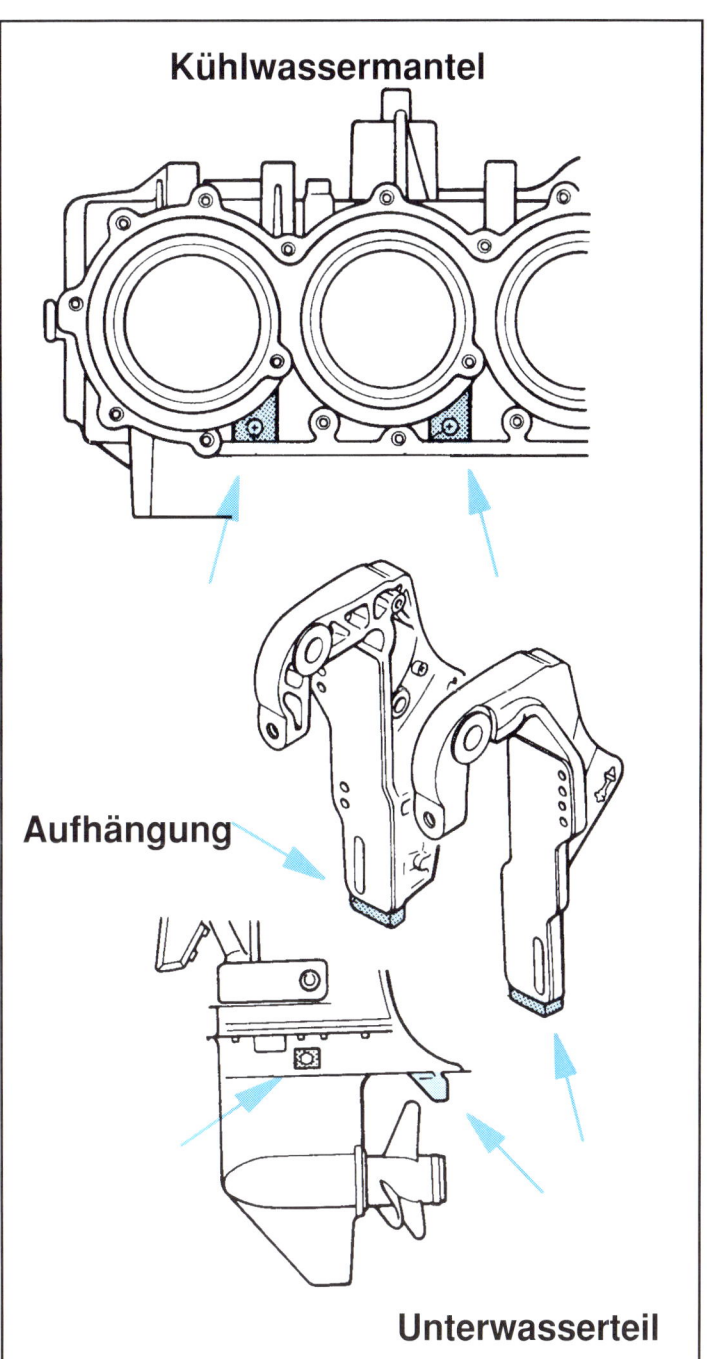

Kühlwassermantel

Aufhängung

Unterwasserteil

Gemisch
Verbrennung
Auspuff

*Verbrennungskreis des Außenborders.
Während 1000 Zweitakt-Außenborder verkauft werden,
finden ca. 20 leistungsgleiche Viertakt- und Diesel-
Außenborder ihre Käufer. Deshalb beschränke ich mich
hier auf die Darstellung des Zweitakters.*

Der Außenborder (Zweitakter) arbeitet ohne Ventile im Zylinderkopf. Der Gasstrom wird über die Schlitze im Zylinder gesteuert. Zu einem guten Gaswechsel gehört, daß die relativ sensible Gassäule vom Vergaser bis zum Propeller richtig pulsiert. Daran haben die Flatterventile am Eingang zum Kurbelgehäuse einen großen Anteil.

Gemisch
Verbrennung
Auspuff

Der Zweitakter hat keine Ein- und Auslaßventile wie der Viertakter. Der Gaswechsel, so bezeichnet man den Spülvorgang, wird über das als Pumpe arbeitende Kurbelgehäuse in Gang gesetzt. Läuft der Motor, dann pulsiert die ganze Gassäule vom Vergaser bis zum Propeller, wo das Abgas mit dem Kühlwasser austritt. Die Güte des Gaswechsels, d. h. viel neues Gemisch und wenig Restgas, entscheidet über die Qualität der Verbrennung, Kraftentwicklung und Wirtschaftlichkeit des Motors.

Einen optimalen Gaswechsel versucht man mit Hilfe der Flatterventile, dem Kurbelgehäuse, dem Überströmkanal, den Auslaßschlitzen der Kolbenform sowie dem als Diffusor arbeitenden Auspuff. Dabei spielen Zylinderzahl, Zylinderanordnung und die Anzahl der Vergaser, bzw. Doppelvergaser, eine wichtige Rolle.

Für die Zuverlässigkeit der Verbrennung sorgen der starke Funke der allgemein üblichen Hochspannungskondensator-Zündungen und die optimale Gemischbildung in richtig gesteuerten Vergasern.

▼ **Schematischer Querschnitt durch das von oben betrachtete Kurbelgehäuse.**
Das Gemisch tritt vom Vergaser aus über die Flatterventile oder über Schieber zwischen den Kurbelwangen in das Kurbelgehäuse ein, wird von der Kolbenunterseite verdichtet (die Flatterventile sind in dem Augenblick zu), wird dann durch den Überströmkanal in den Zylinder gepreßt und drückt auf der gegenüber liegenden Seite das Abgas über den Auspuff raus. Bewegt sich der Kolben weiter nach oben, schließt er die Schlitze, das Gemisch wird verdichtet und gezündet. Der jetzt entstehenede Verbrennungsdruck schiebt den Kolben wieder nach unten.

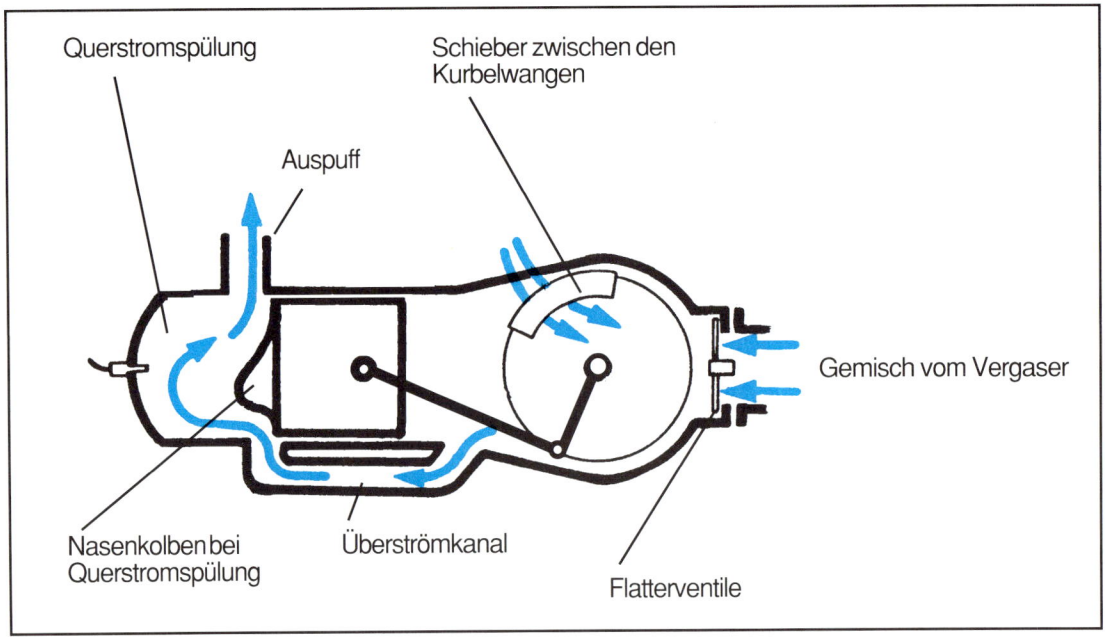

Querstromspülung

Schieber zwischen den Kurbelwangen

Auspuff

Gemisch vom Vergaser

Nasenkolben bei Querstromspülung

Überströmkanal

Flatterventile

▼ Das Foto zeigt die bei Mehrzylindermotoren häufig angewandte Schleifenspülung, bei der man flache Kolben einsetzt und viele Schlitze rund um den Zylinder plaziert. Das Gas wird schleifenförmig durch den Zylinder gewirbelt, so daß auf diese Weise ein sehr guter Gaswechsel entsteht, der zu wirtschaftlichen Verbrauchszahlen führt.

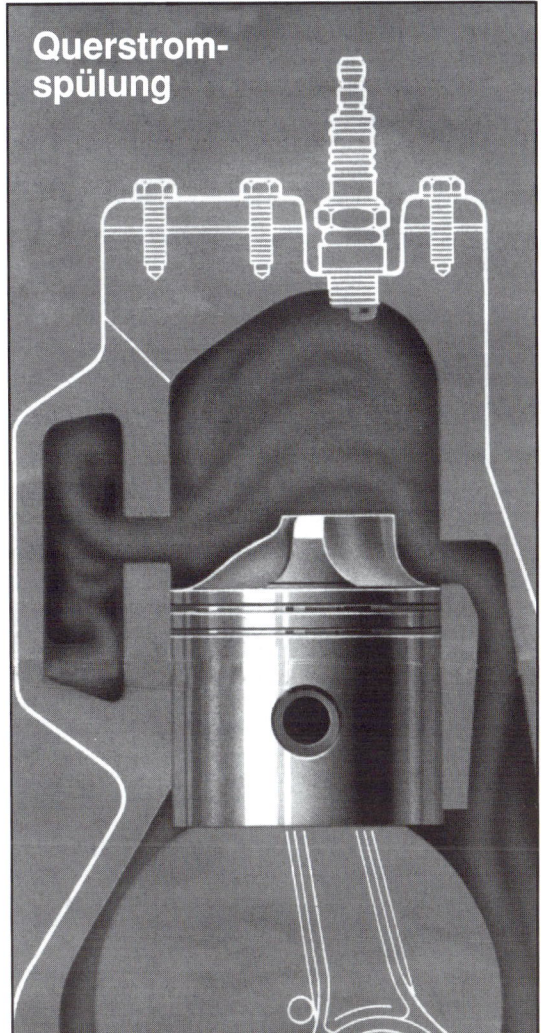

Querstromspülung

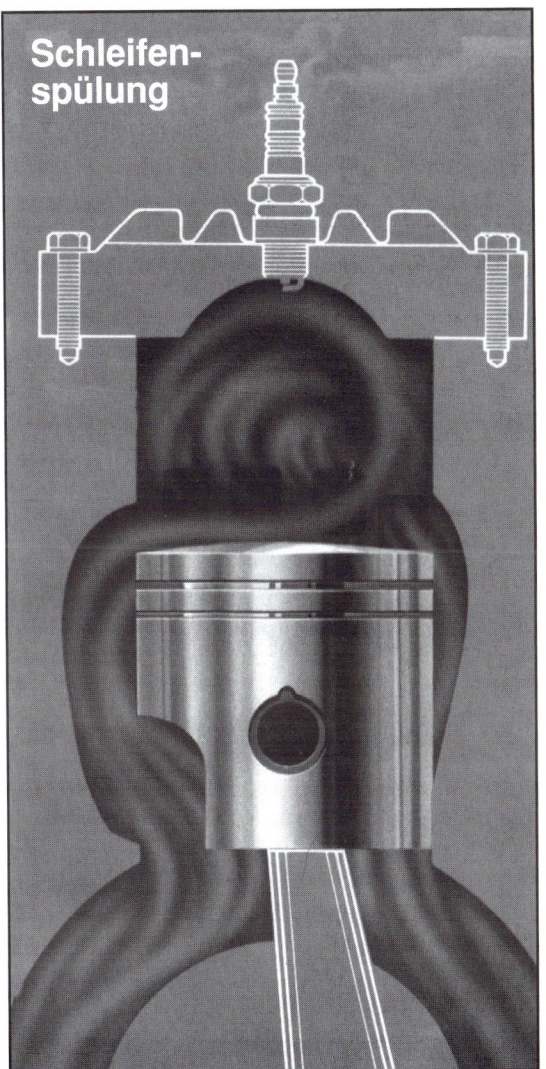

Schleifenspülung

▲ Querstromspülung mit Nasenkolben. Der Kolben öffnet den Auspuffschlitz schon etwas vor dem Einlaßschlitz. Dadurch strömt verbranntes Gas aus, erzeugt eine Druckminderung im Zylinder, dann öffnet der Überströmkanal, frisches Gas wird nachgeschoben. Beim Zurücklaufen des Kolbens wird der Überströmkanal etwas früher geschlossen, so daß noch Restgase durch den Auspuff entweichen können.

Schieber in der Kurbelwange

Flatterventile

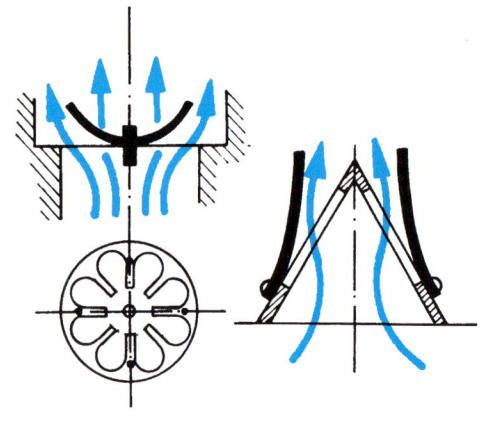

Arbeitsablauf im Außenborder
(Zweitakt-Prinzip):
Man muß hier zwei Komplexe betrachten, den Zylinderraum und das Kurbelgehäuse.

(1) Verdichtungshub, der Kolben bewegt sich nach oben.Kurz vor O. T. erfolgt die Zündung. Bevor sich die Verbrennung richtig entwickelt, überschreitet der Kolben den oberen Totpunkt.

(2) Verbrennungshub, der Arbeit leistet. Das sind die zwei Vorgänge, aus denen der Name Zweitakter abgeleitet ist.

(3) Vor dem unteren Totpunkt öffnet sich der Auspuffschlitz, das Gas beginnt auszuströmen, und gleich nach dem Überschreiten des U. T. wird der Kreislauf durch das Überströmen des

(4) Frischgemischs abgeschlossen. Während dieses Ablaufs (1 - 4) arbeitet noch ein zweites System, das Kurbelgehäuse.

(5) Der Kolben saugt mit der Unterseite Gemisch vom Vergaser an.

(6) Im Kurbelraum wird es vorverdichtet und strömt bei Öffnen der

(7) Schlitze über, bis es die verbrannten Gase ersetzt hat (8).

▲ Das ins Kurbelgehäuse eintretende Gemisch vom Vergaser wird entweder über Flatterventile oder über Schieber zwischen den Kurbelwangen gesteuert. Die Flatterventile reagieren auf Unterdruck und die Schieber lassen nur bei einer bestimmten Kolbenstellung Gas durch die Schlitze.

Arbeitsprinzip des Zweitakters

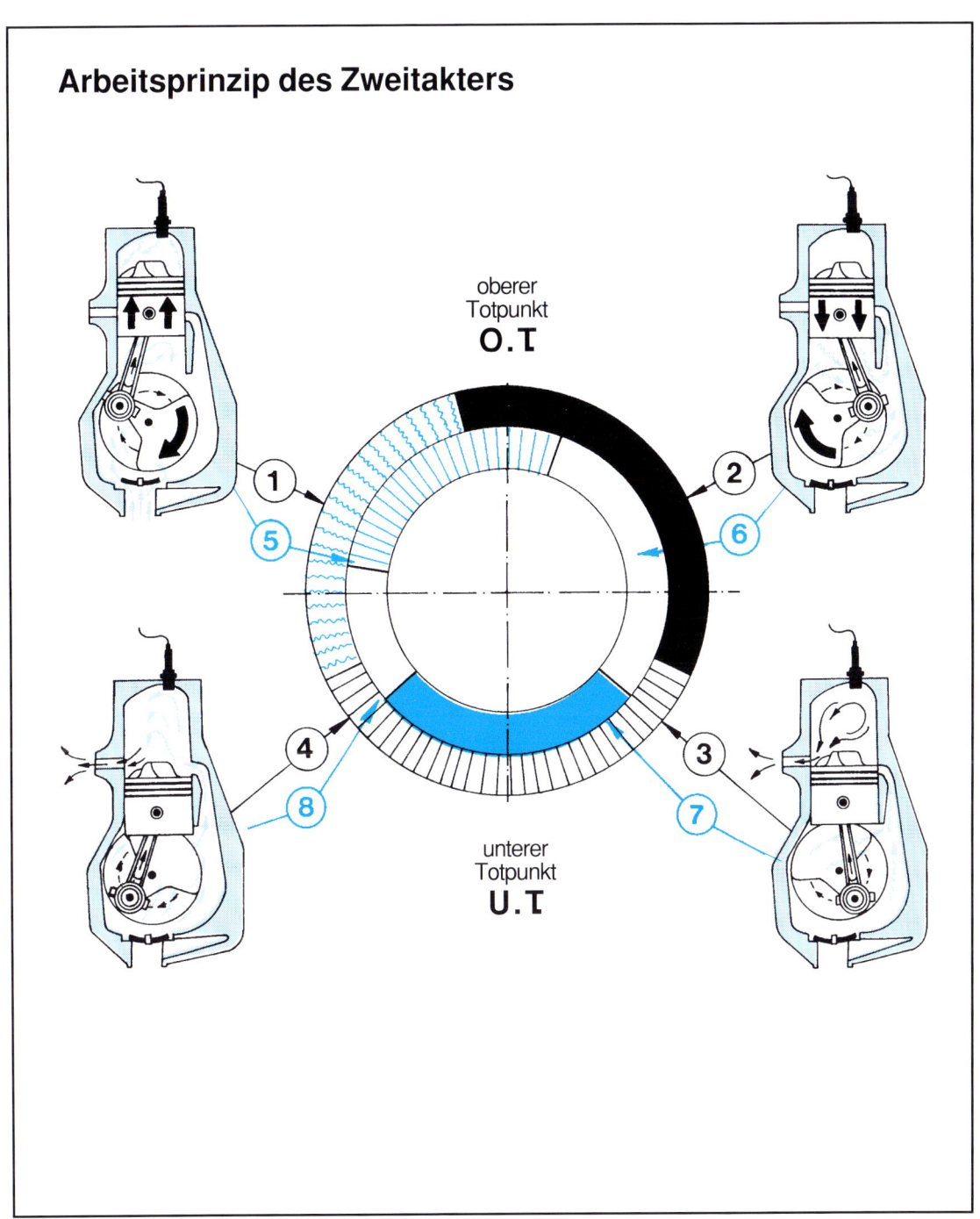

oberer
Totpunkt
O.T

unterer
Totpunkt
U.T

Dem Auspuff wird bei Zweitaktern ganz große Bedeutung beigemessen, da man das Pulsieren der Gassäule, ganz besonders bei Mehrzylindermotoren, so vorherberechnet, daß der Gaswechsel in dem jeweils öffnenden Zylinder durch die Schwingung der Gassäule begünstigt wird. Das ist ein kompliziertes Unterfangen, aber es ist den Motorenherstellern mit viel Aufwand gelungen.

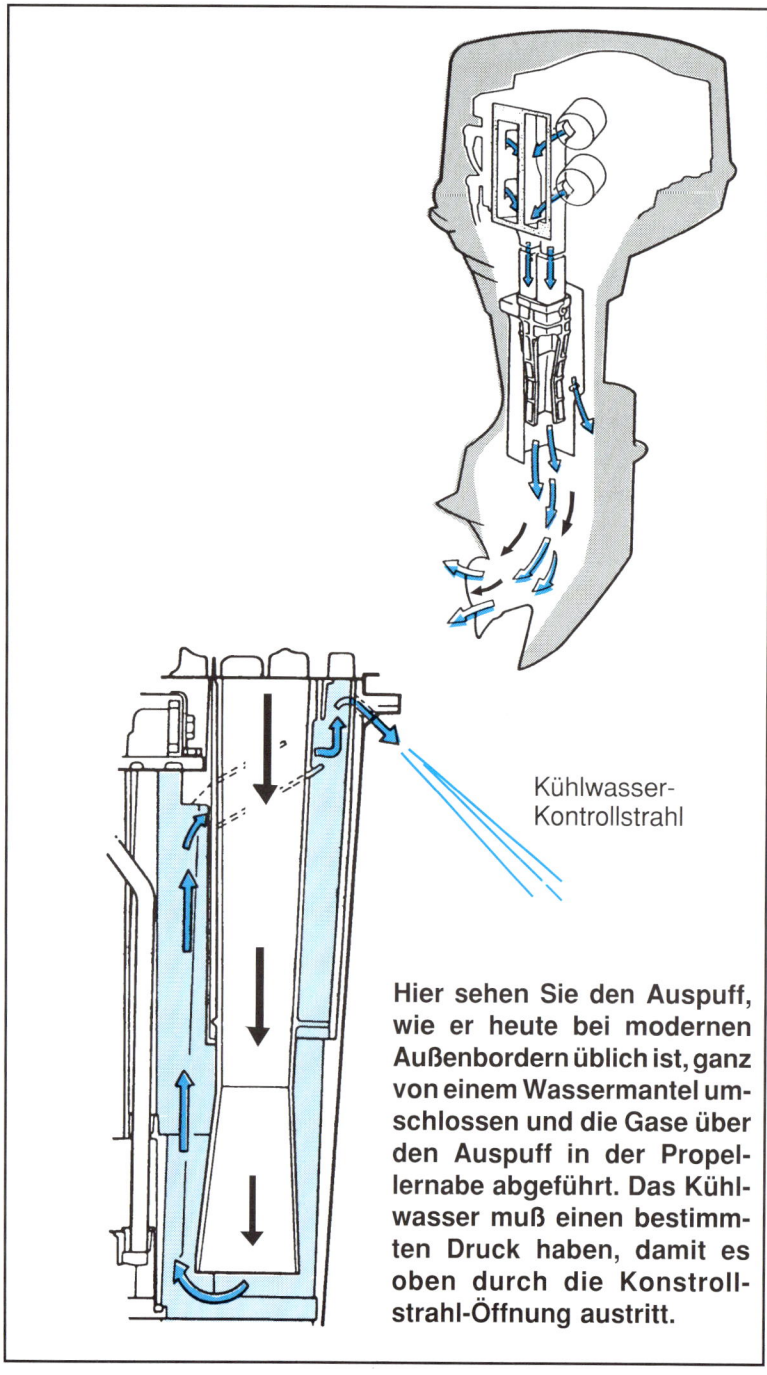

Kühlwasser-Kontrollstrahl

Hier sehen Sie den Auspuff, wie er heute bei modernen Außenbordern üblich ist, ganz von einem Wassermantel umschlossen und die Gase über den Auspuff in der Propellernabe abgeführt. Das Kühlwasser muß einen bestimmten Druck haben, damit es oben durch die Konstrollstrahl-Öffnung austritt.

Getriebe
Schaltung
Welle

Getriebe und Welle sind beim Außenborder in einer so gut gestylten Hülle verborgen, daß vielen Skippern die Funktion dieser beiden Elemente verborgen bleibt.

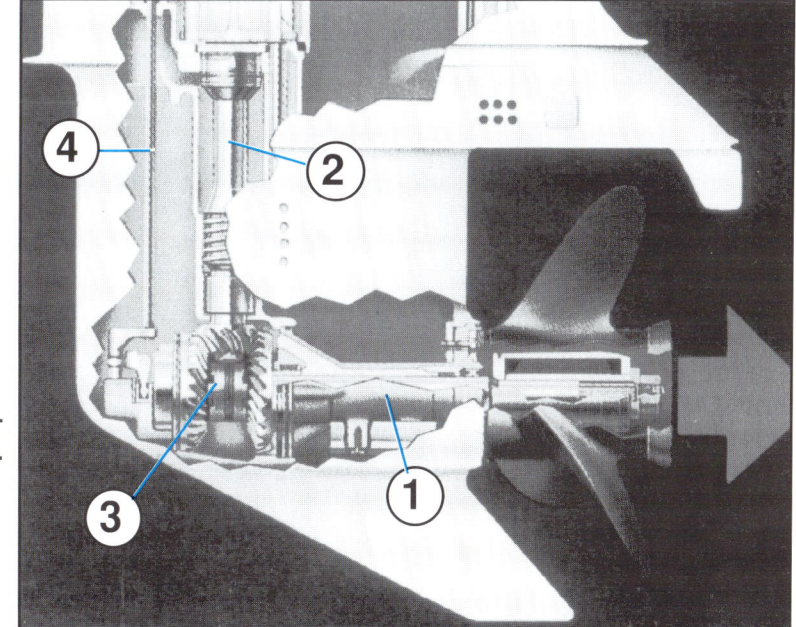

Schnitt durch das Unterwasserteil eines Johnson. Es bedeuten:
(1) **Propellerwelle**
(2) **Antriebswelle**
(3) **Getriebe**
(4) **Schaltgestänge**

Getriebe

Das übliche Außenborder-Getriebe ist ein Schaltgetriebe mit Vorwärts- und Rückwärtsgang. Die gängige Untersetzung ist etwa 1 : 2, Rennmotoren haben 1 : 1. Nur die ganz kleinen Außenborder um 1 bis 2 kW haben kein Schaltgetriebe oder nur Leerlauf und sind um 360° drehbar.

Daß die Untersetzung bei Außenbordern immer in so krummen Zahlen wie z. B. 13 : 26 angegeben wird, liegt daran, daß man die Zähnezahl der Zahnräder nennt. Die Funktion des Getriebes ist denkbar einfach. Die Welle, die vom Motor nach unten ins Getriebegehäuse kommt, hat ein Ritzel. Von dem Ritzel werden zwei Zahnräder angetrieben, die auf der Propellerwelle lose mitlaufen. Zwischen den Zähnen läuft eine Kupplung. Im Leerlauf ist sie ausgekuppelt. Je nachdem, ob vorwärts oder rückwärts geschaltet wird, verbindet die Kupplung das eine oder andere Zahnrad mit der Propeller-Welle (siehe Seite 59).

Die Getriebe sind bis auf den Ölwechsel wartungsfrei. Der sollte aber unbedingt in den vorgeschriebenen Wartungsintervallen durchgeführt werden.

Die größte Gefahr für das Getriebe sind Angelschnüre, die sich auf die Propellerwelle wickeln und die Dichtungen zerstören, so daß Wasser ins Getriebe gelangen kann und schweren Schaden anrichtet.

▼ **Je nach Leistung, Ausstattung und Preis, gibt es bei Außenbordern drei unterschiedliche Getriebeformen:**
Ganz kleine Motoren (bis 2 kW) haben zum Teil gar kein Getriebe und keinen Leerlauf. Mit diesen Motoren geht es los, wenn sie laufen. Zum Rückwärtsfahren dreht man sie um 180°.
Die nächste Gruppe hat Leerlauf, d.h. eine Kupplung und ist ebenfalls um 360° drehbar. Die dritte Gruppe sind die Außenborder mit richtigem Schaltgetriebe, das über Leerlauf auf vorwärts oder rückwärts schaltet.

!!! Achtung, Angelschnüre !!!

▶ **Hauptteile des Getriebes. Vom Motor kommt die Welle, auf der das Ritzel sitzt. Von dem Ritzel werden die beiden Zahnräder angetrieben und je nach Bedarf von der Kupplung auf die Welle geschaltet. Vor der Welle liegt das Schaltgestänge, das über den Schalthebel an der Außenseite des Gehäuses betätigt wird und die Kupplung je nach Bedarf auf vorwärts, Leerlauf oder rückwärts stellt.**

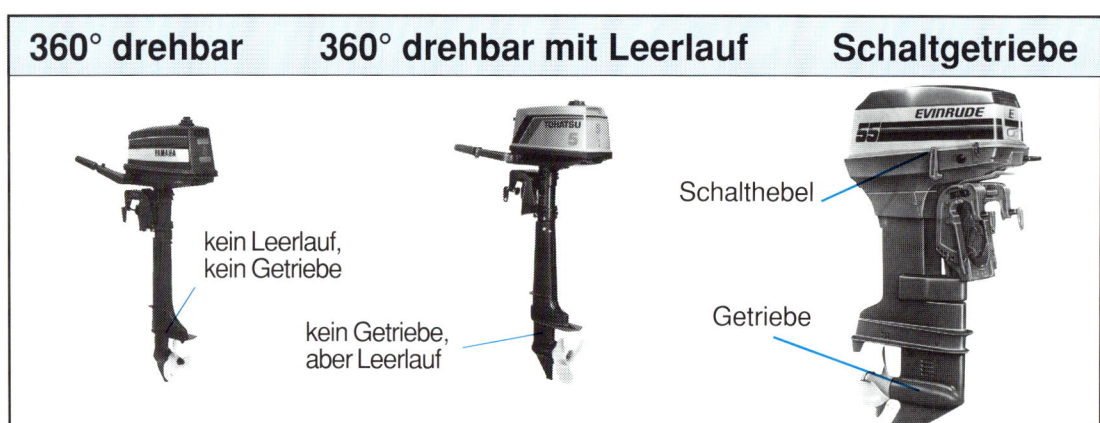

360° drehbar **360° drehbar mit Leerlauf** **Schaltgetriebe**

kein Leerlauf, kein Getriebe

kein Getriebe, aber Leerlauf

Schalthebel

Getriebe

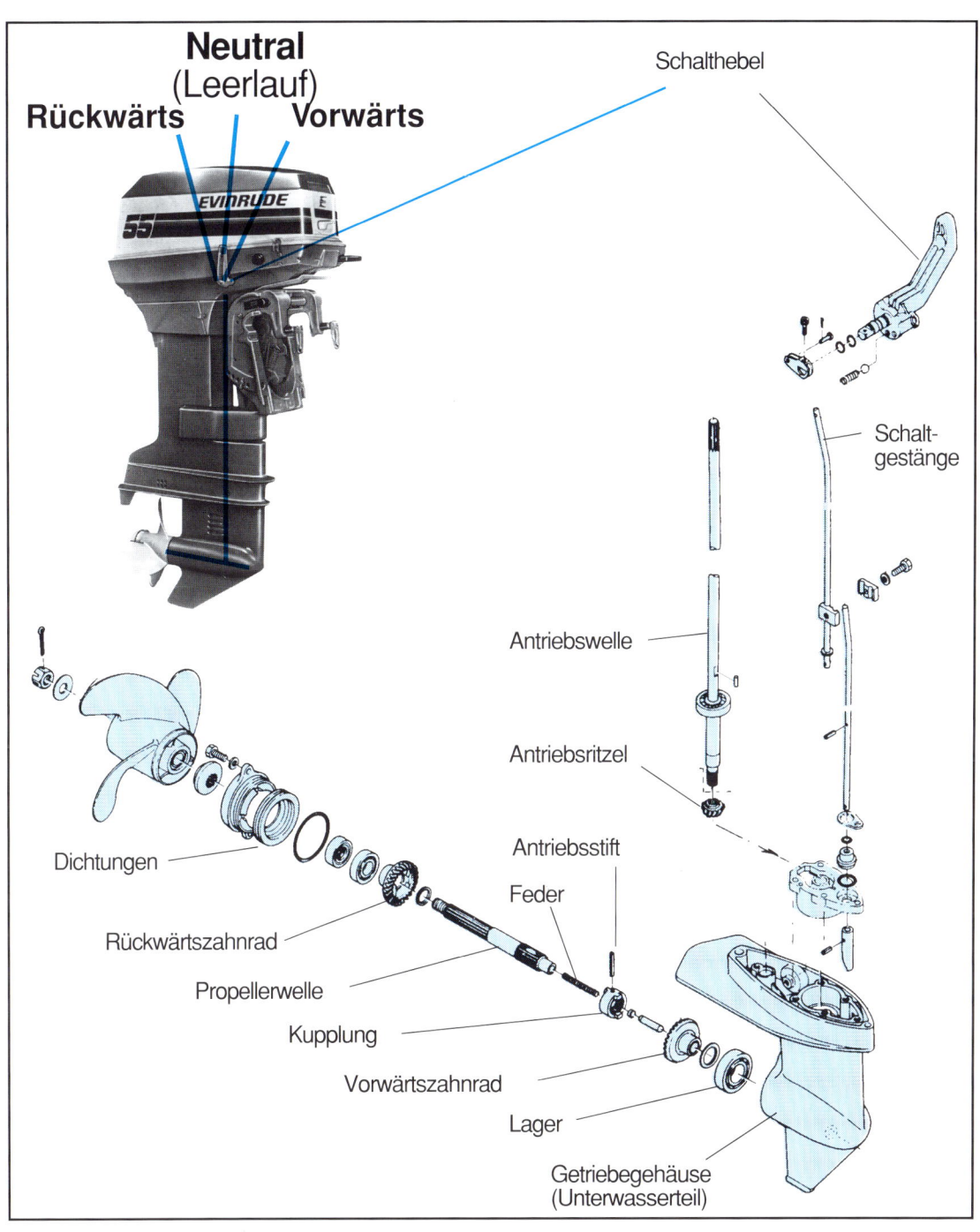

Neutral
(Leerlauf)
Rückwärts **Vorwärts**

Schalthebel

Schalt-
gestänge

Antriebswelle

Antriebsritzel

Antriebsstift

Feder

Dichtungen

Rückwärtszahnrad

Propellerwelle

Kupplung

Vorwärtszahnrad

Lager

Getriebegehäuse
(Unterwasserteil)

Ölwechsel

Der Ölwechsel ist die einzige Wartungsarbeit, die am Getriebe durchzuführen ist. Der Wartungsintervall liegt normalerweise bei 50 - 100 Betriebsstunden oder alle 6 Monate (siehe Schmierplan in der Betriebsanleitung). Wenn allerdings der Verdacht besteht, daß Wasser eingedrungen sein könnte (z.B. Angelschnur in der Dichtung), dann sollte das Öl auch zwischendurch gewechselt werden.

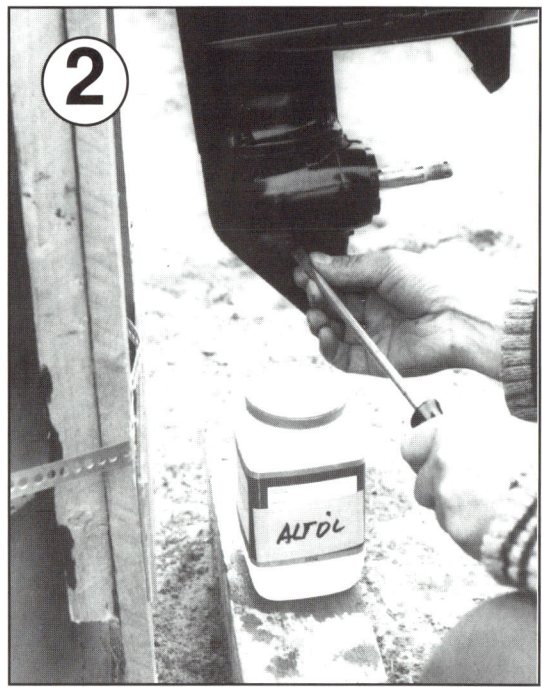

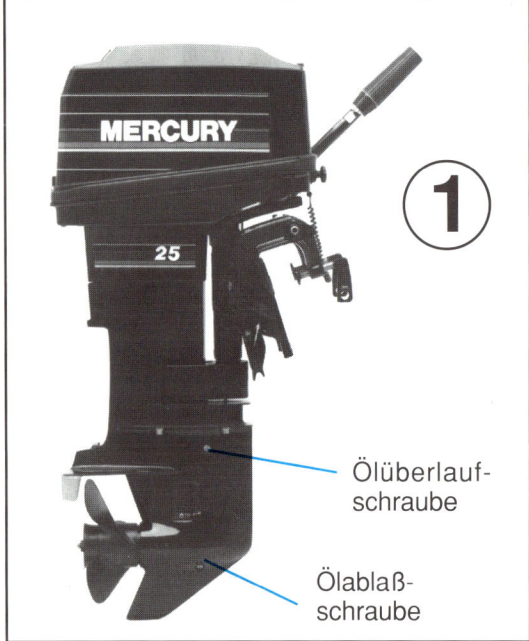

Ölüberlauf-
schraube

Ölablaß-
schraube

Bild 1: Der Ölwechsel ist denkbar einfach. Der Motor hat eine obere und untere Ölwechselschraube.
Bild 2: Für den Ölwechsel werden die obere und die untere Schraube herausgedreht und das Öl abgelassen.
Das abgelassene Öl gehört in den Altöl-Behälter im Hafen oder, wenn Sie zu Hause Öl wechseln, in den Altöl-Behälter der Tankstelle. Lassen Sie dem Öl 10 Minuten Zeit, bis es von den Zahnrädern abgetropft ist.

Bild 3: Das Öl sollte insgesamt auch auf Metallspäne geprüft werden sofern der Verschlußpfropfen nicht einen Magneten besitzt, der die Metallspäne sammelt. Sehen Sie sich auch die letzten Tropfen die am Schaft herunterlaufen an. Etwas feiner Abrieb ist immer vorhanden, aber richtige Metallspäne wären ein Grund, den Motor zur Werkstatt zu bringen. Nehmen Sie das Öl mit, damit der Fachmann entscheiden kann, ob das normaler Abrieb oder ein denkbarer Schaden an den Zahnrädern ist.
Hat das Öl weißgraue Einschlüsse oder ist insgesamt weißgrau, dann ist Wasser eingedrungen: Der Motor gehört dann ebenfalls in die Werkstatt.
Bild 4: Nachdem das Öl gründlich abgelaufen ist, wird die Öltube mit dem neuen Öl in die untere Öffnung gesteckt, und so lange Öl ins Getriebe gepreßt, bis es aus der obe-

ren Öffnung herausläuft. Dann obere Öffnung verschließen, Tube herausziehen und die untere Öffnung verschließen. Den schematischen Ablauf sehen Sie noch einmal in der Skizzenreihe rechts.

Achtung! Prüfen Sie beim Reindrehen der Getriebeschrauben die Dichtringe. Es kommt vor, daß sie defekt sind und das Öl dann langsam heraustropft. Sollten Sie unter dem Motor, wenn er längere Zeit auf dem Hänger steht, Ölspuren finden, ist das ein Hinweis auf eine defekte Dichtung.

Ölwechsel auf einen Blick

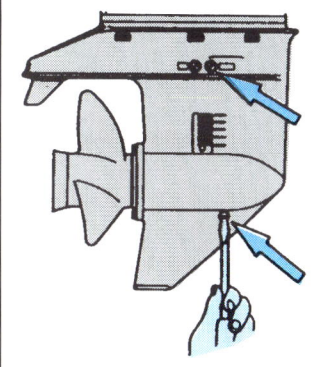

1. Obere Schraube entfernen

2. Untere Schraube entfernen

3. Öl ablassen

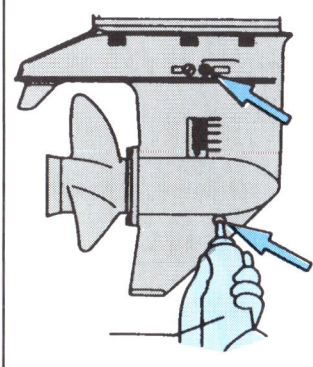

4. Getriebeöl mit Tube in untere Öffnung drücken, bis es oben überläuft

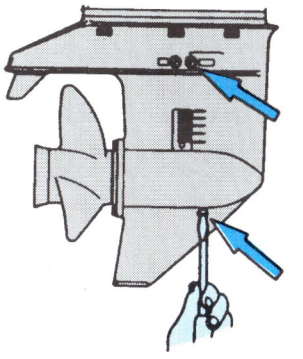

5. Obere Schraube schließen

6. Untere Schraube schließen

7. Altöl entsorgen!

Schaltung

Die Schaltung ist ein kleiner Hebel an der Außenseite des Motors (bis zu mittleren Leistungen). Solange der Motor von der Pinne aus gefahren wird, benutzt man diesen Hebel zum Schalten. Erst wenn das Boot mit Lenkung und Fernschaltung ausgerüstet ist, wird der Hebel über Bowdenzüge vom Steuerstand betätigt.

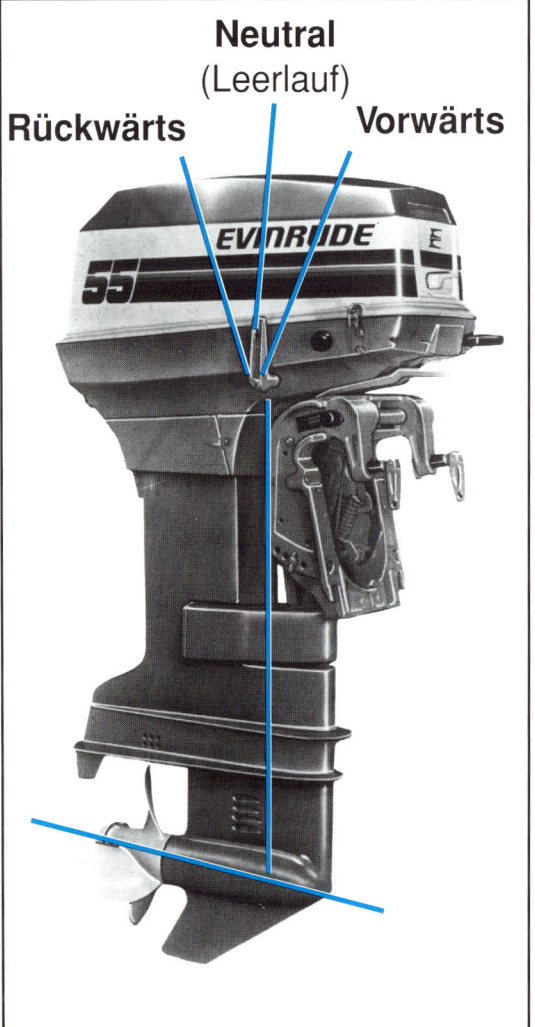

Neutral
(Leerlauf)
Rückwärts   **Vorwärts**

▶ Hier wird die prinzipielle Funktion des Schaltgestänges und der Kupplung gezeigt. Andere Hersteller haben natürlich im Detail etwas andere Schaltgestänge und Kupplungen. Prinzipiell kann man die Funktion aber auf alle Außenborder übertragen. Schnitt durch das Getriebe eines kleinen Suzuki.
Es bedeuten:
(1) Ritzel auf der Welle
(2) Kupplung, verschiebbar auf Welle
(3) Schaltgestänge mit Steuernut
(4) Schaltstift
(5) Vorwärts-Zahnrad
(6) Rückwärts-Zahnrad
In der hohlen Propellerwelle wird der federbelastete Schaltstift vom Schaltgestänge hin- und hergeschoben. Er betätigt die in einer Nut verschiebbar auf der Propellerwelle sitzende Kupplung. Die Kupplung rastet je nach Schaltung in das Vorwärts- oder Rückwärtszahnrad ein.

◀ Der Schalthebel liegt bei kleinen bis mittleren Motoren meist auf der Steuerbordseite des Gehäuses. Die Fahrtrichtung liegt analog zur Schalthebelbewegung. Vom Schalthebel geht ein langes Gestänge nach unten zum Getriebe und schiebt dort die Kupplung auf das Vorwärts- oder Rückwärtszahnrad. Die Fernschaltung vorne am Fahrstand ist im Kapitel "Steuern und Trimmen" im Detail besprochen.

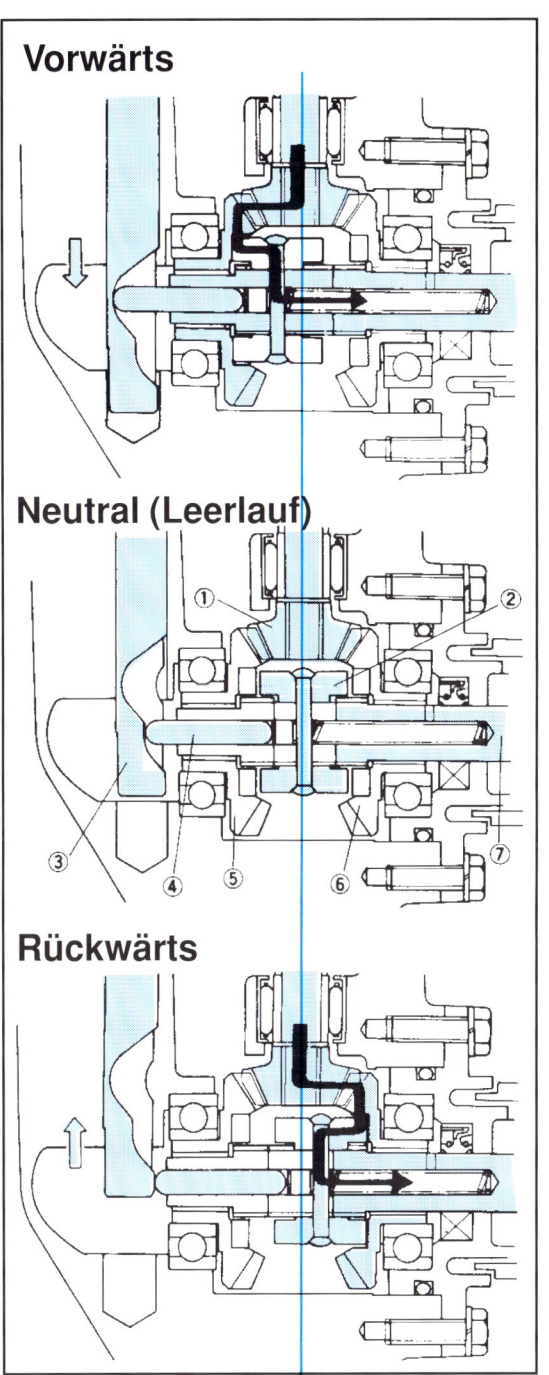

Vorwärts

Neutral (Leerlauf)

Rückwärts

Welle

Die Welle des Außenborders verbindet den Motorblock mit dem Getriebe. Auf der Welle sitzt die Kühlwasserpumpe (siehe Kühlung). Die Welle ist als Nutwelle direkt in die Kurbelwelle gesteckt. Einzige Ausnahme bildet der Honda (siehe dort), der bereits am Motor eine Untersetzung hat. Alle anderen Außenborder haben die Untersetzung im Getriebe. Die Welle ist wartungsfrei. Für den Umbau von Kurzschaft in Langschaft oder Langschaft in Super-langschaft gibt es Bausätze. Man sollte den Umbau aber der Werkstatt überlassen.

▼ **Außenborder haben genormte Schaft-längen, die in der ICOMIA-Norm fest-gelegt sind. Es gibt Kurzschafter, Lang-schafter und Superlangschafter.**
Wer beim Bootswechsel mit anderer Spiegelhöhe den Motor nicht mit verkaufen will, kann bei diversen Modellen auf Umbaukits zurückgreifen.

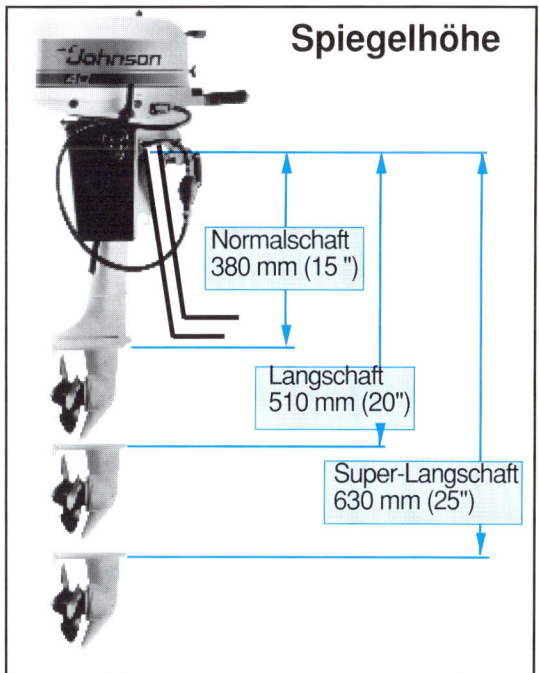

Spiegelhöhe

Normalschaft
380 mm (15 ")

Langschaft
510 mm (20")

Super-Langschaft
630 mm (25")

Propeller

Der Propeller entscheidet, ob Sie nach dem Kauf des Motors 10 oder 20 % der Kraftstoffenergie in Schub umwandeln. Das ist, bezogen auf die maximal mögliche Ausbeute, schlicht das Doppelte.

Wenn der Propeller den Motor bei Vollgas die richtige Drehzahl drehen läßt, ist das ein wichtiger Hinweis darauf, daß der Propeller für das Boot richtig gewählt wurde. Ein falscher Propeller gibt nicht nur dem Boot zu wenig Geschwindigkeit, der Motor verbraucht auch zu viel Sprit und wird durch falsche Belastung anfällig.

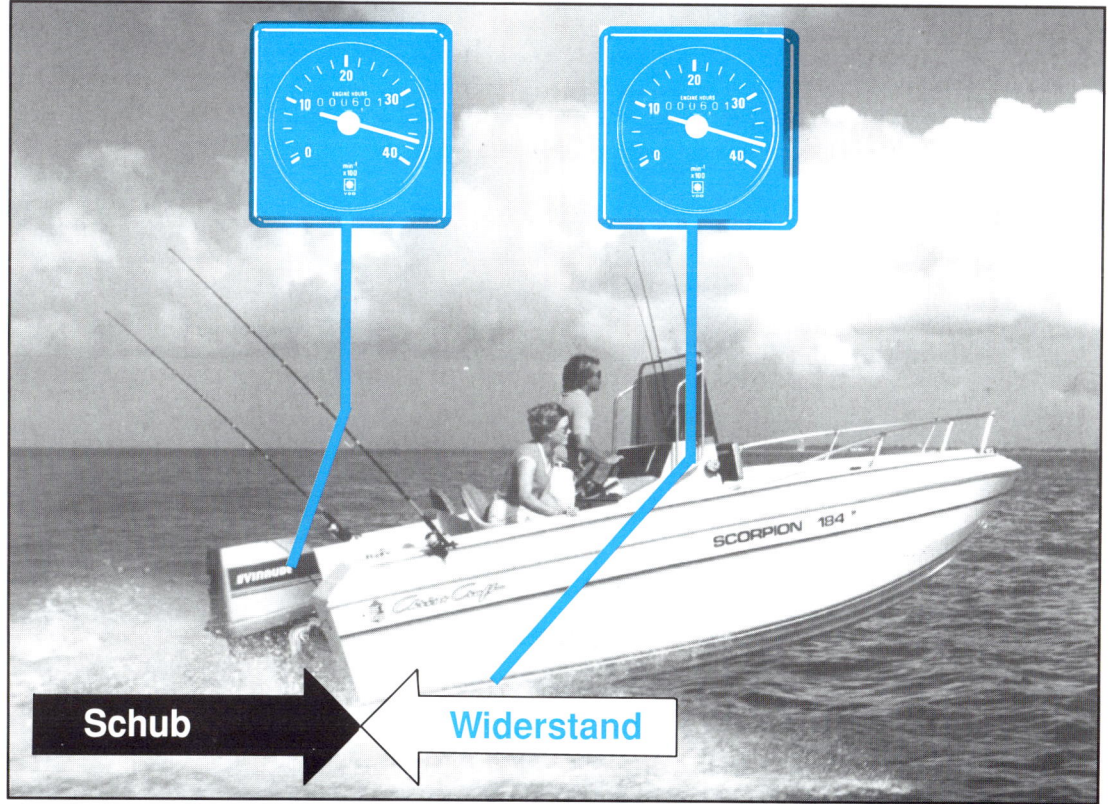

Schub

Widerstand

Propeller-Grundlagen

Dem Propeller wird immer noch zu wenig Aufmerksamkeit gewidmet. Ein gut gewählter Propeller garantiert fast gleichzeitig einen störungsfreien Betrieb des Motors. Der schlecht gewählte Propeller "verquirlt" nicht nur unnütz Energie im Wasser, ohne sie in Schub zu verwandeln, er belastet auch den Motor in einer Weise, die den verschiedenen Systemen nicht gut tut. Es kommt zu schleichenden Krankheiten, die sich in mangelnder Betriebsbereitschaft und unruhigem Lauf äußern. Die Entscheidung, ob Sie den richtigen Propeller haben, sollten Sie während der Probefahrt beim Kauf treffen .

Es gibt nur einen Weg zum richtigen Propeller. Das ist die Probefahrt und nicht der gesalbte Wortschatz des Verkäufers. Die Theorie liefert zwar viele greifbare Größen für die Propellerwahl, doch vieles ist für die Praxis zu abstrakt und deshalb schlecht verwertbar. Jeder namhafte Motorenhersteller hat lange und ausführliche Listen für die Wahl des richtigen Propellers. Das sind Daten, auf die man sich weitgehend verlassen kann. Sie werden nur leider weder vom Käufer noch vom Händler ausreichend beachtet. Man macht mit einem Boot, das den Propeller X fährt, eine Probefahrt. Die Ergebnisse sind befriedigend. Man kauft Motor und Propeller und stellt dann zu Hause fest, daß die Werte ganz anders liegen, schlicht deshalb, weil das Boot anders belastet war (z.B.: zwei Personen bei der Probefahrt, vier zu Hause), und die Einsatzart nicht ausreichend besprochen wurde.

▼ **Als Daumenpeilung für das Verhältnis Durchmesser zu Steigung kann man die Verhältnisse in dieser Skizze betrachten.**

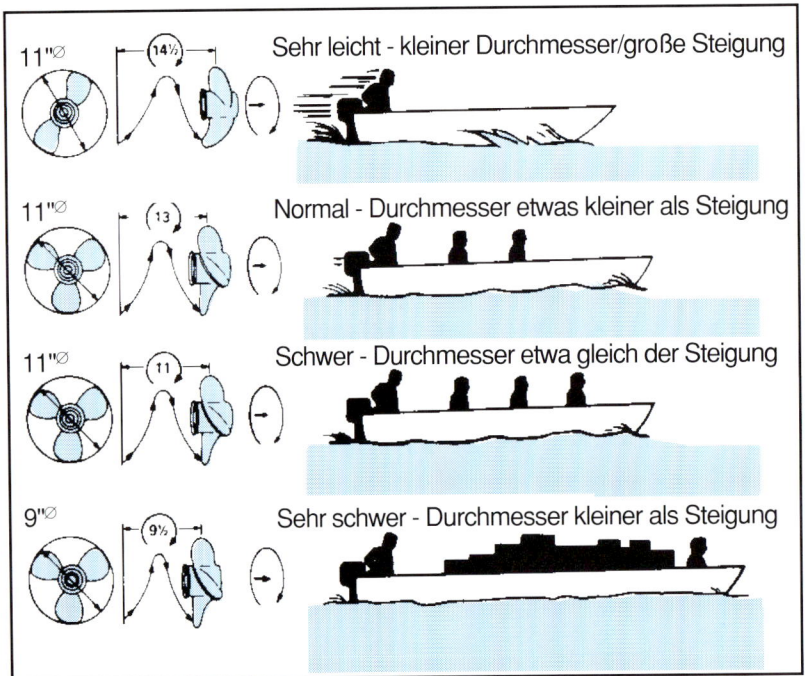

11"⌀ (14½) Sehr leicht - kleiner Durchmesser/große Steigung

11"⌀ (13) Normal - Durchmesser etwas kleiner als Steigung

11"⌀ (11) Schwer - Durchmesser etwa gleich der Steigung

9"⌀ (9½) Sehr schwer - Durchmesser kleiner als Steigung

▶ **Bild 4: Der Durchmesser des Propellers ist der umschriebene Kreis, in den er hineinpaßt. Bei Dreiflüglern mißt man am besten den Radius vom Mittelpunkt der Nabe bis Außenkante Flügel. Als Steigung bezeichnet man den theoretischen Schraubenweg, den der Propeller ohne durchzurutschen (Slip) zurücklegen würde. Das Verhältnis Durchmesser zu Steigung gibt Aufschluß über die Art des Propellers (siehe linke Skizze).**

Bild 1: Wenn Sie von hinten auf den Propeller sehen, erkennen Sie, ob er links oder rechts dreht. Normalerweise dreht die Propellerwelle im Uhrzeigersinn. Es gibt aber auch links drehende Motoren z.B. für Doppel-Motorenanlagen. Ein Punkt, den man beachten sollte.

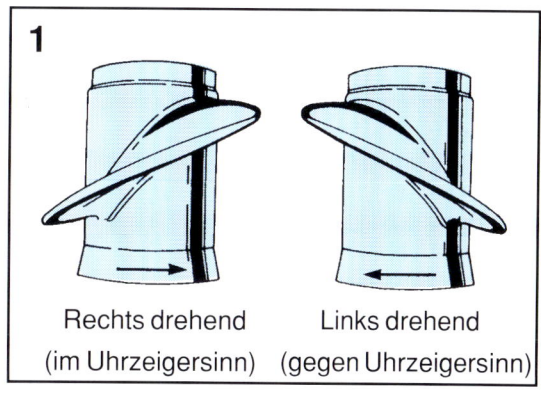

Rechts drehend (im Uhrzeigersinn) Links drehend (gegen Uhrzeigersinn)

Bild 2: Die Drehzahl des Motors muß nicht gleich der Drehzahl der Propellerwelle sein. Rennmotoren haben meist ein Verhältnis von 1 : 1, der normale Motor hat immer eine geringere Propeller-Drehzahl als die Motor-Drehzahl. Je geringer die Propellerwellen-Drehzahl ist, umso größer wird das Drehmoment und umso größer kann der Propeller-Durchmesser werden, mit dem man normalerweise einen besseren Wirkungsgrad erreicht.

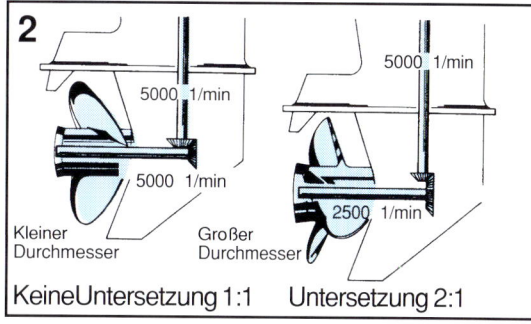

5000 1/min — 5000 1/min — 5000 1/min — 2500 1/min

Kleiner Durchmesser Großer Durchmesser

KeineUntersetzung 1:1   Untersetzung 2:1

Bild 3: Kavitation am Propeller ist Dampfblasenbildung. Sie führt zu schweren Schäden und entsteht bei richtig gewähltem Propeller meist durch rauhe Anschnittkanten des Propellerflügels. Die so entstehenden Dampfblasen schlagen dann irgendwo am Propellerflügel-Material heraus. Die Schäden können so stark sein, daß der Propeller unwuchtig wird und erneuert werden muß. Zu beseitigen ist das nur, indem man nach Beschädigung des Propellers die Anschnittkante sauber feilt oder entsprechend viel neues Material aufschweißen läßt.

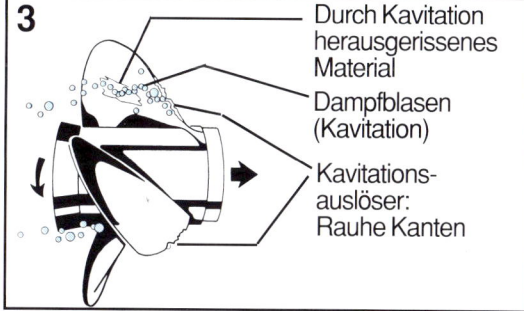

Durch Kavitation herausgerissenes Material

Dampfblasen (Kavitation)

Kavitationsauslöser: Rauhe Kanten

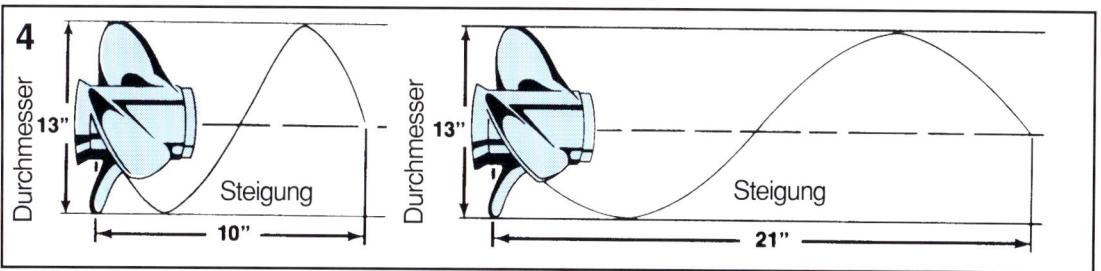

Durchmesser 13" Steigung 10"

Durchmesser 13" Steigung 21"

Propeller-Montage

Die Propeller-Montage ist kein Problem, solange man sich an die einfachsten Grundsätze der Wartung hält:

Jedes Mal (aber mindestens im Herbst), wenn der Propeller ab muß, werden alle Teile gründlich gesäubert und mit wasserfestem Fett satt eingeschmiert.

Zwar hat jeder Hersteller unterschiedliche Teile, aber prinzipiell gibt es nur zwei Methoden, wie die Kraft von der Welle auf den Propeller übertragen wird:

1. Scherstift - den findet man nur noch bei sehr kleinen Motoren und älteren Baujahren.
2. Rutschkupplung - das ist eine in die Propellernabe eingepreßte Gummimuffe, mit der der Propeller auf die nutförmige Propellerwelle gesteckt wird.

Achten Sie auf die Reihenfolge der Teile und vor allen Dingen, wie herum welche Scheibe auf der Welle sitzt. Die meisten Betriebsanleitungen stellen dieses Detail ziemlich gut dar. Wenn Sie keine mehr besitzen, können Sie auch im Abschnitt Betriebsanleitungen nachsehen. Der bessere Weg ist aber, die Teile genauso hinzulegen wie sie auf der Welle saßen, damit man sie dann ebenso wieder aufstecken kann.

Wenn sich die Prop-Montage nicht vermeiden läßt, sollte man das möglichst an Land oder mit sicher verzurrtem Boot am Steg durchführen, da man vom Boot aus gar nicht so leicht an den Propeller herankommt.

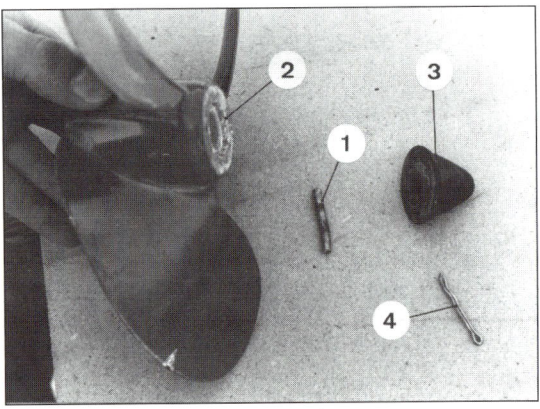

◀ **Die Propeller-Montage sollte sorgfältig vorbereitet werden. Wenn sie nicht an Land durchgeführt werden kann, sollte man das Boot schrägstellen, indem man eine Achterleine (1) sehr kurz durchholt, eine Spring (2) setzt und dann das Heck mit einer zweiten Achterleine (3) soweit herumholt, daß man gut an den Propeller herankommt.**

Propeller mit Rutschkupplung. Es bedeuten:
(1) Distanzscheibe, (2) Druckscheibe, (3) Blechsicherung, (4) Propellermutter.
Die Propeller mit Rutschkupplung haben meist auf der Vorderseite (zum Motor hin) eine Distanzscheibe, die richtig herum aufgesetzt werden muß. Das gilt auch für die Druckscheibe auf der Hinterseite des Propellers. Die Blechsicherungen sind praktischer als Kronenmuttern mit Splint. Man sollte aber nach jeder Propeller-Montage eine neue Blechsicherung verwenden, da die umgebogenen Laschen nach zwei oder drei Mal brechen, und die Mutter dann ungesichert wäre. ▼

◀ Einzelteile eines Propellers mit Scherstift. Es bedeuten:
(1) Scherstift
(2) Propellernabe
(3) Propellermutter
(4) Splint

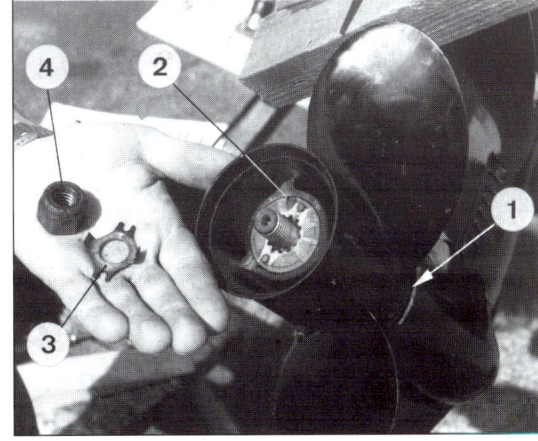

Beim Einsetzen des Scherstifts sollte man viel Fett verwenden, damit er in der Bohrung so lange hält bis der Propeller darüber geschoben ist. Verwenden Sie nach Möglichkeit immer einen neuen Splint. Es ist schon schwierig genug, die Propellermutter so zu drehen, daß man das Splintloch erwischt.

▶ Zum Abbau des Propellers werden die Zündkerzen-Stecker abgenommen (als Garantie dafür, daß der Motor auf keinen Fall anspringt). Dann wird ein Holzkeil (der zum Werkzeug an Bord gehört) zwischen Propeller und Kavitationsplatte geklemmt. Nun kann die Propellermutter gelöst werden.

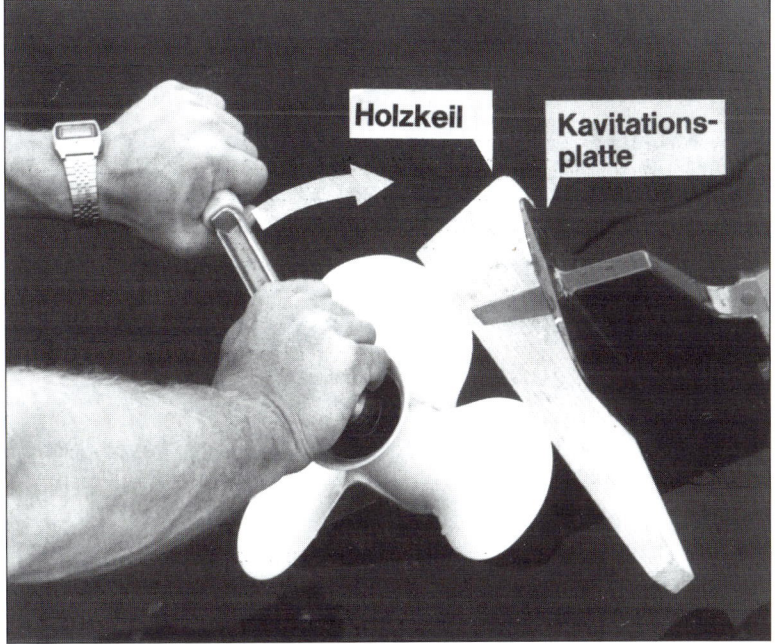

Holzkeil   Kavitations-platte

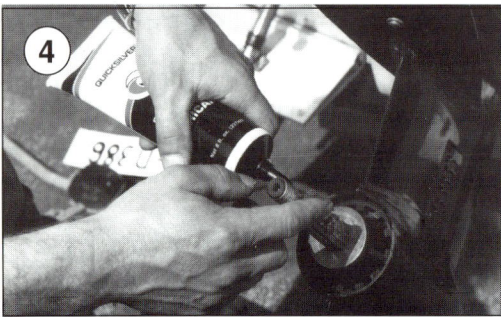

Das Schwierigste an der Propeller-Montage ist das Entfernen der Sicherung, besonders wenn es sich um Splinte (1) handelt. Man sollte den Splint immer sehr sorgfältig gerade biegen (2) und nicht in der Hoffnung arbeiten, daß man ihn schon irgendwie herausbekommt, da der Platz zu wirklicher Kraftentfaltung sehr beschränkt ist.

Am besten, man biegt den Splint mit dem Schraubenzieher etwas auf und klopft ihn dann mit dem Hammer gerade. Falls der Splint mitdreht, weil er zu lang ist, muß er auf einer Seite mit der Zange festgehalten werden.

Herausgezogen wird der Splint mit einer Kombi- oder Spitzzange (3). Wenn es schwer geht, dann greift man mit der Zange etwas über den Splint und hebelt gegen die Unterkante der Mutter. Danach wird die Propellermutter gelöst und die Teile abgenommen.

Nachdem die Einzelteile und die Welle gereinigt sind, wird alles eingefettet. Die Nutwelle des Propellers (4) ist ein Bauteil, bei dem Sie mit dem Fett wirklich nicht sparsam umgehen sollten.

Angelschnüre

Häufigste Ursache für Propeller-Montage sind Angelschnüre. Wenn Sie das Boot auf dem Hänger haben und die Lichtleiste auf den Hänger stekken, sollte auf jeden Fall ein Blick dem Schaft und dem Propeller gehören. Guckt zwischen Propellernabe und Schaft ein Stück Angelschnur heraus, muß auf jeden Fall der Propeller herunter, damit Sie prüfen können, ob die Angelschnur über die Wellenabdichtung ins Getriebe gewandert ist, denn das führt fast automatisch zur Beschädigung der Wellendichtungen, und das wiederum hat zur Folge, daß Wasser ins Getriebe eindringt. Das Wasser emulgiert dann mit dem Öl, der Schmierfilm reißt ab, und schwere Schäden an den Zahnrädern sind die Folge.

Propellerschäden

Jeder Schlag am Propeller, den Sie im Boot spüren, kann Folgen haben, die tiefer gehen als ein verbogener Flügel. Auf jeden Fall sollte gleich nach einem Schlag der Propeller überprüft werden. Ist kein größerer Schaden sichtbar, achtet man in der nächsten Zeit darauf, ob der Motor weiterhin ruhig läuft, oder ob irgendwelche Schwingungen auftreten. Ist das der Fall, muß der Sache auf den Grund gegangen werden, da ein Propellerblatt so leicht verbogen sein kann, daß man es nicht sieht oder auch die

Propellerwelle etwas verbogen ist (unwahrscheinlich). Propellerschäden in leichter Form sollten immer wieder mit der Feile beseitigt werden, da sonst die Gefahr der Kavitation besteht. Außerdem geht der Propeller-Wirkungsgrad drastisch herunter, und Sie verbrauchen unnötig Kraftstoff. Fehlen größere Teile eines Flügels, kann sehr leicht eine Unwucht entstehen, die Schäden an Lagern, Zahnrädern usw. erzeugt. D.h. jeder größere Propellerschaden muß von der Werkstatt beseitigt werden.

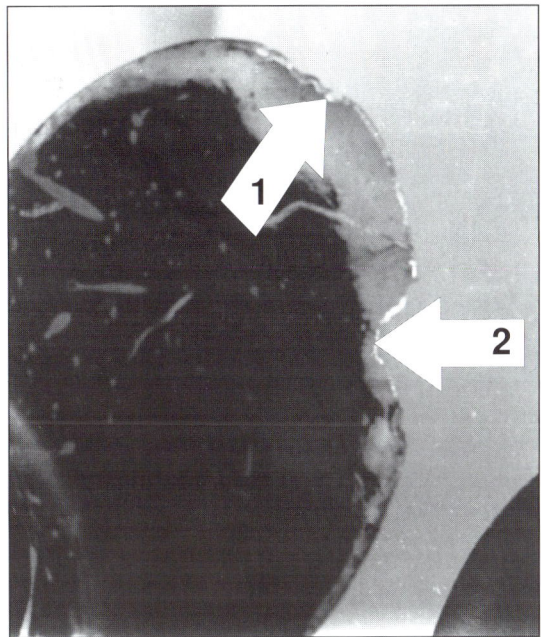

▲ Wenn der Propeller nur kleine Schäden hat (Pfeil 1), so kann man diese mit der Feile ausbessern. Ist der Schaden größer (Pfeil 2), dann gehört der Propeller in eine Werkstatt zur Reparatur. In die Werkstatt gehört der Propeller auch dann, wenn man das Gefühl hat, daß der Motor nach einem Schlag auf den Propeller unruhig geworden ist.

▲ Kleine Unebenheiten an den Propellerkanten mit der Feile zu beseitigen, ist nicht weiter schwierig, man darf nur nicht zuviel Material wegnehmen, damit der Propeller keine Unwucht bekommt.

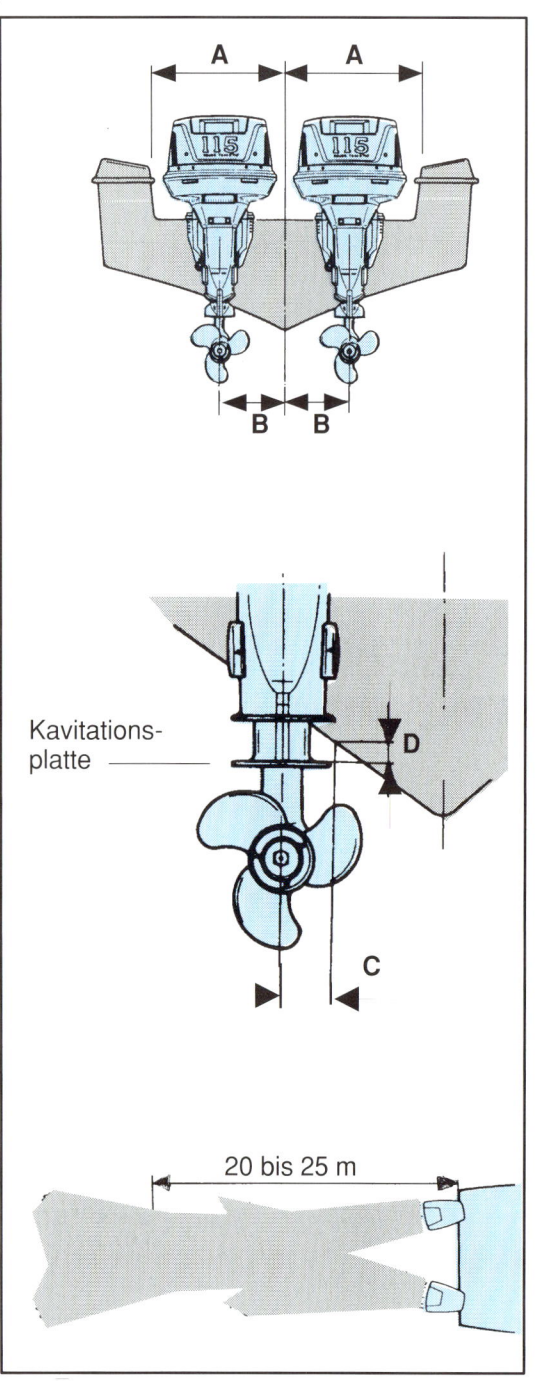

Kavitations-
platte

D

C

20 bis 25 m

Doppelmotoren-Anlagen

Doppelmotoren sollten gegenläufig sein, da nur so ein wirklich ruhiger kursstabiler Lauf zu erreichen ist. Das bedeutet natürlich auch links- und rechtsdrehende Propeller.

Die Montage und Planung von Doppelmotoren-anlagen sollte man dem Fachmann überlassen, da die Anschaffung spezifisch teuer ist und mehr Probleme zu beachten sind als bei einem Motor. Vor allen Dingen müssen die empirisch ermittelten Werte vom entsprechenden Motorenhersteller mit eingebracht werden, um keine grundlegenden Fehler zu machen. Außerdem muß man sich klar darüber sein, daß man kaum ein Boot findet, das serienmäßig einen so breiten Heckausschnitt hat, damit man zwei Motoren im richtigen Abstand nebeneinander montieren kann. Es müssen auch die Schaftlängen, der richtige Abstand zwischen den Motoren und der V-Boden des Bootes optimal in Übereinstimmung gebracht werden .

Die Skizzen zeigen, worauf es bei Doppelmotoren-Anlagen ankommt. Die Motoren müssen gegenläufig sein und können dann symmetrisch montiert werden. Die hier gezeigten Skizzen stammen aus einer Betriebsanleitung von Yamaha. Dort nennt man für die 115er Maschine folgende Maße:

A =   660 mm
B =   330 mm
C =   76 mm
D = 0 - 25 mm

A und B sind Mindestmaße. Der optimale Abstand für die Motoren ist dann gegeben, wenn die Welle ca. 20 - 25 m hinter dem Boot zusammenläuft.

Steuern und Trimmen

Zu steuern und zu trimmen gibt es auf Booten mit Außenbordern jede Menge. Wenn man das im Griff hat, ist man erst wirklich der Kapitän!

Die Abbildung zeigt, was es auf Außenborderbooten"zu steuern" gibt. Dementsprechend ist das Kapitel unterteilt.

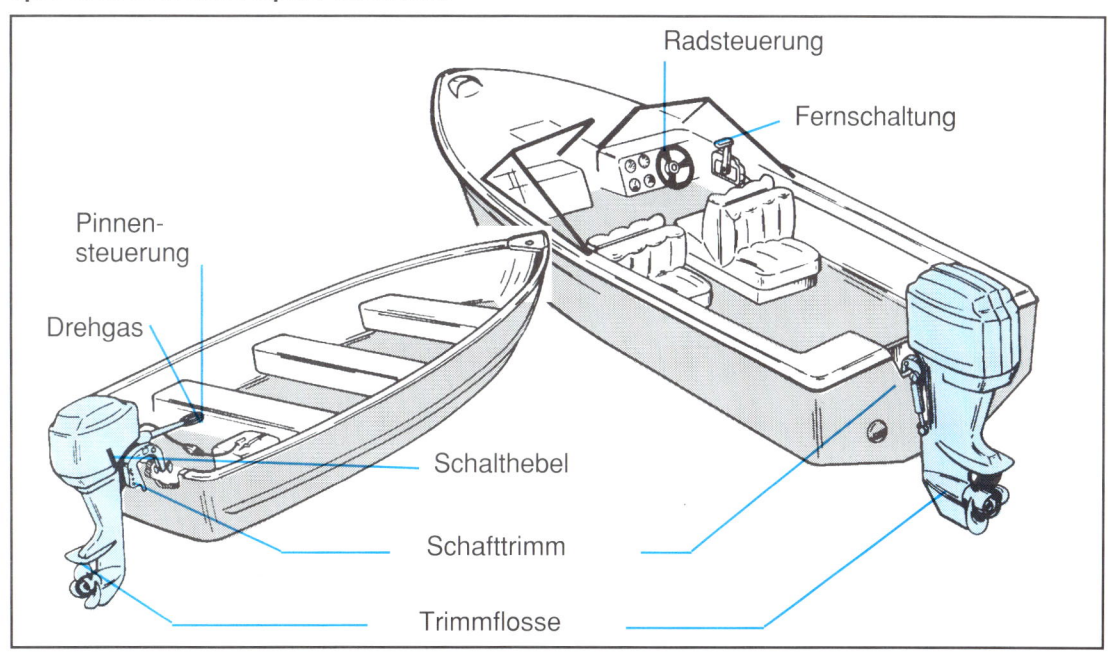

Radsteuerung

Fernschaltung

Pinnensteuerung

Drehgas

Schalthebel

Schafttrimm

Trimmflosse

Pinnensteuerung

Die einfachste Form der Steuerung ist die mit der Pinne. Der Außenborder übernimmt gleichzeitig die Funktion des Ruders. Deshalb steuert man das Boot durch Hin- und Herbewegen der Pinne.

Der Griff vorn ist als Drehgasgriff gebaut. Je nach Komfort kann er auch eine integrierte Schaltung haben. Einige Hersteller bauen noch den Sicherheits- oder Stoppknopf an die Vorderseite des Drehgasgriffes, dann braucht man sich während der Fahrt überhaupt nicht mehr zum Motor zurückzubeugen.

Die Pinne hat ein Gelenk, so daß man sie hochklappen kann. Das ist zum Stauen und Kippen des Motors unerläßlich. Durch die Pinne sitzt der Steuermann sehr weit hinten. Das wirkt sich häufig nachteilig aus, da der Schwerpunkt zu weit nach hinten wandert. Das wiederum erschwert das Gleiten. Es gibt natürlich Pinnenverlängerungen. Doch je länger die Pinne, umso größer wird die Steuerbewegung.

▶

Das Foto rechts oben zeigt die typische Körperhaltung beim Steuern mit Pinne.

In der Skizze sehen Sie die Einzelteile der Pinnensteuerung. Die obere Version ist die einfachere, wie sie bei ganz kleinen Motoren (hier Tohatsu) eingesetzt wird, die untere mit Gestänge und Zahnrad für mittlere Leistungen (ebenfalls Tohatsu).

▼ Bewegt man die Pinne horizontal hin und her, wird der Motor gedreht und damit das Boot in seiner Richtung gesteuert. Verdreht man den Griff, wird das Gas geregelt. Kleine einfache Motoren haben außenliegend einen Schalthebel. Die Funktion ist rechts beschrieben.

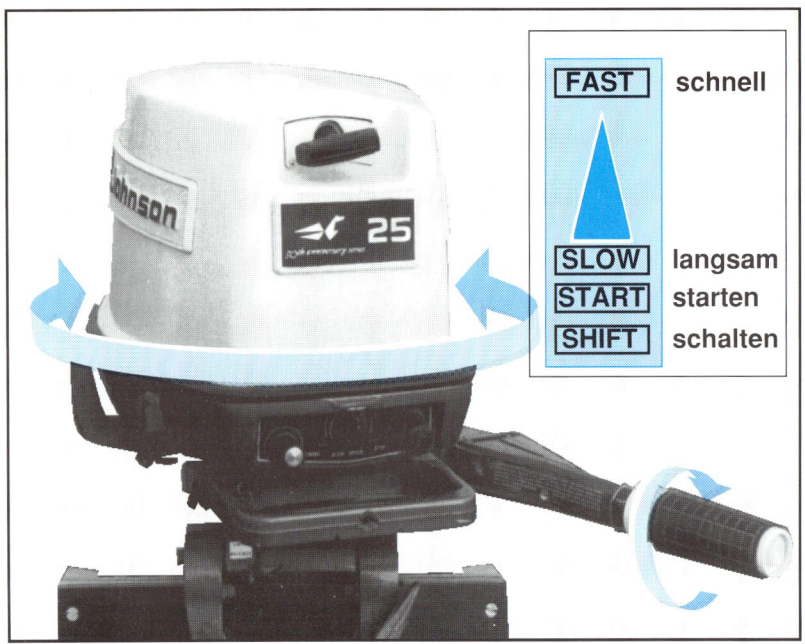

FAST	schnell
SLOW	langsam
START	starten
SHIFT	schalten

▶ Die drei Skizzen unten zeigen die Schaltstellungen des bei kleinen Motoren meist außenliegenden Schalthebels. Die Mittelstellung ist neutral, nach hinten gedrückt fährt das Boot rückwärts, nach vorne gedrückt vorwärts.

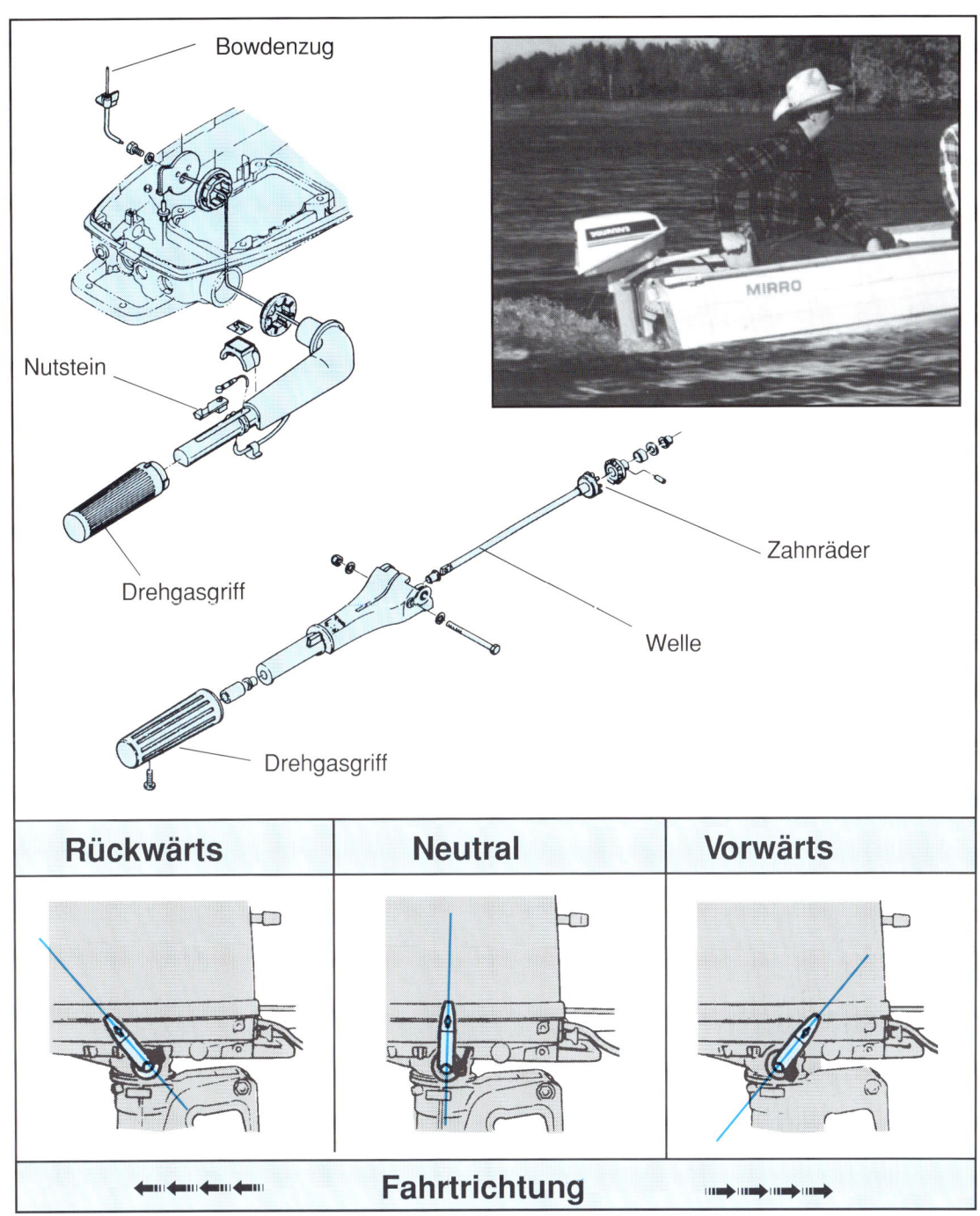

Bowdenzug

Nutstein

Drehgasgriff

Zahnräder

Welle

Drehgasgriff

Rückwärts	**Neutral**	**Vorwärts**

Fahrtrichtung

Fernschaltung

Heute gibt es fast nur noch Einhebelschaltungen, mit denen man, wie der Name schon sagt, mit einem Hebel vorwärts und rückwärts schaltet und gleichzeitig Gas geben kann. Die Übertragungselemente sind Bowdenzüge, d. h. Stahlseelen, die in einer an beiden Seiten fest eingespannten Hülle (auch Mantel) geführt sind. Durch einen schlanken Zylinder an jedem Ende ist es möglich, sowohl Druck als auch Zug zu übertragen, während der normale Bowdenzug, wie wir ihn von der Fahrrad-Felgenbremse kennen, nur einseitig wirkt (zurückgeholt werden die Bremsen von Federn).

Die beiden Bowdenzüge, einer verstellt das Gas, der andere das Getriebe, werden mit einem Schalthebel bewegt. Schaltung und Motor müssen aufeinander abgestimmt sein, damit die Schaltwege richtig sind. Gleichzeitig muß der Abstand der Hüllenbefestigung zum Endfitting der Seele genau eingestellt sein. Das ist für die Grundeinstellung sehr wichtig und für den Freizeitmonteur das eigentliche Problem. Stellt man jedoch einige grundlegende Überlegungen an, bekommt man das schon hin. Das Kapitel Fernschaltung ist in den meisten Betriebsanleitungen sehr intensiv besprochen, und zusammen mit der Einbau-Anleitung, die der Fernschaltung beiliegt, kann man schon klarkommen. Wenn Sie allerdings Zweifel haben, dann gehen Sie lieber zur Werkstatt. Man kann jedoch auch die Alternative wählen, daß man alles anbaut, mit dem Hänger zu einer Werkstatt

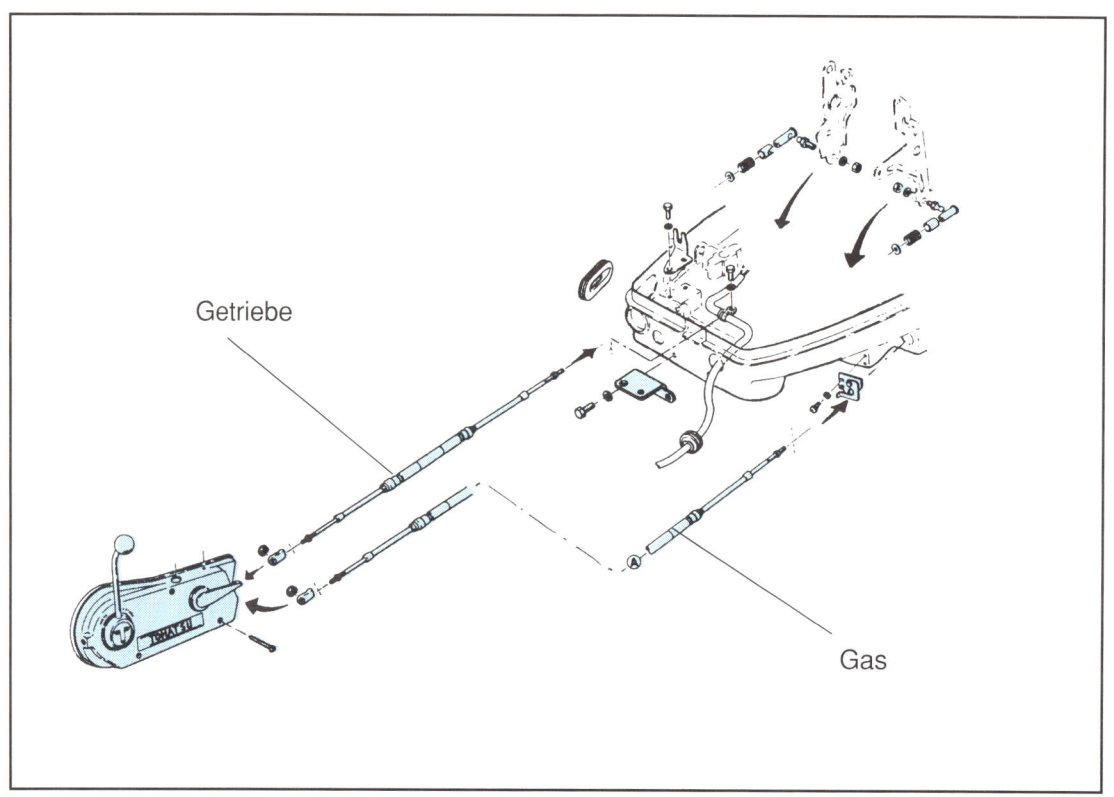

Getriebe

Gas

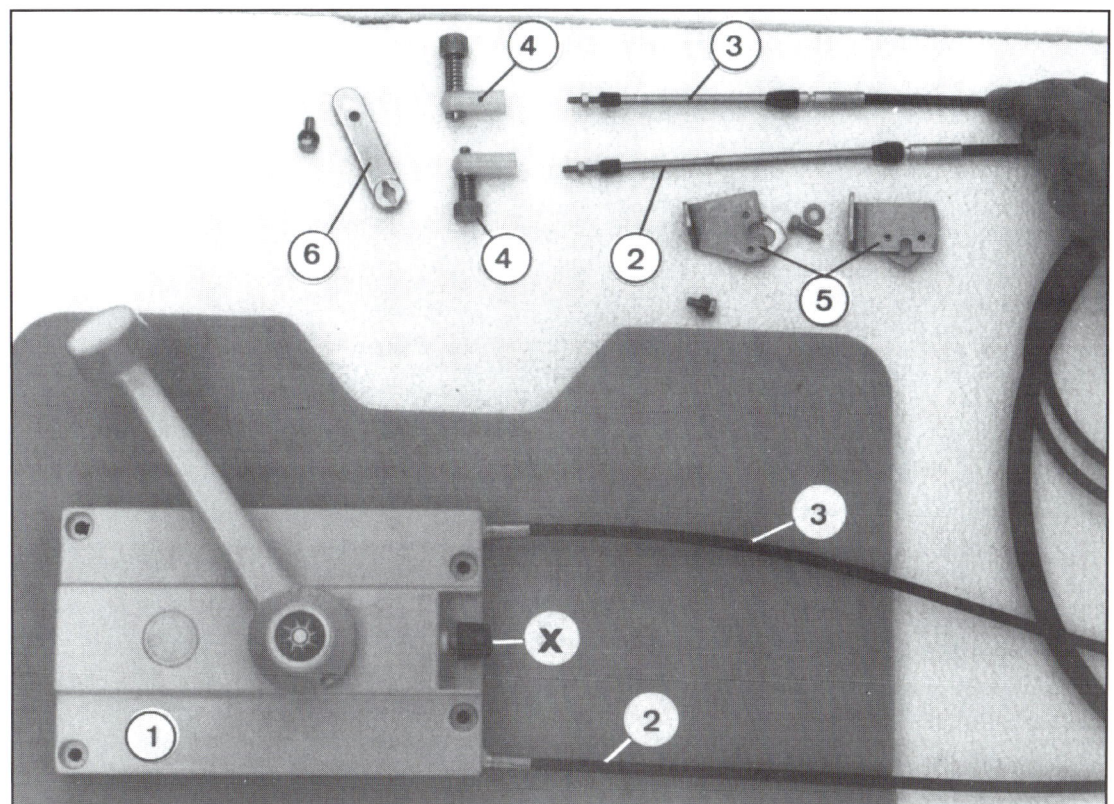

▲ Die Hauptteile einer Einhebelschaltung (Teleflex):
(1) Schaltung, (2) Gas-Steuer-Zug, (3) Schaltzug für Getriebe
(4) Endfitting für den Anschluß der Steuerzüge am Motor (Widerlager)
(5) Beschläge für die Befestigung der Hüllen an den Motor.
   Sie sind hier als zusätzliche Beschläge zu montieren, da der Motor (Yamaha 30)
   alternativ auch ohne Fernschaltung gefahren wird. Bei größeren Maschinen und
   anderen Fabrikaten ist die Hüllenbefestigung meist in die Motorwanne integriert und
   die Steuerzüge in den Motor geführt.
(6) Gashebelverlängerung an der Außenseite des Motors
(X) Leerlaufknopf
Die einzelnen Elemente mit gleichen Nummern sind auf den nächsten Seiten näher erklärt.

◀ Die Skizze zeigt sehr übersichtlich die Hauptteile der Einhebelschaltung. Die Montage
   ist in den Betriebsanleitungen sehr gut beschrieben. Im Prinzip handelt es sich um
den Anbau des Schaltkastens, meist noch einiger kleiner Beschläge am Motor und die
Montage der beiden Steuerzüge für Gas und Getriebe.

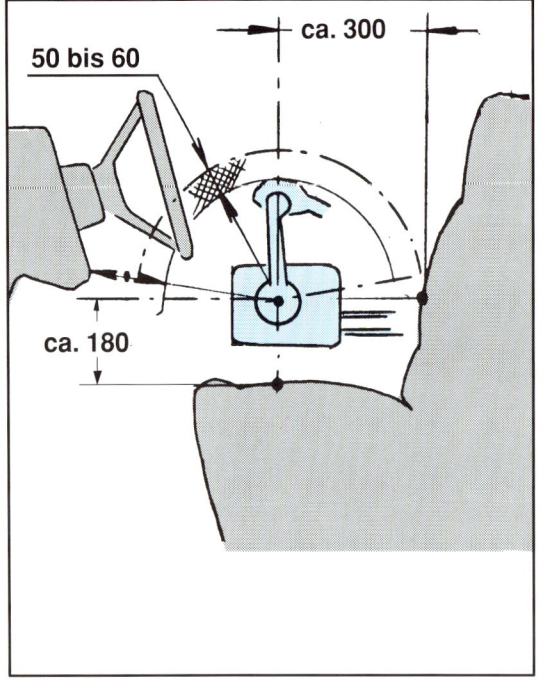

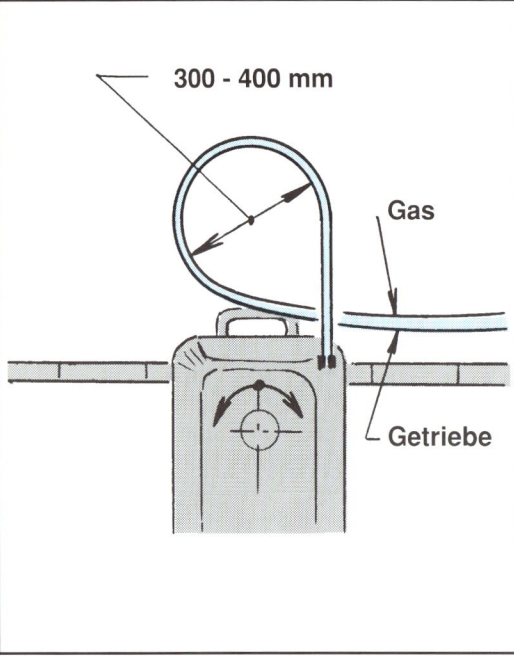

fährt und sagt: Bitte hängt mir das an und stellt mir das richtig ein! Wenn man selbst daran arbeitet, darf man auf keinen Fall die Steuergestänge des Motors verstellen, sonst verändert sich die Zündverstellung des Motors, und man kriegt ihn nicht mehr richtig zum Laufen. Am besten läßt sich das anhand der Details auf den Fotos und den Skizzen erklären.

Ein Hinweis noch für die Position der Schaltung. Befestigen Sie den Schaltkasten so, daß Sie im Sitzen die Hand nicht unnatürlich hoch halten müssen, dann kann man auch im Stehen den Arm gut strecken, ohne zu schnell zu ermüden. Wichtig: Beim Verlegen der Steuerzüge unbedingt den Mindestbiegeradius beachten, sonst wird die aufzubringende Steuerkraft zu groß und die Lebensdauer der Züge verkürzt sich.

◀ **Richtige Position für die Schaltung (nach OMC). Wichtig ist die Bewegungsfreiheit zwischen der Hand am Gashebel, dem Lenkrad und dem Instrumentenbrett (Schutzabstand für die Hand 40 bis 60 mm). Die Höhe über dem Sitz ist so gewählt, daß man sowohl sitzend als auch stehend nicht zu leicht ermüdet.**

◀ **Die Steuerzüge haben einen Mindestbiegeradius (etwa 150 bis 200 mm). Um die Manövrierfähigkeit des Motors zu gewährleisten, sind die Züge für Gas und Schaltung vor dem Motor in einer Schlaufe zu verlegen.**
Der Durchmesser soll etwa 300 bis 400 mm betragen. Auch die Kraftstoff- und E-Leitungen müssen genug Lose für die Bewegung des Motors haben.

Funktionsskizze der Einhebelschaltung.

Die Schaltung schaltet von NEUTRAL in Fahrtrichtung nach VORAUS und entgegengesetzt von NEUTRAL auf RÜCKWÄRTS. Auf diesem Weg passiert der Schalthebel den Punkt, an dem das Getriebe geschaltet wird, und erst danach macht der Gaszug langsam die Drosselklappe des Vergasers auf, bis sie schließlich bei Vollgas ganz geöffnet ist. Wenn Sie den Schaltkasten öffnen (um die Steuerzüge einzuhängen), können Sie an den Bewegungen der Hebel ganz eindeutig den Gas-

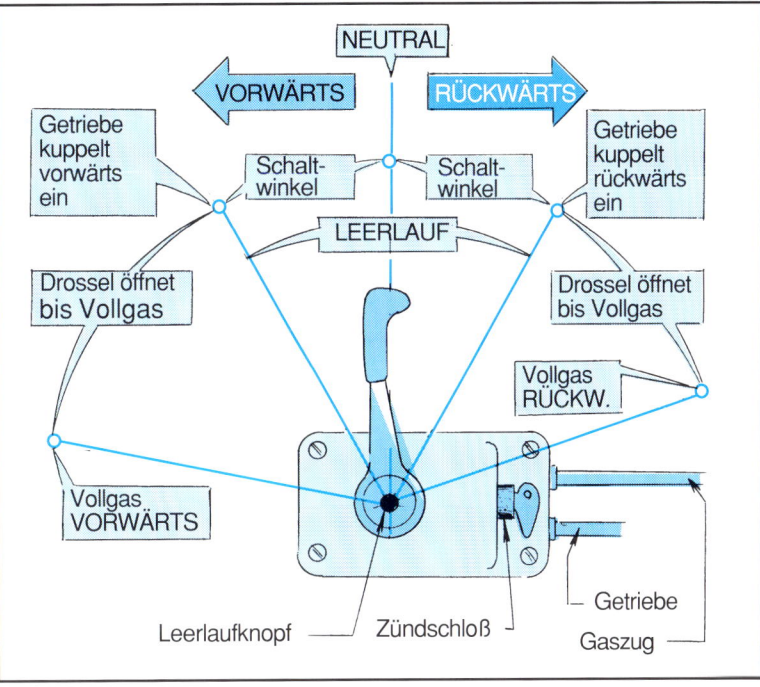

und den Getriebehebel erkennen. Der Hebel, der die Drosselklappe bis Vollgas öffnet, macht von NEUTRAL auf VORAUS und von NEUTRAL auf RÜCKWÄRTS die Bewegung in die gleiche Richtung. Der Hebel aber, der das Getriebe schaltet, macht seine Bewegung von NEUTRAL in entgegengesetzte Richtungen. Der Punkt des Einkuppelns liegt etwa bei 30° bis 35° von NEUTRAL. Probieren Sie es am Motor erst einmal ohne Steuerzug, bis Sie das Einkuppelgeräusch und den Abschluß der Schaltbewegung kennen.

Einhebelschaltung von hinten gesehen. Die Hauptteile sind beschriftet. ▶

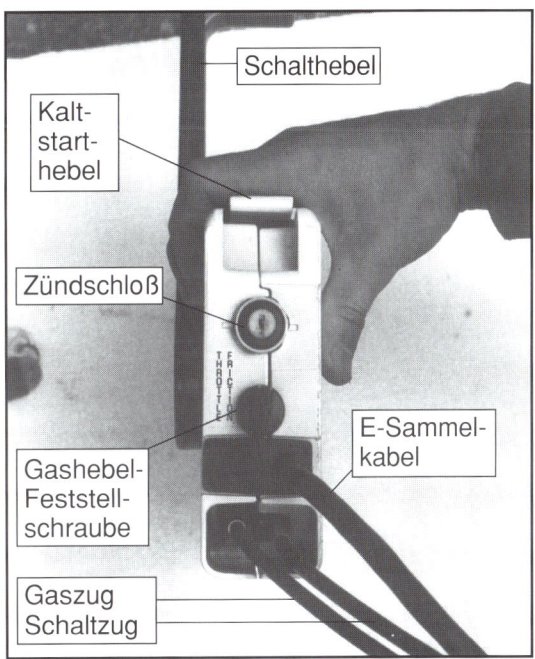

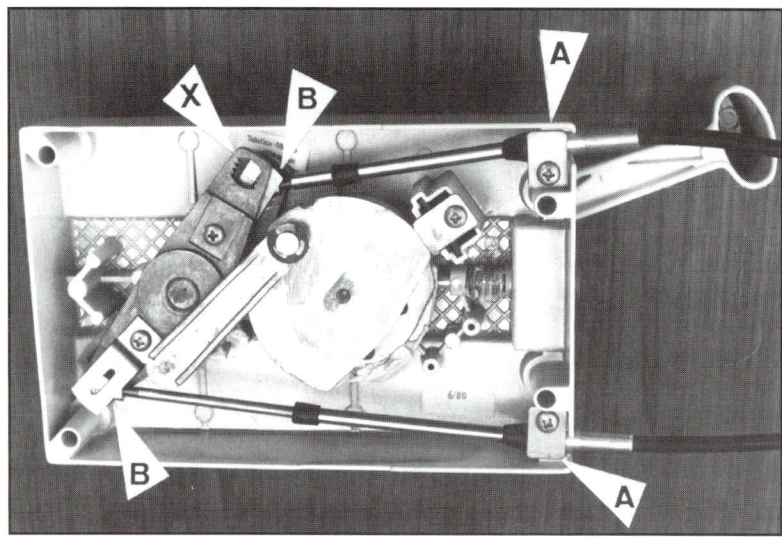

Einhebelschaltung von hinten gesehen. Die gezahnten Langlöcher (X) ermöglichen die Verstellung der Schaltwege, so daß man die Schaltung für unterschiedliche Motoren verwenden kann. Auch hier, wie bei jedem Steuerzug, Befestigung der Hülle (A) und des Endfittings der Seele (B).

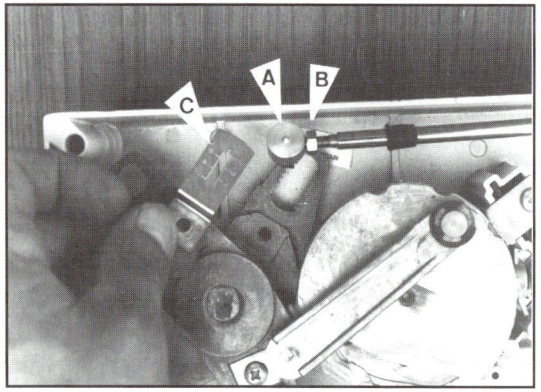

Befestigung des Schaltzuges fürs Getriebe. Endfitting (A) der Seele auf der Seite der Schaltung. Er wird entsprechend der Montageanleitung auf das Gewinde gedreht und mit der Kontermutter (B) gesichert. Die Abdeckung (C) verhindert ein Rausrutschen aus der Verzahnung. Es ist wichtig, daß man den Endfitting in den richtigen Zahn einsetzt, da man sonst falsche Schaltwege hat.

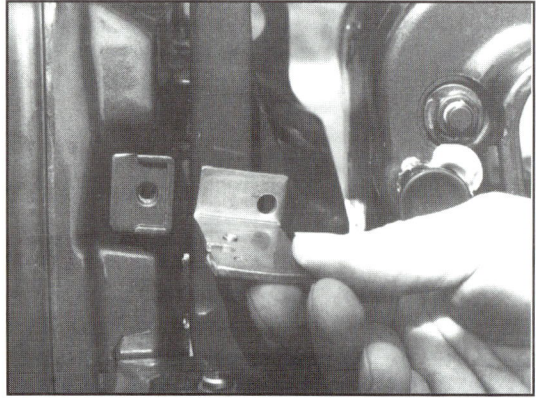

Beschläge für die Befestigung der Schaltkabelhüllen am Motor. Für die Steuerzüge müssen sehr häufig kleine Beschläge als Widerlager angebaut werden. Hier sollte man besonders auf festen Sitz der Schrauben und Sicherungsbleche beziehungsweise Sicherungsscheiben achten.

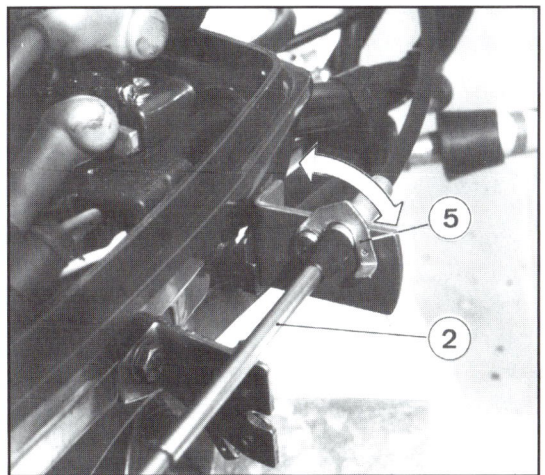

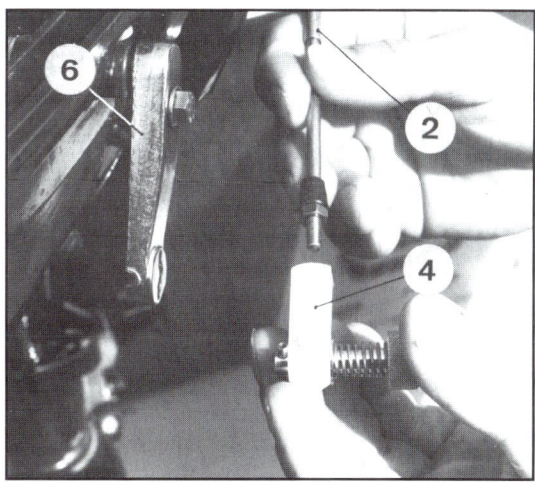

Hüllenarretierung (5) mit einem Zusatzbeschlag (Widerlager) für außen geführte Steuerzüge an Motoren, die alternativ auch mit Pinne gefahren werden (Yamaha).

Steuerzug für das Gas (2) mit verstellbarem Endfitting der Seele und federbelastetem Bajonettverschluß zum Einhaken in den Gashebel (6).

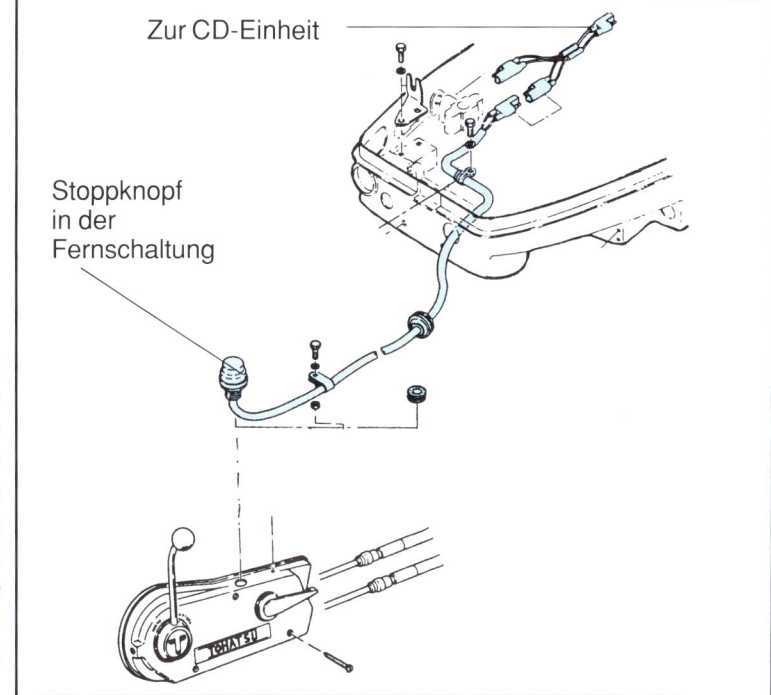

Zur Fernschaltung führt meistens nur ein Sammelkabel, das häufig die Möglichkeit bietet, auch Instrumente zu installieren, ohne die Kabel bis nach hinten zu den Gebern am Motor zu führen. Die hier gezeigte Skizze stammt aus dem Handbuch eines kleinen Tohatsu ohne E-Starter.

Einstellen der Steuerzüge

Sind die Steuerzüge einmal richtig eingestellt, gibt es über Jahre keine Probleme. Im Prinzip funktionieren die Bowdenzüge wie die Felgenbremse beim Fahrrad. Sie können aber nicht nur ziehen, sondern auch drücken.

Der Steuerzug besteht aus der Hülle, die mit den Widerlagern zwischen Schaltbox und Motor festgesetzt ist, und der darin geführten Seele, die hin- und herbewegt wird. Das muß man wissen, wenn man das Ganze vestehen will. Löst sich die Befestigung der Hülle im Bereich des Widerlagers, dann ist die Seele nicht mehr in der Lage, den Steuerhebel ausreichend zu bewegen. Das Resultat: mechanische Schäden, die immer teuer sind.

Während sich die unkorrekte Einstellung des Steuerzuges am Vergaser meist durch falsche Leerlaufdrehzahl oder zu niedrige Höchstdrehzahl bemerkbar macht, ist eine falsche Einstellung des Getriebeschaltzuges eine meist schleichende Krankheit, die sich erst wirklich bemerkbar macht, wenn das Getriebe nicht mehr einkuppelt. Dann ist es aber zu spät. Die Ursache liegt in der Natur der Getriebekonstruktion. Der Getriebeschalthebel muß ganz durchgeschaltet werden. Wenn er nach dem Schalten unter Last bleibt oder nicht den ganzen Schaltweg durchführt, treten am Getriebe starke Verschleißerscheinungen auf, die zu teuren Reparaturen führen.

Bevor man an den Kontermuttern der Endfittings dreht, muß die belastungsfreie Neutral- und Schaltstellung geprüft werden. Zu diesem Zweck wird der Schalthebel auf Neutral gestellt, das Endfitting am Steuerhebel am Motor ausgehakt und überprüft, ob die Stellung belastungsfrei mit dem Steuerhebel übereinstimmt. Für das Getriebe ist das die Mittelstellung des Schalthebels am Motor und für das Gas der Steuerhebel am Vergaser, der einen Leerlaufanschlag hat. Stimmen die beiden Elemente in dieser Neutralstellung nicht überein, muß die Länge der Seele verstellt werden, bis der Fitting belastungsfrei und, ohne den Hebel zu bewegen, aufgesetzt werden kann. Erst jetzt wird der Schalthebel im Cockpit bis zur Vollgasstellung auf Vorwärts gestellt. Am Motor werden wieder der Getriebe- und Gashebel-Endfitting abgenommen und überprüft. Das Getriebe muß einwandfrei auf Schaltstellung stehen und die Position der Endfittings mit der des Schalthebels belastungsfrei übereinstimmen. Der Gashebel geht automatisch auf Leerlaufstellung zurück. Wenn das Fitting ausgehakt wird, ist er auf Vollgas-Stellung zu drücken, bis er am Anschlag ansteht. Er muß dann belastungsfrei an den Steuerzug passen. Wenn das in Ordnung ist, das Ganze noch einmal auf "Voll Zurück"; es müßte auch jetzt funktionieren. Stellen sich allerdings in der Vollgas-Stellung Differenzen ein, dann stimmt irgend etwas an den Steuerwegen und Hebellängen nicht, und es wäre spätestens jetzt der Augenblick gekommen, wo der Fachmann zu Rate gezogen werden sollte.

Wichtig: Die Endstellungen von Gas- und Getriebehebel am Motor sind vom Hersteller eingeregelt und bei neuen Motoren meist "verplombt". An diesen Schrauben darf auf keinen Fall gedreht werden. Verstellen darf man nur an den Verstellgewinden der Seele. Die richtige Position wird immer wieder mit der Kontermutter gesichert.

Wichtig: Länge des Zuges immer so einstellen, daß eine einwandfreie Nullstellung der Steuerhebel gewährleistet ist!

Wartung

Die modernen Schaltungen sind weitgehend unanfällig gegen Störungen und fast wartungsfrei. Wenn man im Herbst die Kappe vom Schaltkasten abnimmt und die Gelenke und Lager der Schaltung gründlich einfettet, die Anschlüsse der Bowdenzüge und die Endklemmen des Mantels prüft, ist man vor Störungen ziemlich sicher.

Weitere Details und die Grundeinstellung finden Sie auf den folgenden Seiten.

Steuerzüge werden grundsätzlich am Endfitting eingestellt. Zu diesem Zweck wird der Zug ausgehakt, die Kontermutter gelöst und das Endfitting so lange verdreht, bis die Länge richtig ist. Die Position des Widerlagers bleibt unverändert. Nach dem Einstellen die Kontermutter gut festziehen!

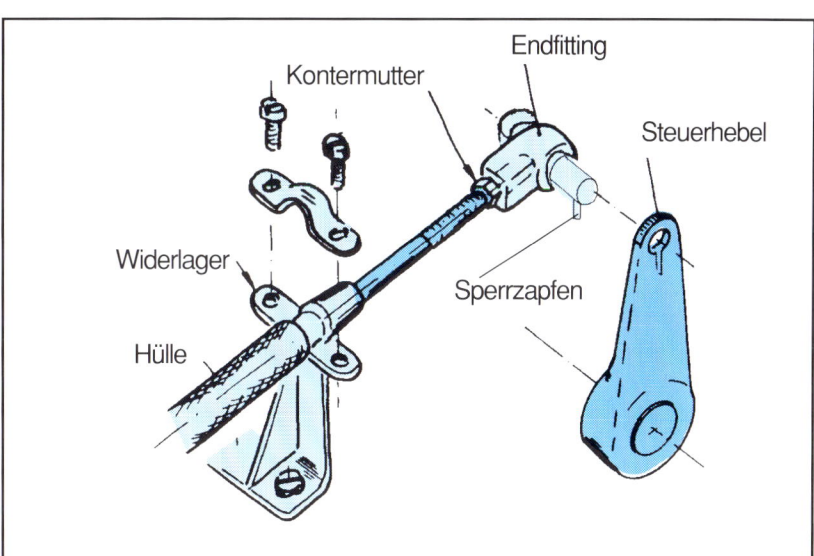

Schematische Darstellung für die Grundeinstellung. Schalthebel auf NEUTRAL stellen. Steuerzüge am Motor aushaken und prüfen, ob die Steuerhebel die richtige Position haben (wie Skizze unten). Gashebel: belastungsfrei auf Leerlaufanschlag, Getriebeschalthebel: belastungsfrei auf Neutral.
Ist das nicht der Fall, muß die Kontermutter gelöst und der Enfitting auf dem Gewinde entsprechend eingestellt werden. Danach die Kontermutter wieder festziehen!

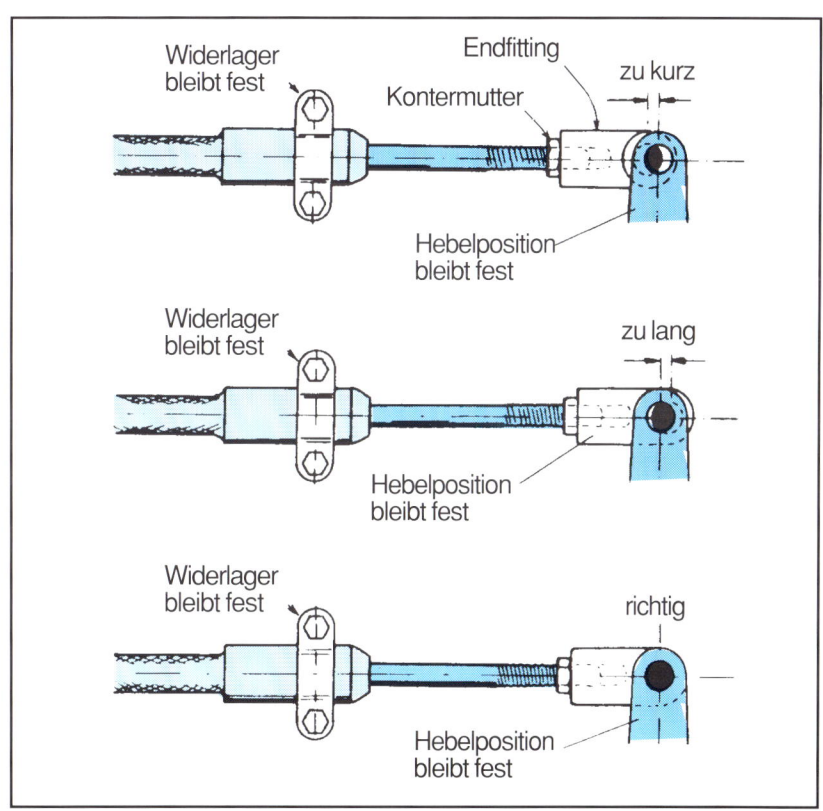

Radsteuerung

Die Seilzuglenkung über Seilrollen gibt es praktisch nicht mehr. Deshalb beschränken wir uns hier auf die Einkabellenkung. Sie funktioniert genauso wie die Bowdenzüge für Gas und Getriebe. Das Ganze ist nur kräftiger ausgebildet. Das Lenkrad mit dem Steuerzug wird meist in einem Stück geliefert, so daß "nur noch" das Lenkrad montiert werden muß. Das Lenkkabel wird unter dem Seitendeck untergebracht und der Anschluß zum Motor hergestellt. Richtig funktionieren kann die Lenkung nur, wenn die Hülle des Lenkkabels kurz vor dem Motor fest mit dem Boot verbunden ist. Dafür gibt es ver-

schiedene Möglichkeiten, die aus den Skizzen der übernächsten Seite hervorgehen. Die Hüllenfixierung unter Deck ist sehr wichtig, da sehr große Manöverkräfte bei der Steuerung des Motors auftreten. Zu berücksichtigen ist auch, daß das Lenkkabel beim Lenken eine Bewegung ausführt, so daß bei Schottdurchführungen mit Langlöchern gearbeitet werden muß. Bei der Planung ist zu berücksichtigen, daß der Biegeradius des Lenkkabels relativ groß ist. Wenn Sie von 150 - 200 mm Mindestbiegeradius ausgehen, kann man nichts falsch machen.

Die genauen Werte finden Sie aber in den Montageanleitungen der Lenkung.

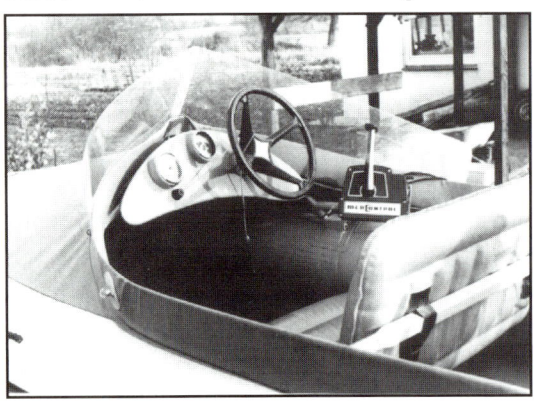

Radsteuerung und Fernschaltung auf einem Wiking-Schlauchboot.

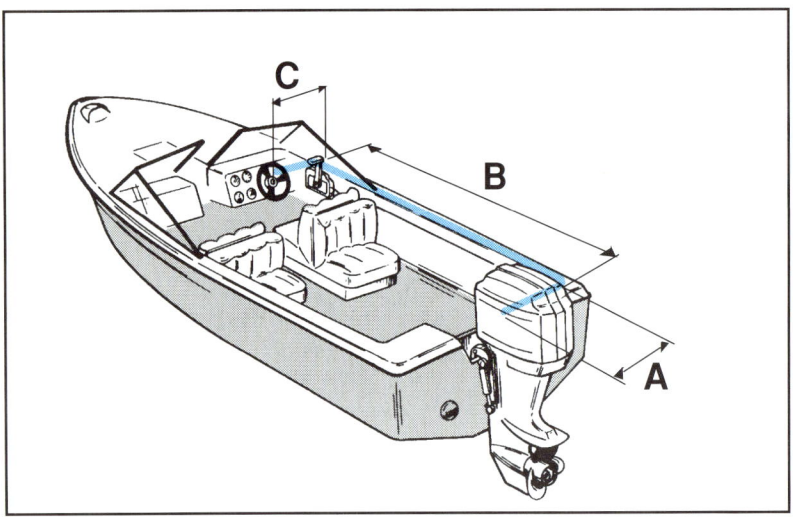

Für die Bemessung der Lenkkabellänge sind die Maße wie in der Skizze links ausschlaggebend:

A = der Abstand vom Motor bis unter das Seitendeck

B = die Länge vom Heck bis vor das Instrumentenbrett

C = das Maß vom Seitendeck bis zur Schottdurchführung des Lenkrades

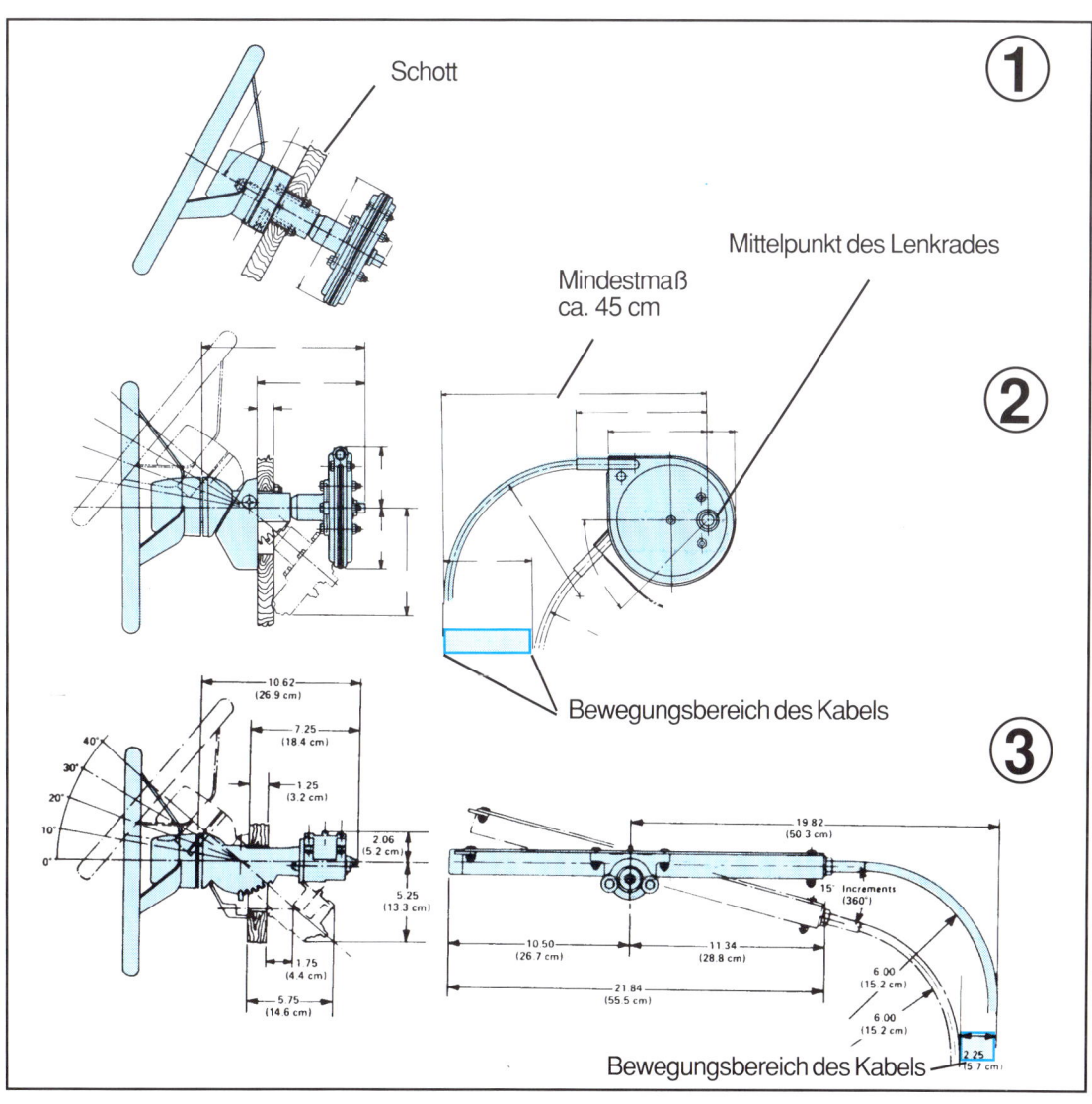

Schott

Mittelpunkt des Lenkrades

Mindestmaß
ca. 45 cm

Bewegungsbereich des Kabels

10 62
(26.9 cm)

7.25
(18.4 cm)

1 25
(3.2 cm)

40°
30°
20°
10°
0°

2 06
(5.2 cm)

5.25
(13 3 cm)

1.75
(4.4 cm)

5.75
(14.6 cm)

19 82
(50.3 cm)

15' Increments
(360°)

10.50
(26.7 cm)

11 34
(28.8 cm)

21.84
(55.5 cm)

6 00
(15.2 cm)

6 00
(15.2 cm)

2.25
(5.7 cm)

Bewegungsbereich des Kabels

Einbauzeichnungen von Einkabel-Radsteuerungen.
(1) Nicht verstellbares Rad, d. h. die Neigung des Lenkrades entspricht der des Fahrpults.
(2) Lenkrad, dessen Neigung man bis 40° verstellen kann. Das ist sehr praktisch, wenn die Fahrpultneigung nicht den ergonomischen Bedürfnissen entspricht. Links daneben sieht man den Bewegungsbereich des Lenkkabels beim Lenken.
(3) Verstellbares Lenkrad, aber nicht mit einer Trommel, sondern mit einer Gewindestange. Hier ist ebenfalls der Bewegungsbereich nicht nur des Kabels, sondern auch der Zahnstange zu berücksichtigen.

Der Mantel des Lenk-
kabels muß auf der Mo-
torseite besonders sorg-
fältig befestigt werden.
Dieser Punkt fängt spä-
ter alle Steuerkräfte auf,
und die können im See-
gang und bei Manövern
sehr groß sein.

Es gibt für die Hüllen-
fixierung verschiedene
Möglichkeiten, die je
nach Bauart des Bootes
die optimale Lösung
bieten.

(1) Mantelbefestigung
    direkt am Motor.
(2) Befestigung des Lenk-
    mantels am Schott der
    Motorwanne.
(3) Spiegelmontage des
    Lenkmantels bei
    Booten mit großer
    Motorwanne oder bei
    Booten bei denen die
    Motorwanne über-
    haupt fehlt.
(4) Für die Lenkung
    von Doppelmotoren
    gibt es Verbindungs-
    gestänge. Die Fixie-
    rung der Kabelhülle
    erfolgt in gleicher
    Weise wie oben
    beschrieben. Die
    Skizze zeigt die
    Lösung mit Fixierung
    direkt am Motor.

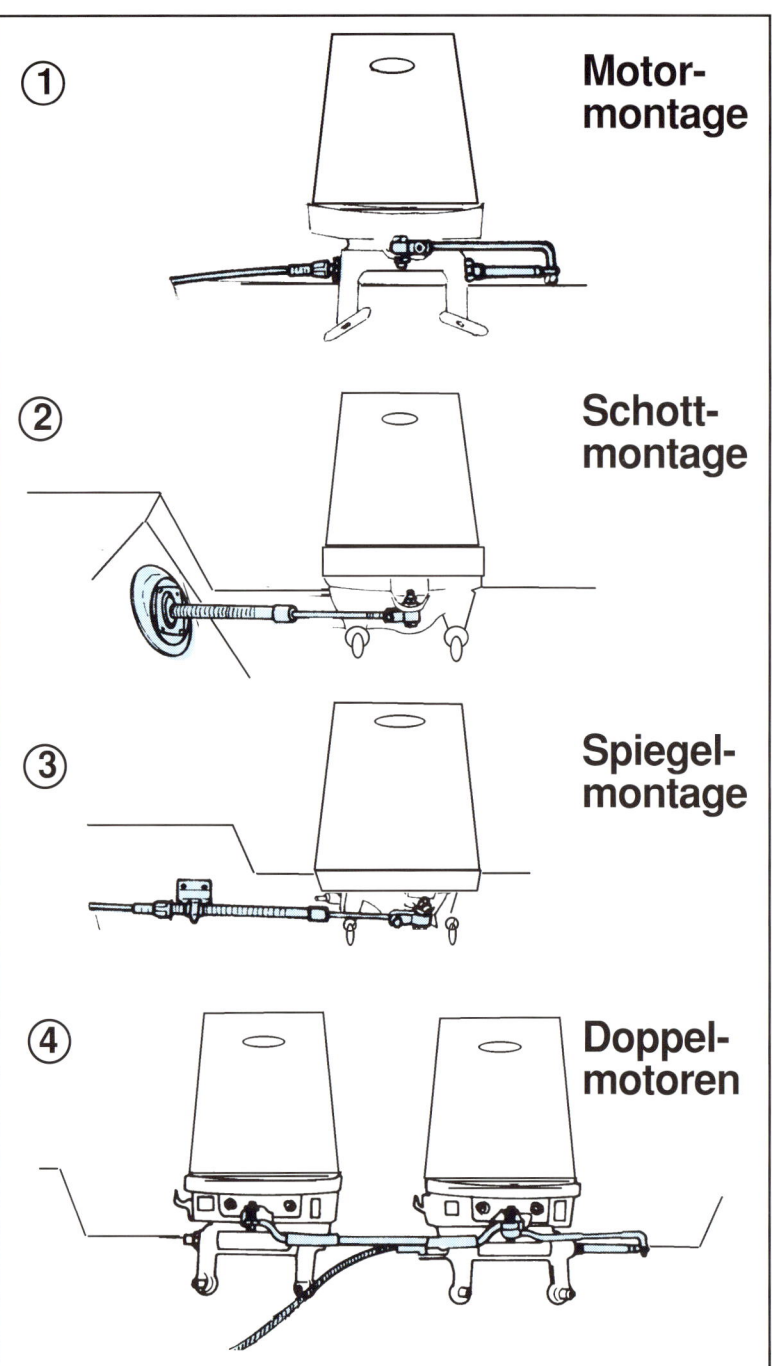

① Motor-
montage

② Schott-
montage

③ Spiegel-
montage

④ Doppel-
motoren

Anschluß der Lenkung an einen 25 kW-Motor mit Hilfe eines Adapters. Das ist die übliche Befestigungsart bei Außenbordern, die alternativ auch noch mit Pinne gefahren werden.

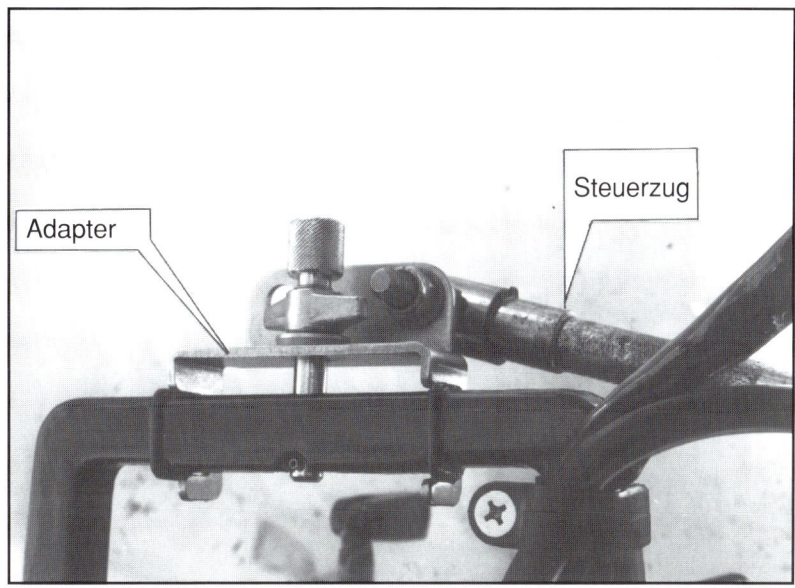

Adapter

Steuerzug

Direkter Anschluß des Lenkkabels an den Lenkhebel des Motors, meist bei Motoren, die ohne Pinne gefahren werden.

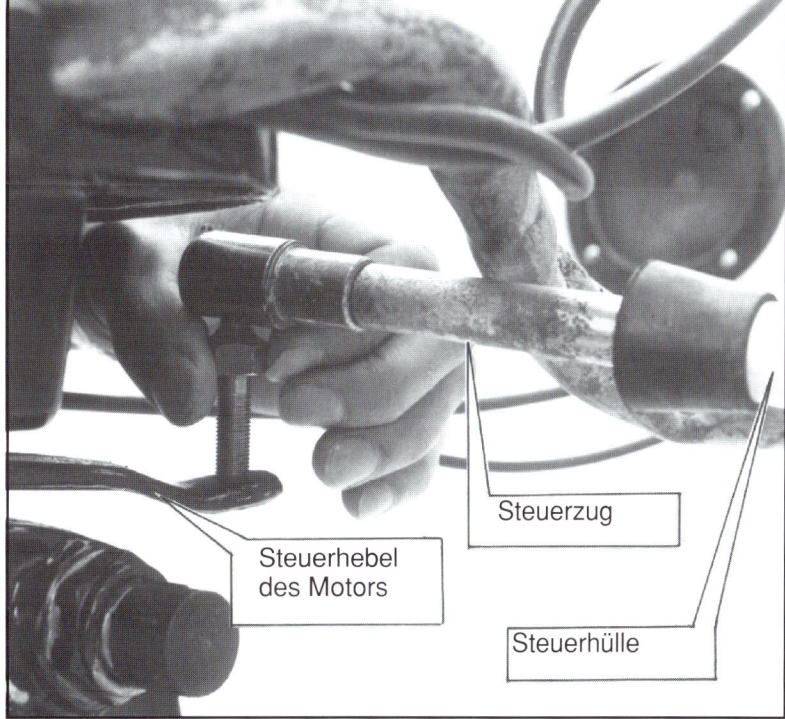

Steuerhebel des Motors

Steuerzug

Steuerhülle

Trimmflosse

Jeder Außenbordmotor, von ganz kleinen Motoren abgesehen, hat am hinteren Teil der Kavitationsplatte eine Trimmflosse. Sie wirkt als Trimmruder, das den seitlichen Schub des Propellers ausgleichen soll. Die seitlichen Kräfte, die am Propeller entstehen, versuchen das Boot aus der Richtung zu lenken. Man könnte das natürlich durch ständiges Entgegenlenken zu beseitigen versuchen. Mit der Trimmflosse geht es aber bequemer, erfordert jedoch einige Testfahrten. Diese "Trimmfahrten" machen Sie aber gleichzeitig mit dem Verhalten Ihres Bootes vertraut, so daß Sie auf alle Fälle einen Nutzen haben, auch wenn die Geschwindigkeit nicht gesteigert wird.

Der Test geht wie folgt vor sich:

Sie fahren bei ruhigem Wetter in unverwirbeltem Wasser geradeaus mit einer Geschwindigkeit, bei der das Boot gerade sauber gleitet (etwa Halbgas). Natürlich muß darauf geachtet werden, daß das Boot in Querschiffsrichtung waagerecht ausgetrimmt ist, da sonst der Rumpf seitlich zieht. Wenn das Boot ganz ruhig geradeaus läuft, lassen Sie das Lenkrad los und warten ab, ob und zu welcher Seite es aus dem Ruder läuft. Das wiederholen Sie zwei- bis dreimal, gehen dann auf Dreiviertelgas und wiederholen es erneut. Damit haben Sie dann die Gewißheit, nach welcher Seite das Boot auszubrechen versucht. Sie können das natürlich bei Vollgas wiederholen, es ist aber nicht notwendig. Jetzt fahren Sie irgendwo ans Ufer, klappen den Motor hoch und verstellen die Trimmflosse wie in den Skizzen rechts gezeigt.

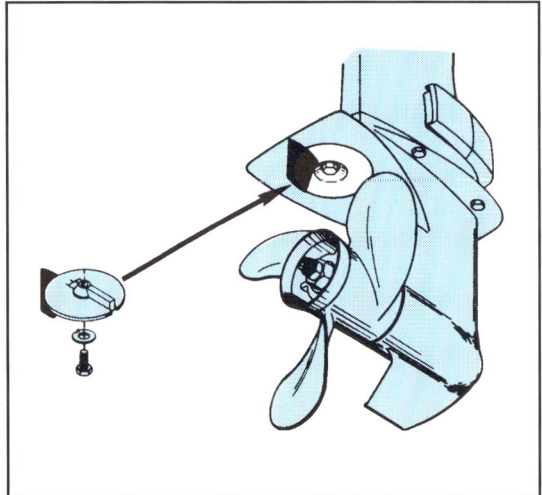

Die Trimmflosse sitzt am hinteren Ende der Kavitationsplatte und wird durch Lösen der Befestigungsschraube verstellt. Die Verstellung erfolgt in den Grenzen von 5° bis 10°. Sollte mehr erforderlich sein, stimmt irgend etwas mit dem Propeller oder dem Boot nicht.

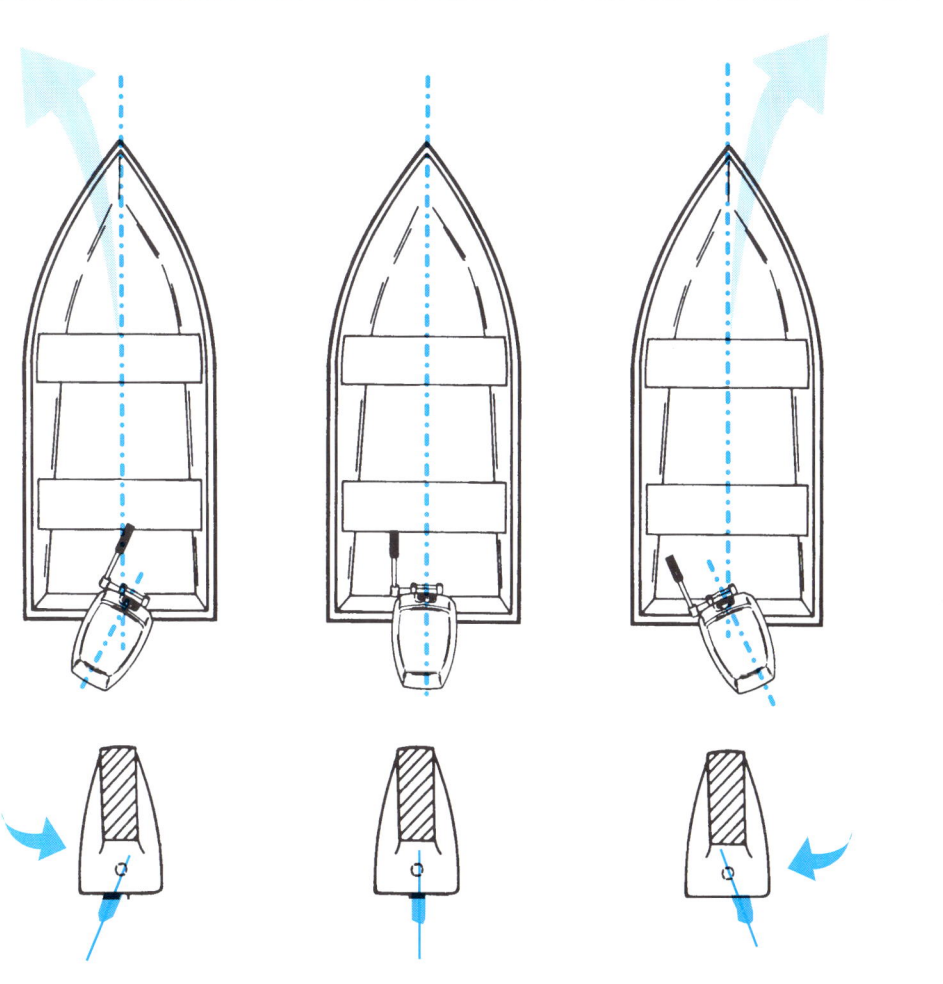

Boot zieht nach backbord, d. h. die Propellerkräfte drükken den Motor hinten ebenfalls nach backbord. Daraus folgt, daß die Trimmflosse mit dem hinteren Teil ebenfalls nach backbord gestellt werden muß, damit sie den Motor hinten nach steuerbord drückt.

Boot zieht nach steuerbord, d. h. die Propellerkräfte drükken den Motor hinten ebenfalls nach steuerbord. Daraus folgt, daß die Trimmflosse mit dem hinteren Teil ebenfalls nach steuerbord gestellt werden muß, damit sie den Motor hinten nach backbord drückt.

Trimm- und Kippvorrichtung

Was das Trimmen des Außenborderschaftes bewirkt, zeigen die Bilder auf Seite 88. Hier die Technik der automatischen Trimm- und Kippeinrichtung (Trim + Tilt). Die Vorrichtungen funktionieren elektro-hydraulisch. D. h. über einen Schalter am "Gashebel" wird die Schaftstellung betätigt. Der Schalter gibt Steuerstrom auf Relais, die dann einen Motor starten, der seinerseits die Hydraulikpumpe antreibt. Je nach Drehrichtung pumpt diese die Hydraulikflüssigkeit in Zylinder, die das Trimmen und Kippen steuern. Prinzipiell ist das einfach, in sich aber ziemlich komplex, da es zwei Domänen sind, die ohne Meßgeräte und Grenzdaten nicht gut zu handhaben sind. Deshalb sollte man die "Innereien" bis auf die üblichen Wartungs- und Kontrollhandgriffe als tabu betrachten. Das Schlimmste, was einem bei einem Defekt passieren kann, ist, daß man nicht mit optimalem Trimm nach Hause fährt.

Hauptteile einer Trimm- und Kippvorrichtung. Die Zeichnungen stammen aus einem Werkstatt-Handbuch von Yamaha. Das Funktionsprinzip kann man auf alle anderen Systeme übertragen.
So funktioniert es:
Der Schalter für die Trimmvorrichtung befindet sich am "Gashebel". Aufwärts heißt meist "Bow up", abwärts "Bow down". Wenn man also diesen Schalter betätigt, wird über Relais der E-Motor links oder rechts herum gestartet, und er treibt die Hydraulikölpumpe an. Von dort wird je nach Drehrichtung Öl in das Hauptventil gepumpt, das wiederum öffnet den Weg zu den Trimm- bzw. Kippzylindern, und die werden raus- oder reingefahren.
Im Kippzylinder ist ein Ausgleichsventil montiert, das im Fall einer Grundberührung oder beim Gegenfahren gegen irgendeinen schweren Gegenstand den Weg für das Öl auf die Unterseite des Zylinders öffnet, so daß der Schaft hochklappen kann. Wenn die Trimmvorrichtung einen Defekt hat, kann man sie mit dem Handventil lahmlegen, so daß man im Notfall schlimmstenfalls ohne optimalen Trimm nach Hause fährt.

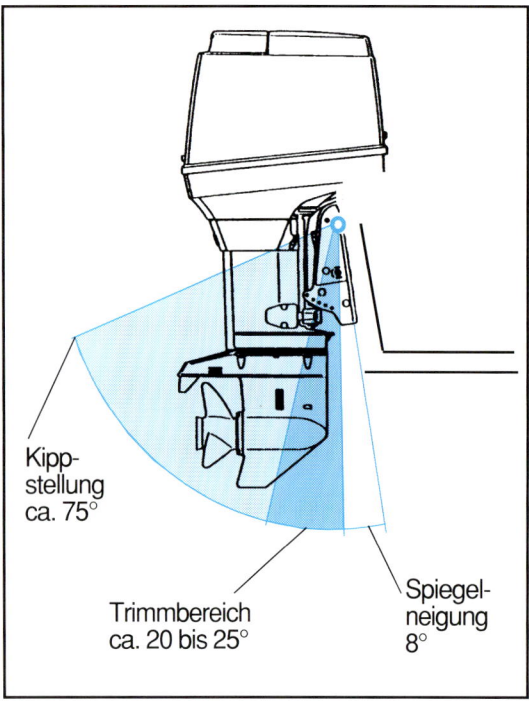

Kipp-
stellung
ca. 75°

Trimmbereich
ca. 20 bis 25°

Spiegel-
neigung
8°

Die Abbildung zeigt den Trimm- und Kippwinkel, der mit den veschiedenen elektro-hydraulischen Trimmsystemen erreicht wird.

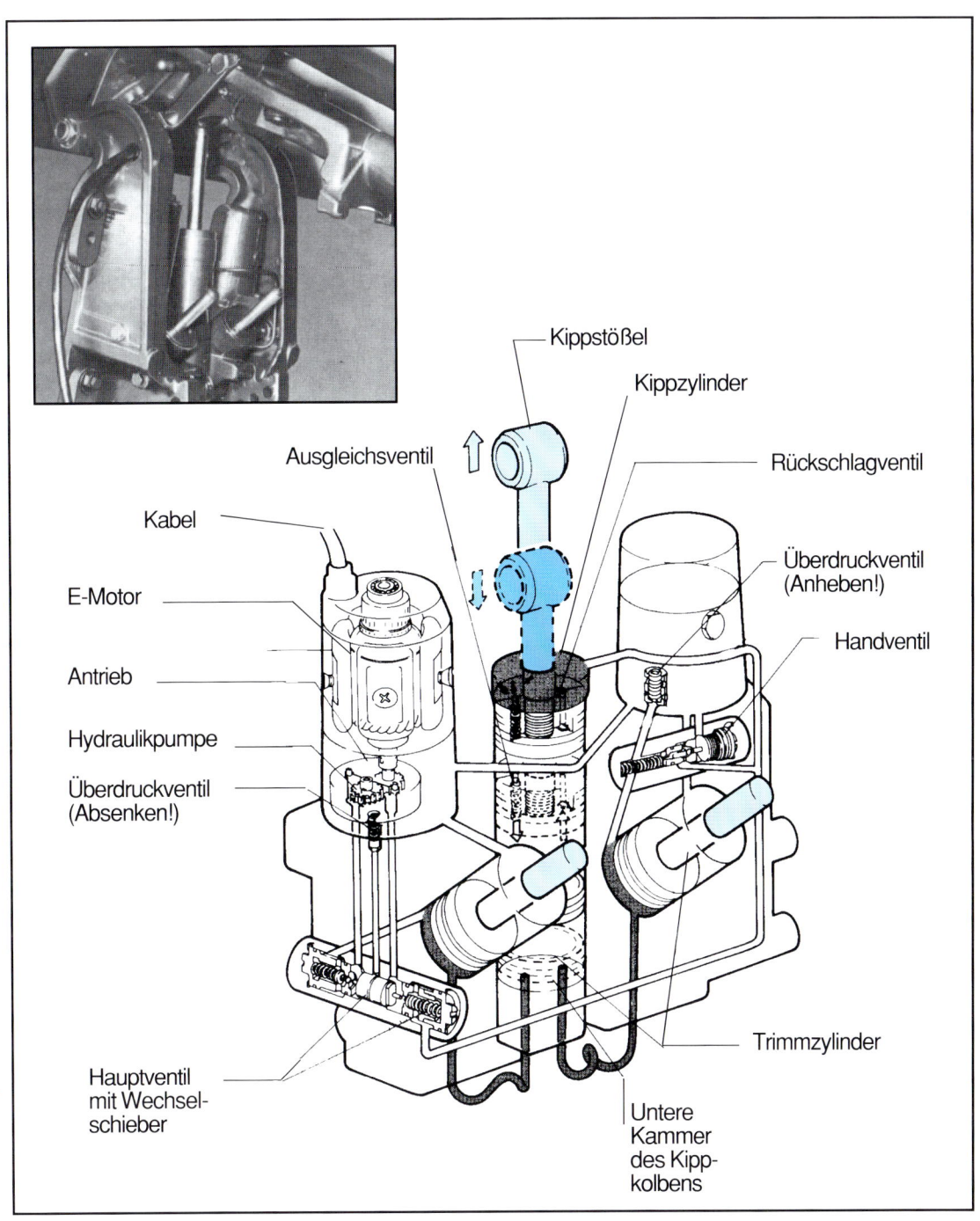

Kippstößel

Kippzylinder

Ausgleichsventil

Rückschlagventil

Kabel

Überdruckventil
(Anheben!)

E-Motor

Handventil

Antrieb

Hydraulikpumpe

Überdruckventil
(Absenken!)

Hauptventil
mit Wechsel-
schieber

Trimmzylinder

Untere
Kammer
des Kipp-
kolbens

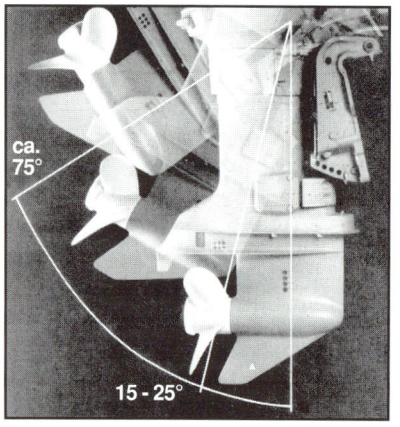

Die elektro-hydraulische Trimmvorrichtung trimmt den Schaft bis ca. 15° stufenlos. Für die manuelle Einstellung des Motors ist an der Motoraufhängung ein Lochsegment vorgesehen (siehe unten), das bei den meisten Motoren 5 Löcher hat. Durch Umstecken des Bolzens wird die Schaftneigung zum Boot verändert. Der Trimmwinkel von Schaft zu Boot soll so gewählt sein, daß möglichst viel Schub nach vorne gerichtet ist. Das ist bei richtiger Lage des Gewichtsschwerpunktes etwa das zweite Loch. Die richtige Position muß aber ausgetestet werden, da sie wie schon erwähnt, von der Lage des Gewichtsschwerpunktes, der Spiegelneigung und der Bodenkonstruktion des Bootes abhängig ist.

Wenn der Schub des Motors nicht genau in Richtung des Bootswiderstandes schiebt, entsteht eine abwärts oder aufwärts gerichtete Kraftkomponente, und es wird weniger Kraft zur Vorwärtsbewegung des Bootes aufgewandt. Dies ist in den folgenden drei Skizzen durch das Kräfteparallelogramm angedeutet.

Skizze A: Der Motor ist zu weit gekippt, das Boot hat die Nase zu hoch. Es entsteht eine Abwärtskomponente, die den Schub verringert und das Heck tiefer ins Wasser taucht. Das Boot gleitet schlecht.

Skizze B: Der Motor ist zu nah an den Spiegel getrimmt. Es entsteht eine Aufwärtskomponente, die das Boot mit der Nase ins Wasser drückt. Es gleitet schlecht.

Skizze C: Diese Stellung ist richtig. Das Boot liegt schön flach auf dem Wasser, der Schub richtet sich genau gegen den Widerstand des Bootes, so daß 100 % der Kraft umgesetzt werden können.

Je nach Bootsboden-Konstruktion liegt der richtige Trimmwinkel (Bootsboden zu Wasseroberfläche) bei 3° - 15°.

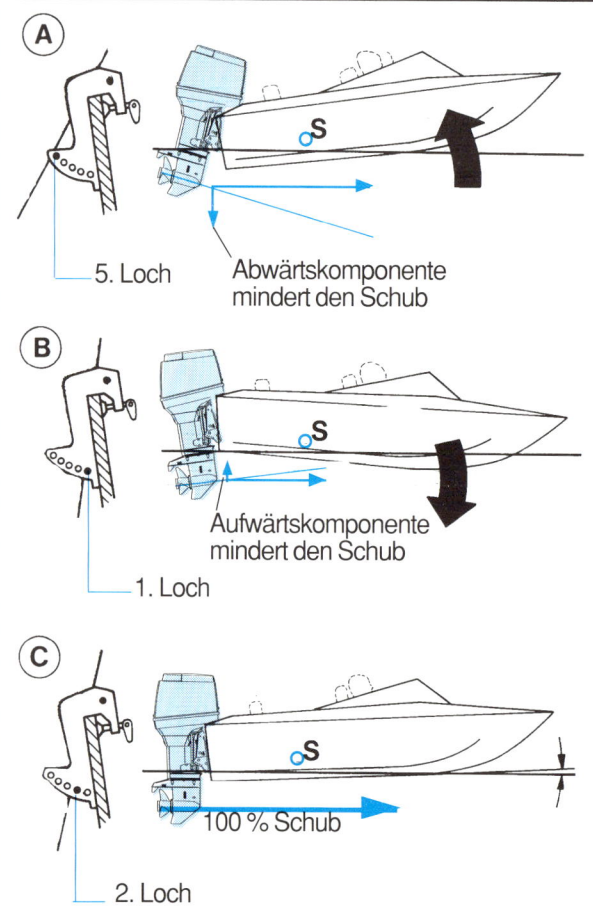

Elektrik

Die Halbleiter-Technik und Elektronik haben die Außenborder-Elektrik revolutioniert. Aus dem stotternden Rasenmäher-Motor ist in den letzten 15 Jahren ein hochentwickeltes Antriebsaggregat geworden, das seine neu gewonnene Zuverlässigkeit besonders seiner starken Zündung verdankt.

Bauteile verändern eine ganze Motorwelt. Rechts der mechanische Unterbrecher: anfällig, wartungsintensiv: die Zündung ohne Kraft.

Links der "Trigger", der die Zündsignale wartungsfrei, ohne Störung weitergibt und einen Funken steuert, der mit seiner Kraft auch Ablagerungen an der Zündkerze durchschlägt.

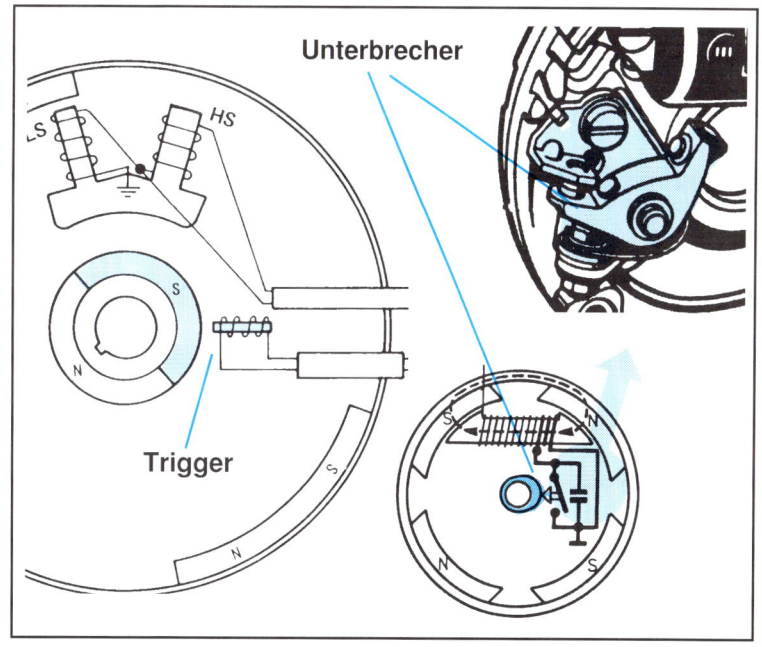

Unterbrecher

Trigger

Jedem sein Kraftwerk

Die Außenborder-Elektrik besteht aus vier Gruppen:

1. **Zündanlage**
2. **Starterelektrik**
3. **Stromerzeuger**
4. **Komfortelektrik**

Diese vier Gruppen sind je nach Leistung des Motors und dem Komfortbedürfnis des Eigners relevant. D. h. wer einen ganz kleinen Motor von etwa 5 kW fährt, hat es meist nur mit der Zündung zu tun. Mit zunehmender Leistung wird der Handstart immer mühsamer, das Boot größer und das Komfortbedürfnis steigt. Dementsprechend bekommt man es mit der Starterelektrik und dem Stromerzeuger zu tun. Mit steigender Zahl von Stromverbrauchern muß man sich schließlich sogar mit der Frage nach einer zweiten Batterie, der Netztrennung und dem Landanschluß beschäftigen.

So erschreckend die folgenden Seiten für den Elektro-Laien aussehen mögen, so gut tut es dem Motor, wenn Sie sie lesen.

Die Grafik rechts ordnet diese Kriterien entsprechend ein.

▶ **Die Graphik gibt einen Überblick zum elektrischen Ausrüstungsumfang von Booten mit Außenborder.**
Es bedeuten:

■ = üblicher Standard
● = wäre optimal
▲ = noch nicht Standard

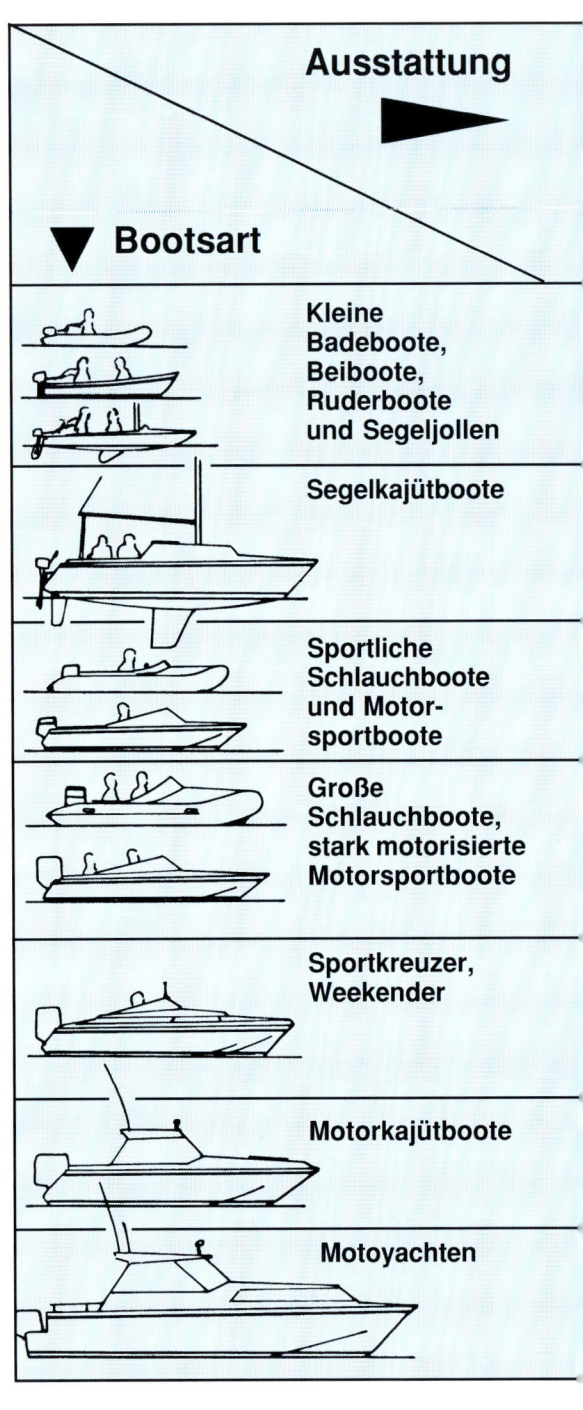

Ausstattung

▼ **Bootsart**

Kleine Badeboote, Beiboote, Ruderboote und Segeljollen

Segelkajütboote

Sportliche Schlauchboote und Motorsportboote

Große Schlauchboote, stark motorisierte Motorsportboote

Sportkreuzer, Weekender

Motorkajütboote

Motoyachten

	Handstarter	E-Starter	Fernschaltung	Radsteuerung	Instrumente	Navigationsger.	Positionslampen	Kühlschrank	Heizung	Starterbatterie	Bordnetzbatterie	Netztrennung	Lichtspule	Generator	Landanschluß
	●■														
	●■	▲	▲		▲	●■	●■	▲	▲	▲	●	▲	■	▲	▲
	●■	▲	▲	▲	▲		▲			▲	▲	▲	■	▲	
		●■	●■	●■	●■	▲	●■	▲	▲	●▲	▲	▲	■	▲	▲
		●■	●■	●■	●■	●■	▲●	●	▲	●■	▲	▲	■	▲●	▲●
		●■	●■	●■	●■	●■	●■	●	▲	●	●			●■	▲●
		●■	●■	●■	●■	●■	●■	●	▲	●	●			●■	▲●

Zündanlage

Die Zündanlage des Außenborders bestand bis vor ca. 15 Jahren aus der Schwungradmagnet-Zündung mit mechanischem Unterbrecher-kontakt und der Zündspule im Stator, dem Zündkabel und der Zündkerze. Aus dieser Zündanlage kamen, wenn sie in Ordnung war, etwa 15000 V, die nur dann zündeten, wenn die Zündkerze und das Gemisch im Zylinder in einwandfreiem Zustand waren. Die Anlage war feuchtigkeitsempfindlich und dementsprechend anfällig.

Mit der Einbeziehung der Elektronik-Bauteile wandelte sich die Zündung zur Hochspan-nungskondensator-Zündung, die praktisch wartungsfrei ist und mit dem 40000 V starken Funken fast jedes Gemisch zur Zündung bringt. Es gibt heute nur noch im Bereich von 2 kW und darunter einige Überbleibsel aus dem Mittelalter der Zündanlagen, aber auch die werden sehr selten. Deshalb wird hier nur kurz auf die Nach-teile der "herkömmlichen Bauteile" verwiesen und im Abschnitt Reparatur einige handwerkliche

Tips gegeben, um bei älteren Modellen mit Unterbrecher die Zündung entsprechend in den Griff zu bekommen.

Diese Seiten aber gelten der Hochspan-nungskondensator-Zündung, die in Außen-border-Prospekten der Hersteller als CD-, CDI- oder IC-Zündung bezeichnet wird. Das "C" steht für Capacitor, das "D" für Discharge und das "I" für Ignition, was dann eingedeutscht Kondensa-tor-Entladungs-Zündung heißen würde. Hierzu-lande nennt man das aber Hochspan-nungskondensator-Zündung (HKZ) und, da die Erregerspulen unter dem Schwungrad sitzen, Schwungrad-Hochspannungskondensator-Zün-dung (SHKZ). Das klingt alles unheimlich kom-pliziert, ist es aber nicht, da man ohne eine große Liste von Meßdaten und Sonder-meßgeräten nichts an der Zündung reparieren kann. Was bleibt, ist Kabelverbindungen prü-fen, das Zündkerzengesicht beurteilen und nach-sehen, ob ein Funke überspringt. Das alles ist auf Kapitel Wartung beschrieben. Die folgenden Abbildungen dienen dem Verständnis und soll-ten nur schematisch gesehen werden.

**Hauptteile der Zündelektrik (Suzuki 6V).
Es bedeuten:**
(1) = **Schwungrad mit darunter liegendem Stator**
(2) = **Zündkerze**
(3) = **Zündkerzenkabel (Achtung! Hochspannung!)**
(4) = **Zündspule (für jeden Zylinder eine)**
(5) = **CDI-Einheit (Zündelektronik)**

So etwa sieht es unter dem Stator aus. ▶

▼ Schematische Darstellung einer Hochspannungskondensator-Zündung, wie man sie sich etwa mit Blick auf den Motor vorstellen kann. Die Hauptteile sind beschriftet, der Strom für die Zündung entsteht in der Erregerspule und wird vom Impulsgeber (Trigger) gesteuert. Da sich die Position des Schwungrades analog zur Position der Kolben verändert, entsteht der Funke an der Zündkerze zum richtigen Zeitpunkt. Von der Erregerspule geht der Strom zur CD-Einheit (Hochspannungs-Kondensator-Einheit), von dort zur Zündspule, wo er bis auf 40000 V hochtransformiert wird, und über das Hochspannungszündkabel zur Zündkerze. Der hier entstehende Funke ist so stark, daß jedes halbwegs brauchbare Gemisch entzündet wird.

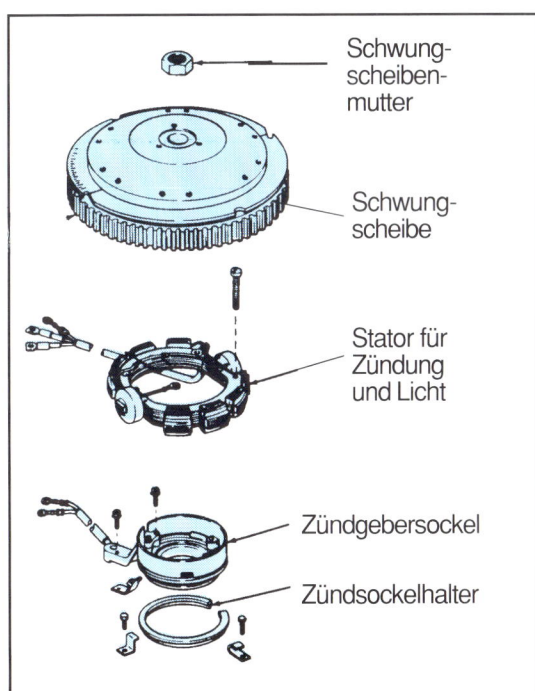

Schwung-scheiben-mutter

Schwung-scheibe

Stator für Zündung und Licht

Zündgebersockel

Zündsockelhalter

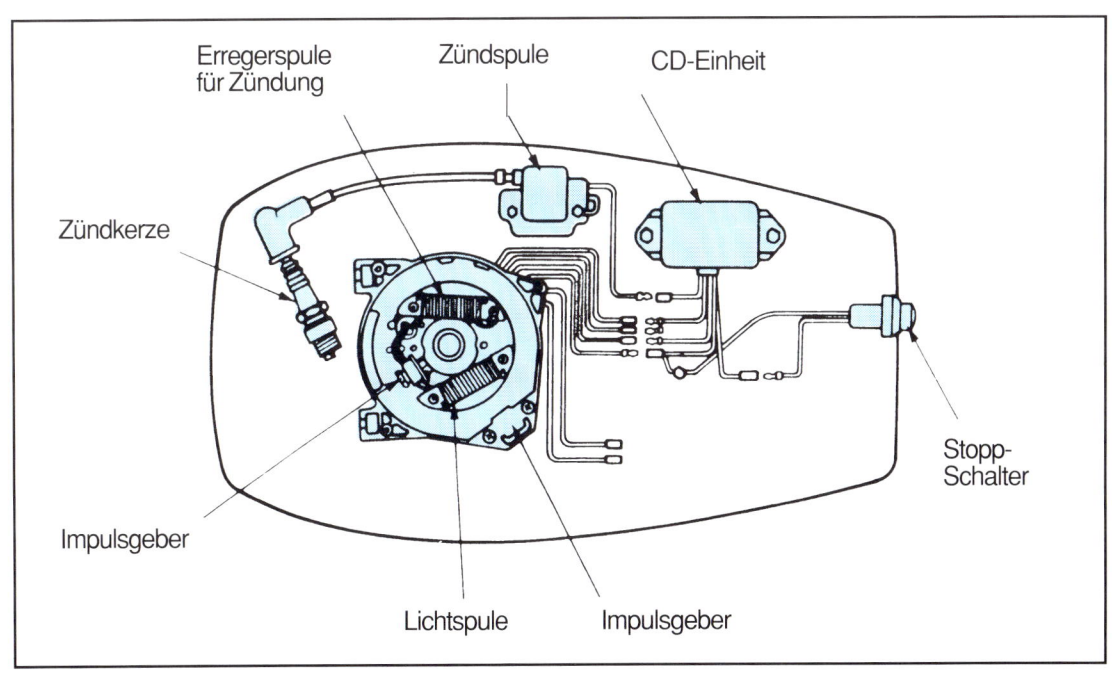

Erregerspule für Zündung

Zündspule

CD-Einheit

Zündkerze

Impulsgeber

Lichtspule

Impulsgeber

Stopp-Schalter

Diese beiden Zeichnungen stellen den Generationswechsel im Zündsystem der Außenborder dar. Links ein Stator mit mechanischem Unterbrecherkontakt, der den Zündzeitpunkt steuert. Der Zündstrom wird direkt in der Spule auf dem Zündanker erzeugt und erreicht an der Zündkerze eine Spannung von etwa 15000 V. Das ist die Spannung, die dem Außenborder den Ruf der Unzuverlässigkeit eingebracht hat, da er nur dann startet, wenn sowohl die mechanischen Kontakte des Unterbrechers als auch die gesamte Laufstrecke des Stroms von der Spule über das Zündkerzenkabel, die Zündkerze selbst bis zu den Zündele ktroden in Ordnung sind, und der Funke dann auf ein wirklich einwandfreies Gemisch trifft.

Die rechte Abbildung zeigt statt des mechanischen Unterbrechers den Impulsgeber, der nichts anderes als ein Sensor ist, der auf elektrischem oder fotoelektrischem Weg den richtigen Zündzeitpunkt signalisiert. Durch die Elektronik mit den Kondensatoren in der CD-Einheit wird der Strom in der Zündspule bis auf 40000 V hochtransformiert, was logischerweise zu einer besseren, weniger anfälligen Zündung führt.
Diese Hochspannungskondensator-Zündung wird bereits bei allen Leistungsgruppen seit Jahren eingesetzt. Nur im unteren Bereich findet man noch vereinzelt den einen oder anderen Motor mit mechanischem Unterbrecherkontakt und "konventioneller" Schwungradmagnet-Zündung.

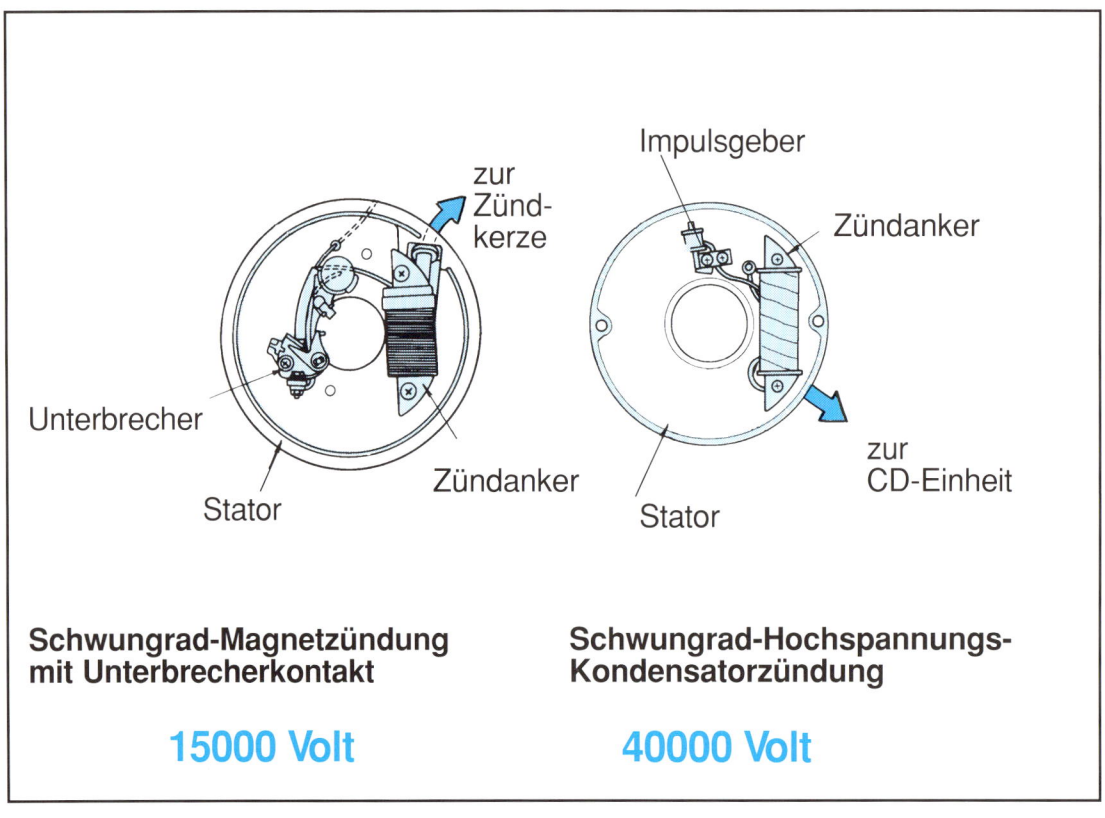

Schwungrad-Magnetzündung mit Unterbrecherkontakt

15000 Volt

Schwungrad-Hochspannungs-Kondensatorzündung

40000 Volt

Die Zündkerze ist für den Skipper der wichtigste Indikator, wenn mit dem Motor irgendwas nicht stimmt. Hier wird gerade die obere Zündkerze eines Zweizylinder Mercury herausgedreht.

Das Zündkerzengesicht zeigt durch Färbung, Belag und Errosion der Elektroden, ob der Motor in Ordnung ist. Die Diagnose, die man über dieses Zündkerzengesicht stellen kann, ist sehr genau und zuverlässig (s. Seite 136).

Elektrostarter

Der Elektrostarter ist nichts anderes als ein Motor, der auf Knopfdruck sein kleines Zahnrad (Ritzel) in den großen Zahnkranz der Schwungscheibe einspurt und dann den Motor zu drehen versucht. Versucht ist hier mit Absicht gesagt, da es ihm nur dann gelingt, wenn die Batterie genug Saft hat, die Kabelverbindungen in Ordnung sind, das Starterrelais den Hauptstrom zum Anlasser schaltet und der Startermotor selbst in Ordnung ist.

Elektroanlasser gibt es ab ca. 40 kW serienmäßig, darunter gegen Aufpreis. Wer nicht wirklich mit der Materie vertraut ist, sollte die Finger von dem Anlasser-Bausatz lassen, der überall angeboten wird, und ihn von der Werkstatt einbauen lassen. Das erhält die Garantie und spart viel Zeit und Ärger, da die Einbauanleitungen nicht besonders verbraucherfreundlich sind.

▼ Die Zeichnung zeigt das Startersystem eines mittleren Mercury. Sieht man jedoch von den Kabelfarben ab, so läßt sich das analog auf die meisten anderen Außenborder mit Elektrostarter übertragen. Die Hauptteile sind beschriftet, die Ziffern 1-7 zeigen auf die Kontaktpunkte, an denen man das Startersystem überprüfen kann. Der Strom kommt von der Batterie über den Pluspol zur Klemme 1 und fließt gleichzeitig über die Sicherung zum Zündschloß Klemme 2. Mit dem Zündschlüssel wird der Betriebsstrom eingeschaltet oder je nach Art des Zündschlosses direkt gestartet. In der Zeichnung ist ein eigener Startknopf dargestellt, der beim Starten den Stromkreis (3/4) zur Steuerspule des Starterrelais schließt. Das Starterrelais verbindet Klemme 1 mit Klemme 5, und damit wird der Weg frei für den Anlasserstrom zu Klemme 6, der dann den Motor dreht, so daß das Ritzel in die Schwungscheibe einspuren kann (siehe auch Foto rechts). Klemme 7 ist der Masseanschluß der Steuerspule.

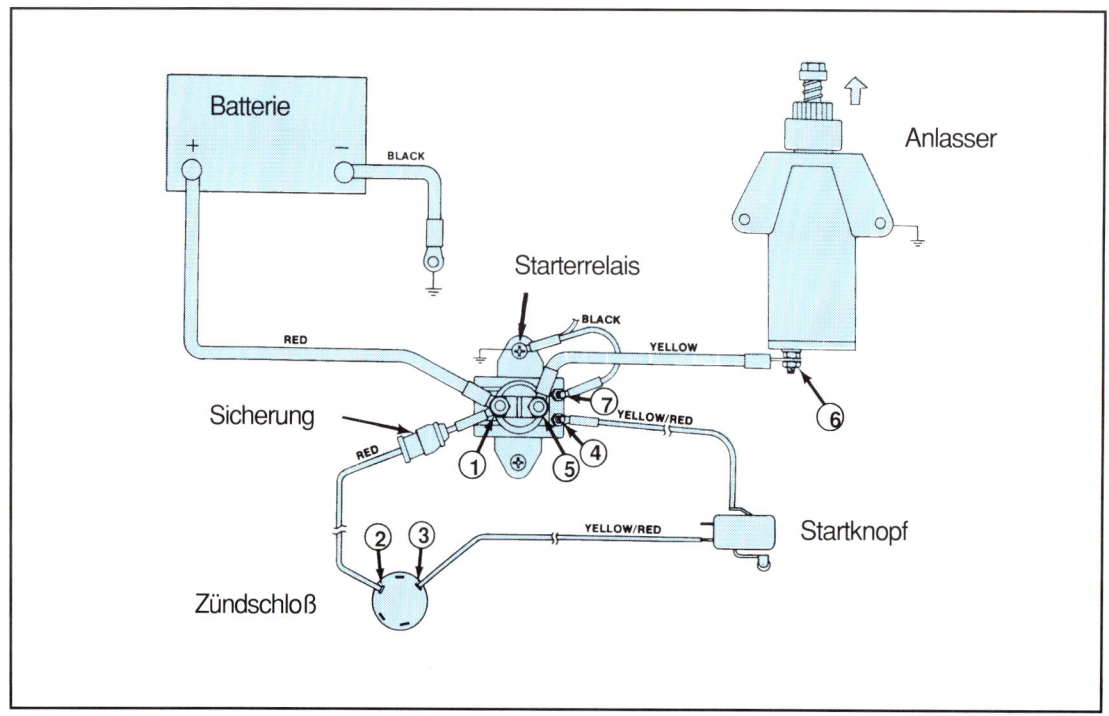

Einspuren des Starterritzels ▶
in die Schwungscheibe. Wenn
der Startermotor Strom bekommt,
fängt er an zu drehen und durch die
Rotation wird das Starterritzel nach
oben "geschleudert", spurt in den
Zahnkranz der Schwungscheibe ein
und beginnt, den Motor zu drehen.

▼ Die Sicherung für den Betriebsstrom sitzt bei Außenbordmotoren im Motor. Zwar wird
in den Betriebsanleitungen selten auf diese Sicherung hingewiesen, sie ist aber im
Motor selbst gut untergebracht.

Links: Schaltkasten eines Yamaha, in dem gleichzeitig die Sicherung und eine
Reservesicherung untergebracht sind.

Mitte: Die meisten Sicherungsgehäuse gehen durch Drücken und Drehen auf. Darin befindet
sich eine Glas-Schmelzsicherung.

Rechts: Hier ist das Problem Sicherung nicht ganz so gut gelöst. Aber solange der Tape-
streifen am Verbindungskabel klebt, ist sie für jeden, der die Haube abnimmt, sichtbar.

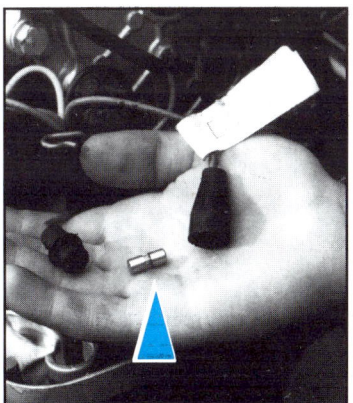

Gesamtelektrik eines mittleren Außenborders

Hier ist die Starterelektrik zusammen mit der Zünd-Elektrik, dem Generator und Gleichrichter im Zusammenhang gezeigt. Das Schema stammt von einem mittleren Mercury. Sieht man jedoch von den Kabelfarben ab, läßt sich das prinzipiell auch auf andere Fabrikate übertragen. Die linke Seite zeigt die Startelektrik mit Batterie, Starterrelais und Startermotor. Das Starterrelais wird über das Zündschloß oder den Startknopf an der Fernschaltung oder am Armaturenbrett gesteuert. Links neben dem Startermotor sehen Sie das Chokerelais, das ist nichts anderes als der elektrisch ....

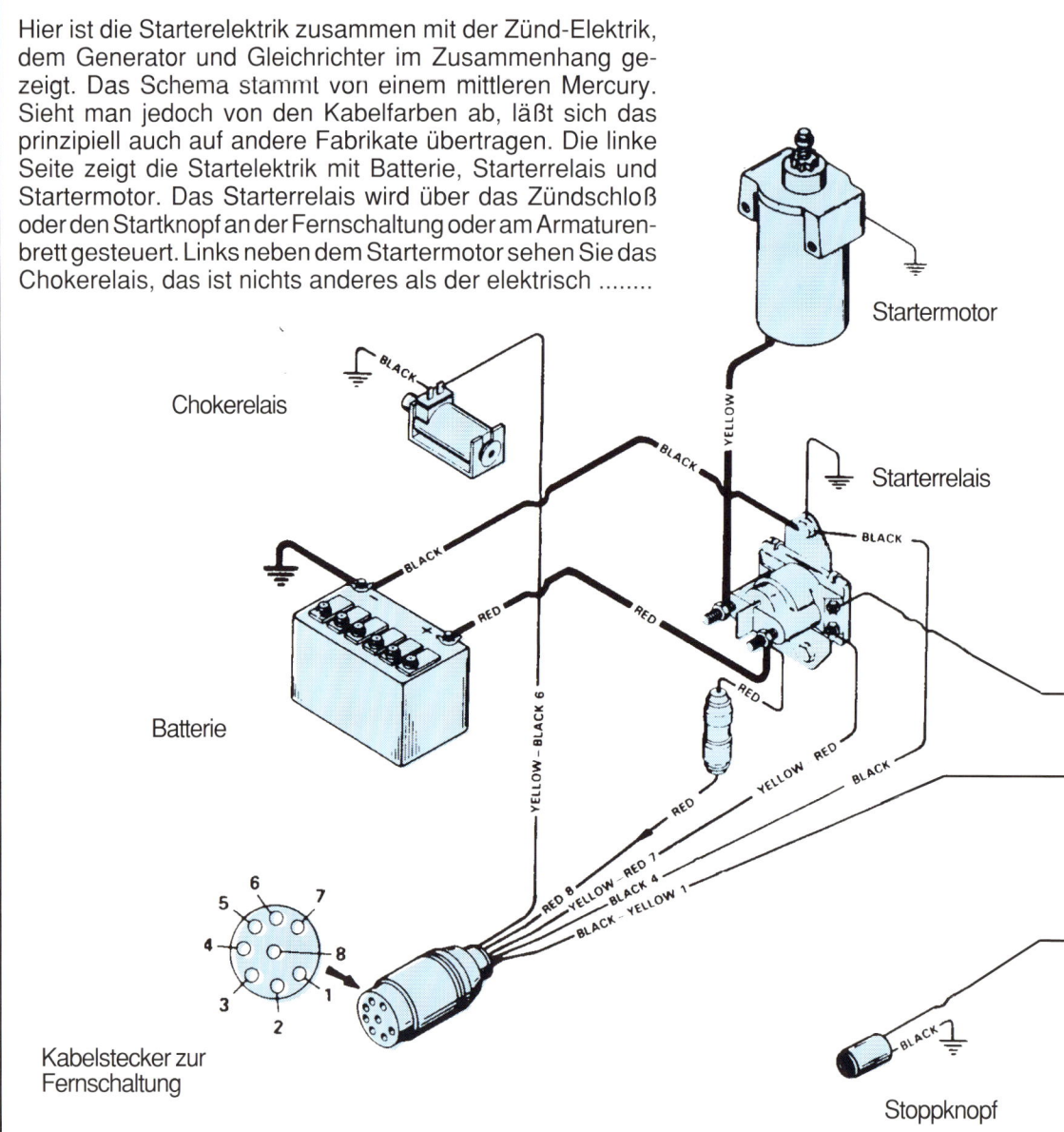

Startermotor

Chokerelais

Starterrelais

Batterie

Kabelstecker zur Fernschaltung

Stoppknopf

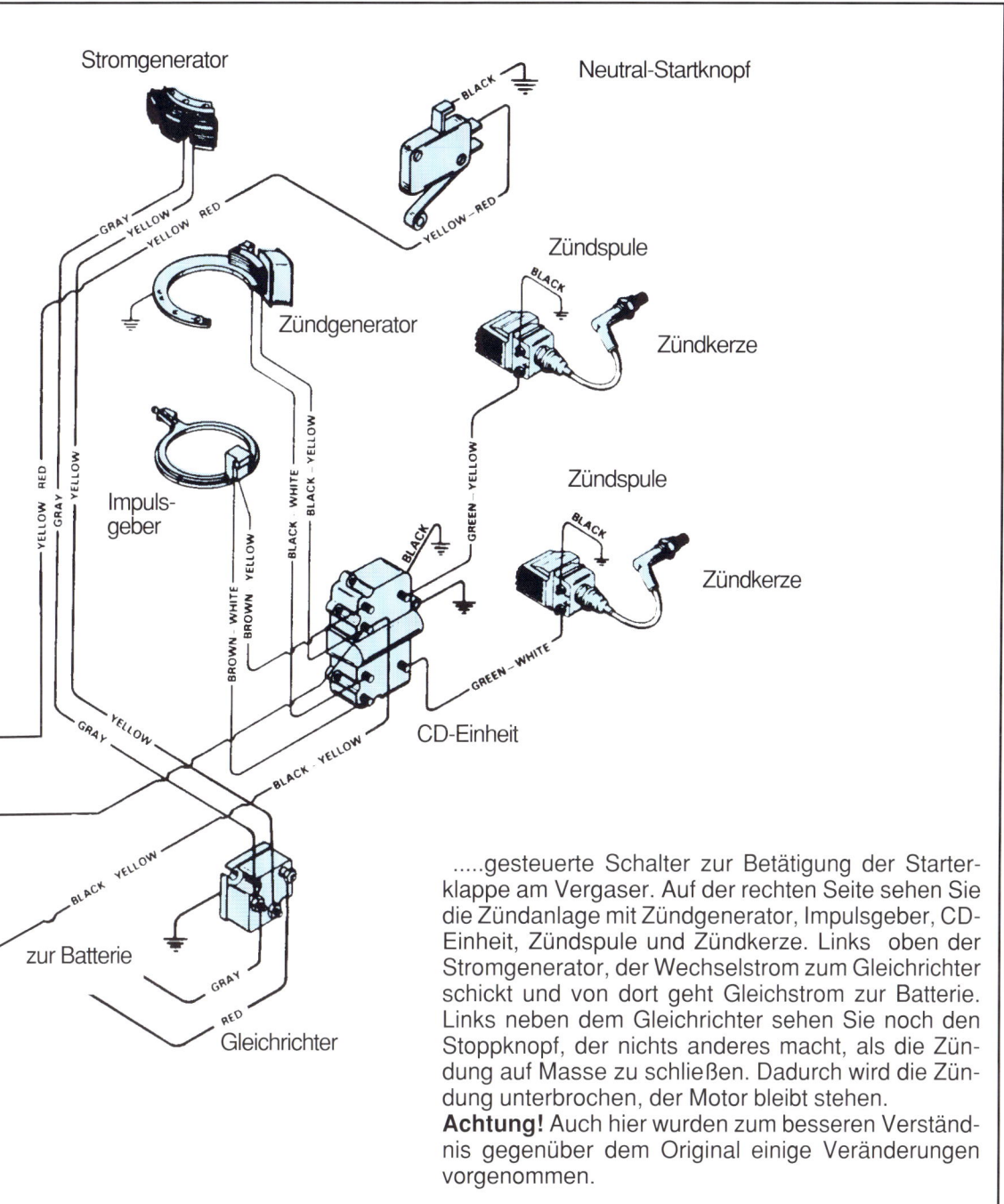

Stromgenerator

Neutral-Startknopf

Zündspule

Zündkerze

Zündgenerator

Zündspule

Zündkerze

Impuls-
geber

CD-Einheit

zur Batterie

Gleichrichter

.....gesteuerte Schalter zur Betätigung der Starter-klappe am Vergaser. Auf der rechten Seite sehen Sie die Zündanlage mit Zündgenerator, Impulsgeber, CD-Einheit, Zündspule und Zündkerze. Links oben der Stromgenerator, der Wechselstrom zum Gleichrichter schickt und von dort geht Gleichstrom zur Batterie. Links neben dem Gleichrichter sehen Sie noch den Stoppknopf, der nichts anderes macht, als die Zün-dung auf Masse zu schließen. Dadurch wird die Zün-dung unterbrochen, der Motor bleibt stehen.

Achtung! Auch hier wurden zum besseren Verständ-nis gegenüber dem Original einige Veränderungen vorgenommen.

Stromversorgung

Einen Blick auf die E-Bilanz je nach Einsatzart und Ausrüstung des Bootes sollte jeder Eigner eines Außenborders riskieren, spätestens dann, wenn er nachts fahren will. Zwingende Vorschriften für Elektroanlagen an Bord gibt es nicht. Relevant ist nur, wer nachts fahren will, muß sein Boot entsprechend beleuchten. Das heißt, sehr viel Strom nicht nur aus einer Lichtspule direkt zu irgendwelchen Lämpchen, sondern von einer ausreichend starken Batterie zu zugelassenen Positionslampen schicken, die je nach Art 10 - 25 W aufnehmen. Die Mindestkapazität dieser Batterie kann man sehr leicht errechnen, wenn man sich an die Empfehlungen der zuständigen Institutionen (GL, DSV, MDYV) hält und mit einer Einschaltzeit von 6 - 8 Stunden rechnet. Dazu kommen Verbraucher wie Instrumentenbeleuchtung, Echolot, Radio, eine Reserve zum Starten des Motors (bei elektrischen Anlassern) sowie Komfortstrom, sofern Komfortverbraucher an Bord sind. Wie man so eine Energiebilanz aufstellt, sehen Sie in der Grafik rechts.

Auf Booten mit Außenborder gibt es 3 Gruppen unterschiedlicher Elektrik.

● Das Boot hat einen kleinen Außenborder ohne eigene Stromquelle. Will der Eigner trotzdem nachts fahren, muß er an Bord eine Batterie installieren und das Bordnetz unabhängig vom Motor aufbauen.

● Der Außenborder hat eine kleine Lichtspule, die ausreicht, um die Beleuchtung mit Strom zu versorgen. Eigentlich benötigt man bei einem solchen Motor keine Batterie, sofern er keinen elektrischen Anlasser hat. Trotzdem sollte man eine Batterie einbauen, denn bei niedrigen Drehzahlen versorgt die Lichtspule die Lampen nur unzureichend, und außerdem steht weder im Hafen noch vor Anker Strom zur Verfügung.

● Motor mit E-Anlasser und Generator. Hier muß schon aus technischen Gründen eine Batterie an Bord sein.

▶ Die drei rechts dargestellten Boote haben unterschiedliche Stromquellen. Darunter sind die für Küstengewässer vorgeschriebenen Positionslaternen eingezeichnet und die jeweilige Leistung dazugeschrieben. In der darunter stehenden Tabelle ist eine E-Bilanz aufgestellt. Sie ist auf die sogenannten betriebswichtigen Verbraucher bezogen, aus deren Stromaufnahme die Batteriekapazität errechnet wird. Schließlich muß die gesamte Strommenge noch mit dem Entlade- bzw. Sicherheitsfaktor multipliziert werden, und so ergibt sich eine Batterie-Nennkapazität, die der Mindestkapazität der Batterie entsprechen sollte.

Boot 1:

Hier würde das bedeuten, daß nach einer Nacht die Batterie total leer ist und sofort nachgeladen werden müßte, da eine Batterie bei Tiefentladung sehr schnell ihr Leben aufgibt. Man sollte die Kapazität verdreifachen, d. h. mit 30 - 40 Ah wäre die Batterie gerade richtig bemessen. Außerdem sollte man in diesem Fall keine normale Starterbatterie, sondern eine Batterie für Langzeitentladung verwenden.

Boot 2 und Boot 3:

Diese beiden Bootsgruppen haben rechnerisch eine Mindestkapazität, wie sie auch von den meisten Außenborder-Herstellern für Motoren mit E-Anlasser empfohlen werden. Man kann bei reinem Wochenendbetrieb, wenn das Boot auf dem Trailer steht und die Batterie ohne Schwierigkeiten nachgeladen werden kann, die untere Grenze mit etwa 60 Ah und bei Booten, die längere Zeit im Wasser liegen und deren Batterien nicht so leicht nachgeladen werden können, mit 85 Ah ansetzen.

Sobald aber die Anzahl der Komfortverbraucher steigt, werden andere Maßnahmen notwendig.

E-Bilanz

Boot 1	Boot 2	Boot 3
Motor ohne Stromquelle	Motor mit Lichtspule	Motor mit Generator

bis 7 m Länge
bis 7 Knoten   bis 12 m Länge ⟨ oder ⟩ bis 12 m Länge

Verbraucherliste

Verbraucher	Leistung (Verbrauch) Watt W	:	Bord-Spannung Volt V	=	Strom-Aufnahme Ampere A	x	Einschalt-Zeit Std. h	=	Kapazitäts-Bedarf Ampere-Std. Ah
Topplicht	25	:	12	=	2,1	x	7	=	14,7
Doppelfarblaterne	25	:	12	=	2,1	x	7	=	14,7
Hecklicht	10	:	12	=	0,8	x	7	=	5,6
2 Seitenlaternen	2x25	:	12	=	4,2	x	7	=	29,4
Ankerlat.bzw.Runduml.	10	:	12	=	0,8	x	7	=	5,6

Kapazitätsbedarf

Boot 1	5,6 Ah
Boot 2	35,0 Ah
Boot 3	50,0 Ah

Kapazitätsbedarf	x	Entlade-bzw. Sicherheitsfaktor	=	Batterie-Nennkapazität
Boot 1 = 5,6 Ah	x	1,7	=	10 Ah
Boot 2 = 35 Ah	x	1,7	=	60 Ah
Boot 3 = 50 Ah	x	1,7	=	85 Ah

Boot 1

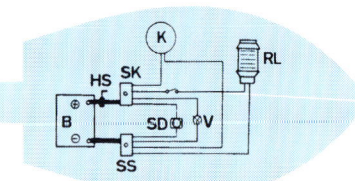

Boot 2

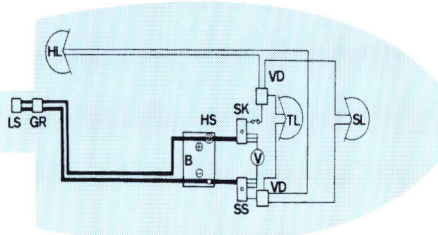

Boot 3

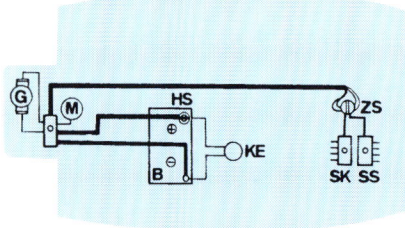

Es bedeuten:

B	= Batterie	HL	= Hecklicht
HS	= Hauptschalter	TL	= Topplicht
SK	= Sicherungen	KE	= Komfortelektrik
SS	= Sammelschiene	LS	= Lichtspule
SD	= Steckdose	GR	= Gleichrichter
V	= Verbraucher	VD	= Verteilerdose
K	= Kompaß	ZS	= Zündschloß
RL	= Rundumlicht	G	= Generator
SL	= Seitenlichter	M	= Anlasser

Man kann von der Elektroanlage her die Boote mit Außenborder in drei Kategorien einteilen. Sie werden durch diese drei Boote symbolisiert.

Boot 1:
Motor ohne Stromerzeuger, Batterie mit Verteilung für 4 Stromkreise. Das ist nur erforderlich, wenn das Boot auch für Nachtfahrt genutzt werden soll und gleichzeitig noch Komfortstrom für Beleuchtung und das eine oder andere Gerät wie Radio benötigt wird. Wiederaufladen wäre nur über Landanschluß möglich.

Boot 2:
Motor mit Lichtspule. Die Ladeleitung führt vom Motor auf die Batterie. Einige Außenborder-Firmen integrieren die Ladeleitung in das Fernsteuerkabel, so daß die Batterie den Ladestrom über die Anschlußklemmen der Fernschaltung bekommt. Die Lichtspulen bis 80 W bei 12 V bringen nicht viel, so daß man bei ausgedehnter Nachtfahrt gerade die Positionslampen in Gang halten kann. In den meisten Fällen wird auch hier ein Nachladen der Batterie durch Landanschluß erforderlich sein.

Boot 3:
Motor mit Generator. Die Ladeleitung ist auch hier direkt zur Batterie gezeichnet. Wenn der Generator die Leistung von 10 % der Batteriekapazität erreicht, kann man von einer ausreichenden Stromversorgung für Boote sprechen, die auch Komfortstrom abnehmen (z. B. Kühlschrank usw.). Auch hier ist aber ein Landanschluß vernünftig, da die Fahrzeit unter Motor nicht ausreichend Strom bringt, um lange Abende mit Strom aufzuwiegen. Man sollte sogar über eine zweite Batterie und Netztrennung nachdenken, wenn der Komfortstrombedarf 100 W übersteigt (außer Positionslampen).

Batterie

Die Darstellungen und Ratschläge dieses Kapitels beziehen sich auf Bleibatterien mit offenen Zellen, wie sie von der Mehrzahl der Skipper immer noch gefahren werden. Wenn Sie eine Batterie mit gebundenem Elektrolyt haben und die Zellen geschlossen sind, erübrigt sich alles, was in Bezug auf Wasserkontrolle und -nachfüllen gesagt wird. Auf Spannung und sauber gehalten werden müssen alle Batterien. Die Batterie bei Außenbordern mit E-Starter hat eine wichtige Aufgabe: Sie muß fit sein, wenn der Motor gestartet werden soll. Nur dann ist die Batterie ein Garant dafür, daß der Motor sicher und schnell anspringt. Bei Motoren bis ca. 40 kW hat man zwar als Alternative den Handstarter und bei größeren Motoren eine Notstartmöglichkeit. Doch das ist mit sehr viel Umstand verbunden, so daß es sich allemal lohnt, ein bißchen über den Stromhaushalt des Bootes nachzudenken. Die Batterie kann nur in einwandfreiem Zustand sein, wenn sie immer voll geladen wird, die Kabel zu den Aggregaten feste Verbindungen haben und nichts vergammelt (zu hohe Übergangswiderstände).

Weitere Voraussetzungen sind:

Die Batterie für den E-Starter soll vom Typ her eine Starterbatterie sein, d. h. sie muß in der Lage sein, kurzzeitig starke Ströme abzugeben, um möglichst viel Kraft für den Startvorgang zu haben. Dadurch unterscheidet sie sich von der Batterie für den normalen Komfortstrom, etwa für Beleuchtung und andere Verbraucher, die

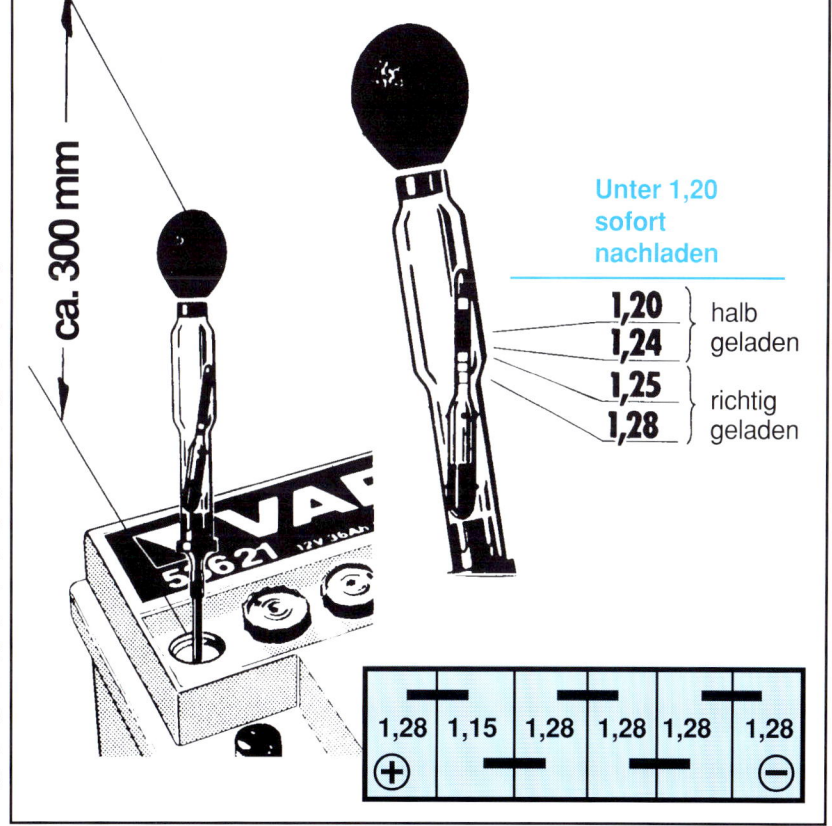

Die Messung der Säuredichte ist der zuverlässigste Indikator für den Zustand der Batterie. Weicht die Säuredichte in nebeneinander liegenden Zellen wesentlich voneinander ab, ist die Batterie defekt (Kurzschluß/Leckage zwischen den Zellen). Die Batterie muß erneuert werden. Zum Messen der Säuredichte braucht man mindestens 300 mm Platz über der Batterie.

ca. 300 mm

Unter 1,20
sofort
nachladen

1,20 | halb
1,24 | geladen

1,25 | richtig
1,28 | geladen

| $\oplus$ | 1,28 | 1,15 | 1,28 | 1,28 | 1,28 | 1,28 | $\ominus$ |

über längere Zeit schwache Ströme entnehmen. Die unterschiedliche Eigenart kann allerdings nur durch Netztrennung gesichert werden. Das wiederum ist nur ab einem bestimmten Komfort zu haben.

Die Starterbatterie soll gleichzeitig nicht überdimensioniert sein, da sonst der Anlasser zuviel Strom bekommt. Die richtige Größe der Starterbatterie (vom Hersteller genannt) wirkt in diesem Fall gleichzeitig als Dosierer, da der Motor des Anlassers versucht, soviel Strom zu schlucken, wie ihm die Batterie zur Verfügung stellt.

Im Klartext heißt das: Wenn die Zahl der Verbraucher so groß wird, daß ein Starten des Motors nach 8 Stunden nicht mehr gewährleistet ist, sollte man die Netze trennen und die Komfortverbraucher auf eine zweite Batterie, die Bordbatterie, hängen. D. h. die ganze Elektrik wird in Bord- und Motornetz getrennt. Zum Motornetz gehört dann wirklich nur der Motor mit seiner Überwachung. Elektrische Lenz pumpen sollten z.B. an die Batterie des Bordnetzes geklemmt werden. Leider gibt es immer noch Firmen, die nicht davor zurückschrecken (aus Kostengründen), parallel geschaltete Batterien mit Gesamtelektrik zu empfehlen. Wenn Sie Besitzer eines Bootes mit nicht getrenntem Netz sind, das gleichzeitig automatisch schaltende Verbraucher wie Kühlschrank, Heizung, Klimaanlage usw. an Bord hat, sollten Sie schnellstens über eine Sanierung der Elektrik nachdenken, um Ihr Schiff sicherer zu machen.

►   **Man kann den Zustand der Batterie im täglichen Betrieb ganz gut mit einem Voltmeter beurteilen. Im Prinzip am besten, wenn nach einer Ruhepause das Netz eingeschaltet wird (Ruhespannung). Wenn man Schlüsse aus der Ruhespannung ziehen will, muß die Pause, in der die Batterie weder geladen noch entladen wurde, mindestens 1/2 bis 1 Stunde betragen. Sie brauchen nicht zu erschrecken, wenn Sie beim Starten sehen, daß das Voltmeter unter 10 V rutscht. Das bedeutet nur, daß der Anlasser sehr viel Strom zieht. Sobald Sie den Startvorgang beenden, klettert der Zeiger des Voltmeters sehr schnell wieder auf 12 V und darüber.**

Nenngrößen der Batterie:

Die Nennspannung ist die Spannung, für die die Batterie gebaut ist. Üblich sind auf Booten 12 Volt.

Die Kapazität ist die Strommenge, die in der geladenen Batterie zur Verfügung steht. Sie bezieht sich auf 20-stündige Entladung, d. h. wenn man der hier gezeigten Batterie 2,2 A entnehmen würde, dann würde sie nach 20 Stunden eine Entladeschlußspannung von 10,5 V erreichen. Eine weitere Entladung würde die Batterie bleibend schädigen.

Der Kälteprüfstrom sagt aus, daß die hier gezeigte Batterie 150 Sekunden mit 210 A bei -18 ° belastet werden kann, bis die Zellenspannung auf 1V gefallen ist.

▶ **Man kann eine Batterie auch optisch prüfen. Das bedarf allerdings einer gewissen Erfahrung für das Aussehen der Platten. Diese Erfahrung kann man sich nur holen, wenn man öfter in die Zellen hineinschaut.**

Optische Prüfung der Batterie

Deckel abschrauben und mit Taschenlampe auf die Platten leuchten.

Platten hell/dunkel	**- geladen**
Platten alle gleich	**- leer**
Platten alle hellgrau	**- sulfatiert**
Platten ausgefressen	**- altersschwach**

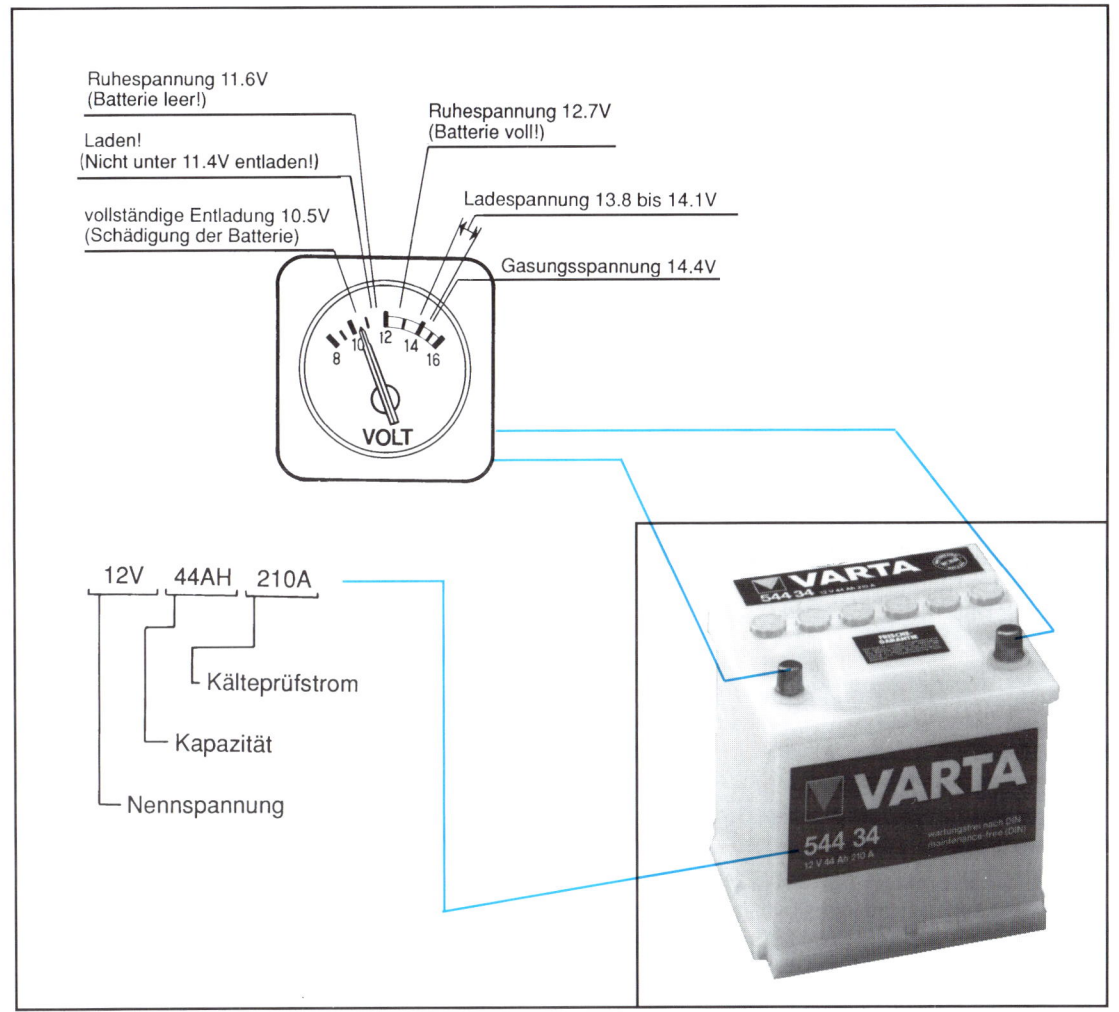

Ruhespannung 11.6V
(Batterie leer!)

Laden!
(Nicht unter 11.4V entladen!)

vollständige Entladung 10.5V
(Schädigung der Batterie)

Ruhespannung 12.7V
(Batterie voll!)

Ladespannung 13.8 bis 14.1V

Gasungsspannung 14.4V

VOLT

12V   44AH   210A

Kälteprüfstrom

Kapazität

Nennspannung

Fehlersuche an der Batterie

Störungen	Ursache	Abhilfe
Säurestand zu niedrig	Überladung Verdunstung	Destilliertes Wasser (bei geladener Batterie) nachfüllen
Säure tritt aus den Verschluß- stopfen aus	Ladespannung zu hoch (Überladung)	Spannungsregler (und Generator) prüfen lassen
	Säurestand zu hoch (Wartungsfehler)	Überschüssige Säure mit Säureprüfer absaugen
Säuredichte zu niedrig (Batterie leer)	Batterie entladen	Batterie laden
	Generator nicht in Ordnung	Generator prüfen lassen
	Kurzschluß im Leitungsnetz	Elektrische Anlage überprüfen
	Säure verwässert	Säureausgleich durchführen lassen (Wartungsfehler)
Batterie ständig zu wenig geladen	Fehler am Generator , Spannungsregler oder Leitungsanschlüssen?	Generator bzw. Regler reparieren/tauschen! Leitungen überprüfen, einwandfrei befestigen! (zu hohe Übergangswiderstände)
	Zu viele Verbraucher?	Batterie-Kapazität prüfen
Säuredichte zu hoch	Säure nachgefüllt?	Säureausgleich durchführen lassen (Wartungsfehler)
Abgegebene Leistung ist zu gering (Spannung fällt stark ab)	Batterie entladen	Batterie nachladen
	Ladespannung zu niedrig	Spannungsregler prüfen und austauschen lassen
	Anschlußklemmen lose oder oxidiert	Anschlußklemmen reinigen und besonders Unterseite mit Polfett leicht einfetten; Anschlußschrauben fest anziehen
	Zu viele Verbraucher?	Batterie-Kapazität prüfen
	Zu starke Selbst- entladung der Batterie	Verunreinigungen der Batteriesäure, Batterieaustauschen
	u.U. Batterie "sulfatiert" (grauweißer Belag auf allen Platten)	Batterie mit kleinem Strom laden, damit sich der Belag langsam zurückbildet Falls nach wiederholter Ladung und Entladung abge- gebene Leistung immer noch zu gering, Batterie austauschen.
	Batterie alters- schwach	Aktive Masse der Platten ausgefallen. Platten sehen angefressen aus. Batterie austauschen.
	Säurespiegel unter Oberkante der Platten	Destilliertes Wasser nachfüllen

Komfortstrom

Der folgende Abschnitt ist nur für jene gedacht, die ihr Kajütboot mit Außenbordern antreiben oder auf ihrem Sportmotorboot viel elektrischen Komfort fahren.

Als Komfortstrom bezeichnet man den Strom für alles, was nicht unter den Sammelbegriff "betriebswichtige Verbraucher" fällt. Das sind in den gedanklichen Grenzen der Küstenfahrt alle Geräte außer Positionslampen, Anlasser, Navigations- und Funkgeräte. Alles andere ist in diesem Sinne Komfort. Besonders beachten muß man automatisch schaltende Verbraucher wie Kühlschrank, Heizung und Klimaanlagen. Der Kühlschrank z. B. hat im Sommer eine Einschaltzeit von 12 Stunden (auch am Ankerplatz, wenn der Motor nicht läuft). Der Mehraufwand für die Netztrennung ist minimal, und da sich die Lebensdauer der Batterie enorm erhöht, gleicht sich dieser Mehraufwand durch Einsparungen mit den Batterien wieder aus.

▼ **Wenn der Strombedarf steigt und die Batterie direkt an der Ladeleitung des Generators hängt, lohnt es sich, direkt an die Batterie einen Hauptschalter anzubauen (linke Skizze). Stellt man fest, daß der Strombedarf so weit gestiegen ist (was durch Neuanschaffung von zusätzlichen Komfort-Stromverbrauchern durchaus realistisch ist), daß die Kapazität der Batterie nicht mehr reicht, ist es besser, eine Netztrennung anzustreben als die zweite Batterie parallel zu schalten, so daß man eine Starterbatterie und eine Komfortstrom-Batterie zur Verfügung hat.**

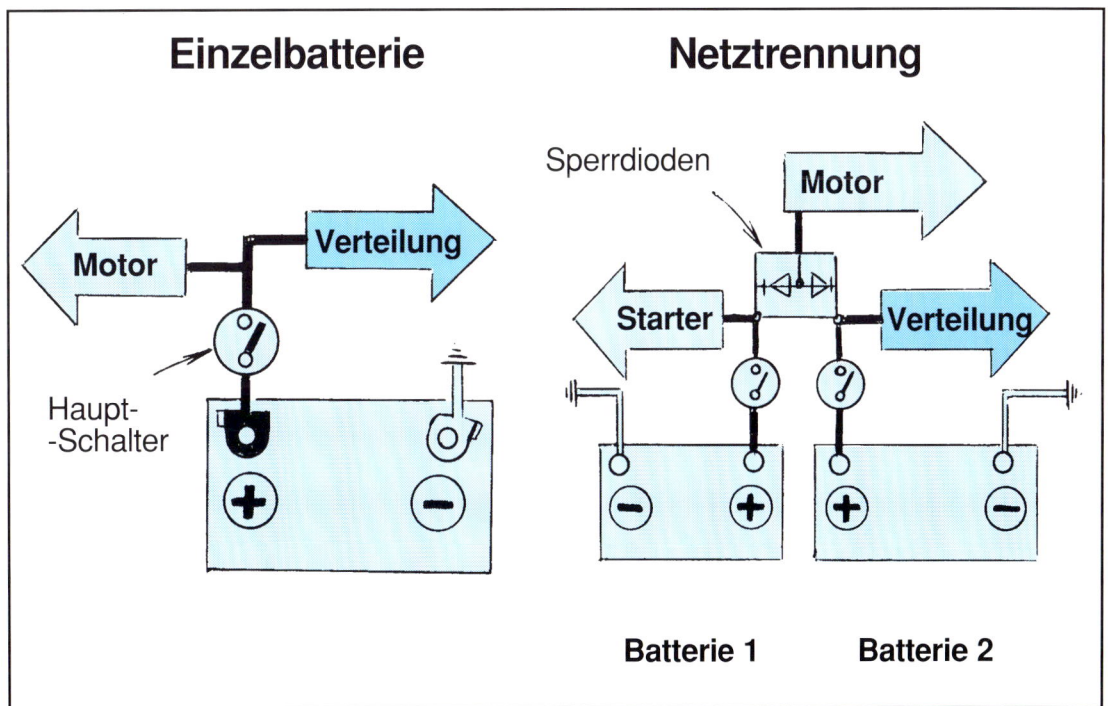

Einzelbatterie

Motor

Verteilung

Haupt--Schalter

Netztrennung

Sperrdioden

Motor

Starter

Verteilung

Batterie 1   **Batterie 2**

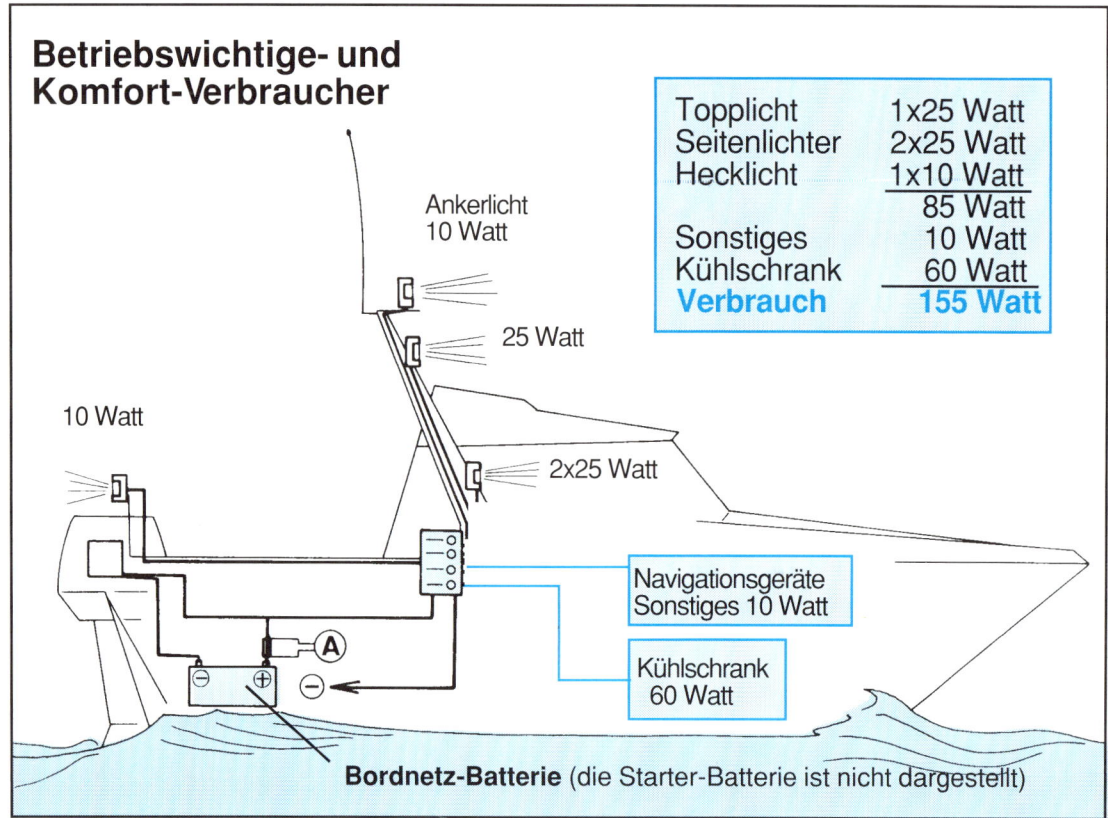

Betriebswichtige- und Komfort-Verbraucher

Topplicht	1x25 Watt
Seitenlichter	2x25 Watt
Hecklicht	1x10 Watt
	85 Watt
Sonstiges	10 Watt
Kühlschrank	60 Watt
Verbrauch	**155 Watt**

Ankerlicht
10 Watt

25 Watt

10 Watt

2x25 Watt

Navigationsgeräte
Sonstiges 10 Watt

Kühlschrank
60 Watt

Bordnetz-Batterie (die Starter-Batterie ist nicht dargestellt)

Seit der Außenbordmotor zuverlässiger geworden ist, wird er immer häufiger an Sportkreuzer und kleine Kajütboote gehängt, auf denen man auch den elektrischen Komfort voll nutzen will. Das erfordert Netztrennung mit eigener Batterie für das Bordnetz. Die Skizze zeigt einen Überblick über die für Nachtfahrt notwendigen Verbraucher und den beliebtesten Stromschlucker, den Kühlschrank. Allein daraus läßt sich ein ziemlicher Strombedarf errechnen, wenn man eine Stromreserve für die Positionslampen und den Kühlschrank von 8 Stunden zugrunde legt (siehe E-Bilanz auf Seite 101).

Verteilung für das Bordnetz. Wenn man sich entschließt, eine getrennte Verteilung für das Bordnetz einzurichten, und das sollte man tun, wenn man eine sichere und komfortable Elektrik haben will. Die hier gezeigte Verteilung stellt die Mindeststromkreise dar. Ob man die Navigationsgeräte wie Echolot und Speedometer vorerst auf der Motorelektrik für die Instrumentierung hängen läßt, bleibt jedem Eigner selbst überlassen. Zu raten wäre jedoch, auch die Navigationsgeräte von der Motorelektrik zu trennen und mit auf das Komfortnetz zu legen. Sie sehen hier aber schon, daß eine Erweiterung für Kühlschrank, Radio und sonstige Geräte erforderlich wäre, wenn der Komfort steigt.

Wenn Sie eine Verteilung für das Bordnetz montieren, sollten Sie gleich einen Blinddeckel für eine Erweiterung vorsehen. Wählen Sie eine Verteilung mit Sicherungsautomaten und Dioden. Bevor Sie die Verteilung kaufen, sollten Sie sich von einem Bootselektriker beraten lassen und die nächste Seite über Landanschluß lesen.

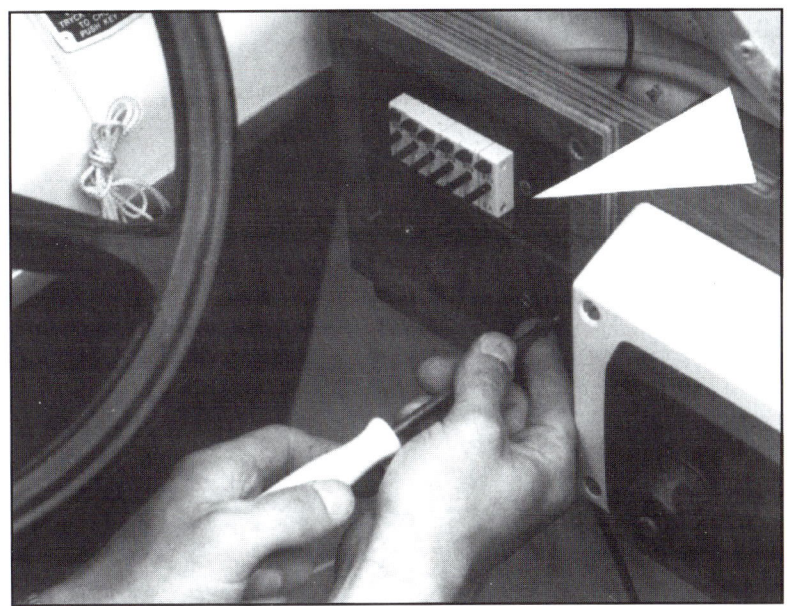

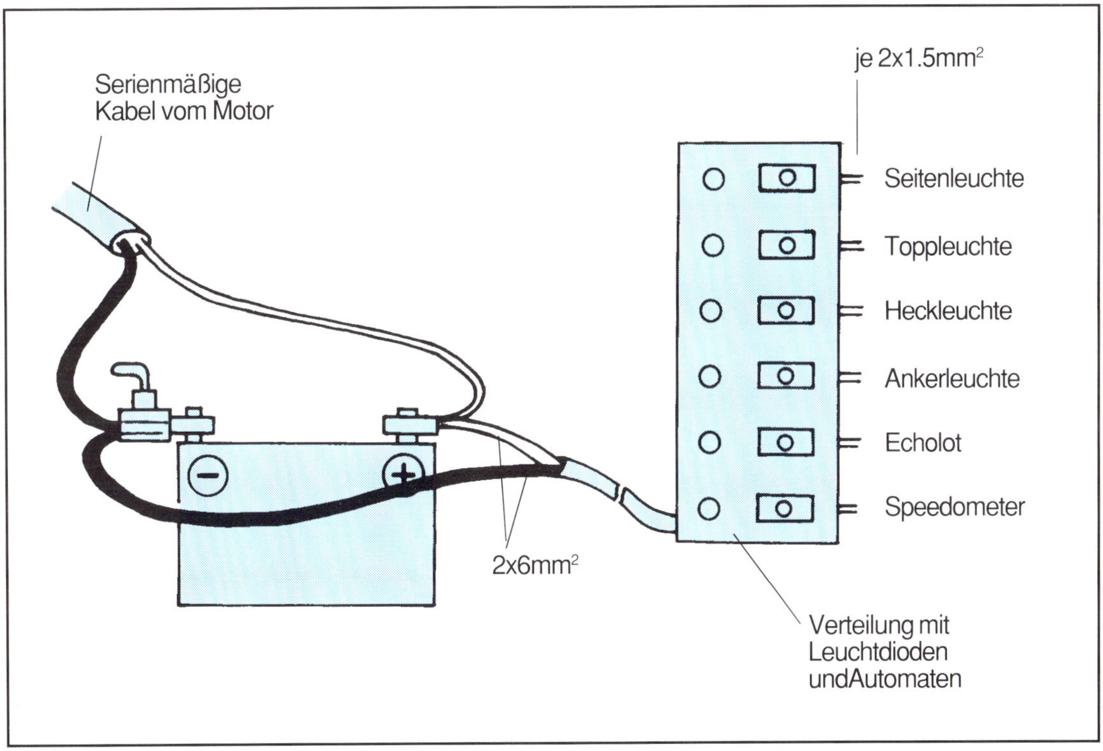

Serienmäßige
Kabel vom Motor

je 2x1.5mm^2

Seitenleuchte

Toppleuchte

Heckleuchte

Ankerleuchte

Echolot

Speedometer

2x6mm^2

Verteilung mit
Leuchtdioden
undAutomaten

Landanschluß

Laden ist das eigentliche Problem in der Begrenzung des elektrischen Komforts an Bord. Technisch gibt es natürlich keinerlei Grenzen. Es ist alles mehr eine Frage des vernünftigen Kompromisses und der Ausstattung des "Dauerhafens" und der Zielreviere.

Auch die vernünftig dimensionierten Drehstromgeneratoren sind nur eine Teillösung. Wenn man sich überlegt, daß ein Kühlschrank mit 60 W (12 V, 5 A) an einem warmen Sommertag eine Einschaltzeit von 12 Stunden hat, verbraucht er 5A x 12 A/h, d. h. der Bordgenerator muß, Wirkungsgrad eingeschlossen, etwa 2 Stunden laufen, um den verbrauchten Strom nachzuladen. An diesem Beispiel ist ersichtlich, wie problematisch Komfort und Laden sind. Es ist keine große Rechenkunst, um zu sehen, wie schnell die Batterien runter sind und mit der gefürchteten Tiefentladung ihr halbes Leben einbüßen. Die Ergänzung ist die Steckdose an Land, und das erfordert einen vernünftigen

Landanschluß mit FI-Schalter für Personenschutz, einem soliden Zuführungskabel und einem Ladegerät für Normalladung, das etwa einen Ladestrom von 12 - 15 % der Batteriekapazität hat. Wie weit die Überwachung und Automatisierung geht, ist mehr eine Frage des Geldbeutels und der Einsicht des Eigners. Im Prinzip aber kommt nur eine Abwandlung der W-Kennlinie in Frage, die den Ladestrom bei Vollwerden der Batterie so weit begrenzt, daß nur noch ein Erhaltungsstrom fließt. Diese heute als vernünftig erachtete Kennlinienform hat die Bezeichnung WA, WAE und WU.

Wem die Steckdose am Steg nicht regelmäßig zur Verfügung steht, muß entweder auf Elektrokomfort verzichten, viel motoren oder ein Stromaggregat anschaffen, da sowohl Solarzellen als auch Windräder nur eine Ergänzung, beziehungsweise als Quelle zur Ladungserhaltung betrachtet werden können.

▼ **Hier sehen Sie wie ein Landanschluß mit Ladegerät aufgebaut sein muß.**

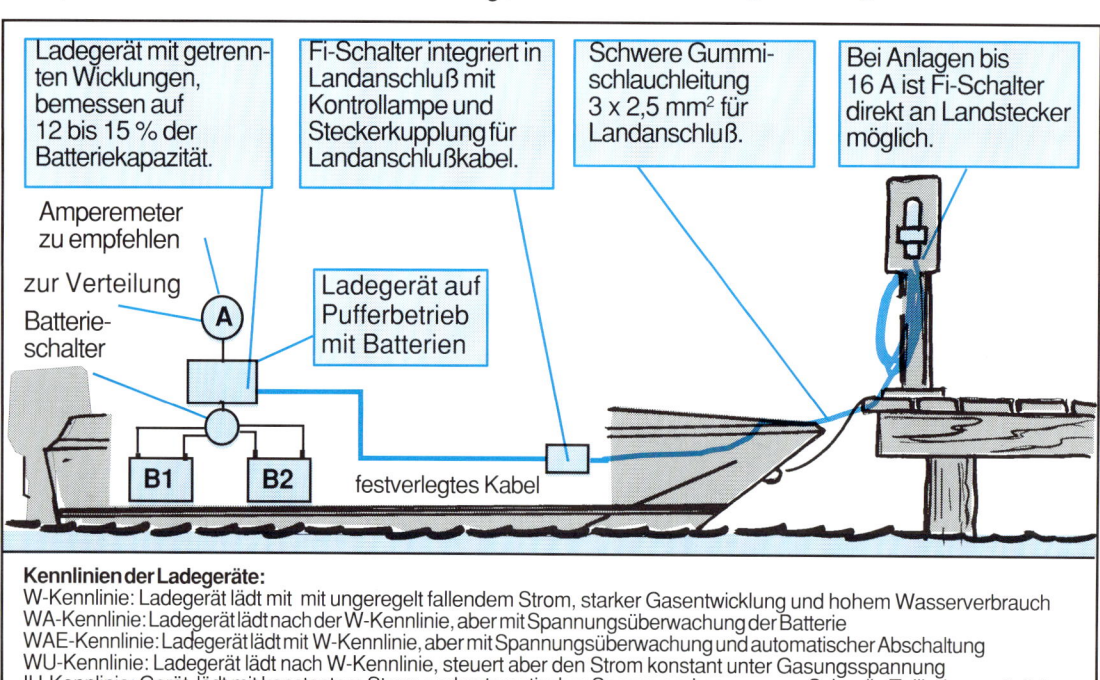

Kennlinien der Ladegeräte:
W-Kennlinie: Ladegerät lädt mit mit ungeregelt fallendem Strom, starker Gasentwicklung und hohem Wasserverbrauch
WA-Kennlinie: Ladegerät lädt nach der W-Kennlinie, aber mit Spannungsüberwachung der Batterie
WAE-Kennlinie: Ladegerät lädt mit W-Kennlinie, aber mit Spannungsüberwachung und automatischer Abschaltung
WU-Kennlinie: Ladegerät lädt nach W-Kennlinie, steuert aber den Strom konstant unter Gasungsspannung
IU-Kennlinie: Gerät lädt mit konstantem Strom und automatischer Spannungsbegrenzung. Schnelle Teilladung möglich

Motorüberwachung

Motorüberwachung bedeutet Sicherheit, solange die Überwachung in vernünftigen Grenzen bleibt und nicht selbst zum Risiko wird.

Kleine Außenborder sind nur durch den Kühlwasser-Kontrollstrahl überwacht. Mittlere und große Motoren, die mit Radsteuerung gefahren werden, sollten zur üblichen Öl- und Kühlwasser-Kontrolle die Überwachung um den Drehzahlmesser und ein Log erweitern. Das Log ist auf den ersten Blick zwar ein Navigationsinstrument, seine Bedeutung zur Motorüberwachung im Zusammenhang mit dem Drehzahlmesser aber groß.

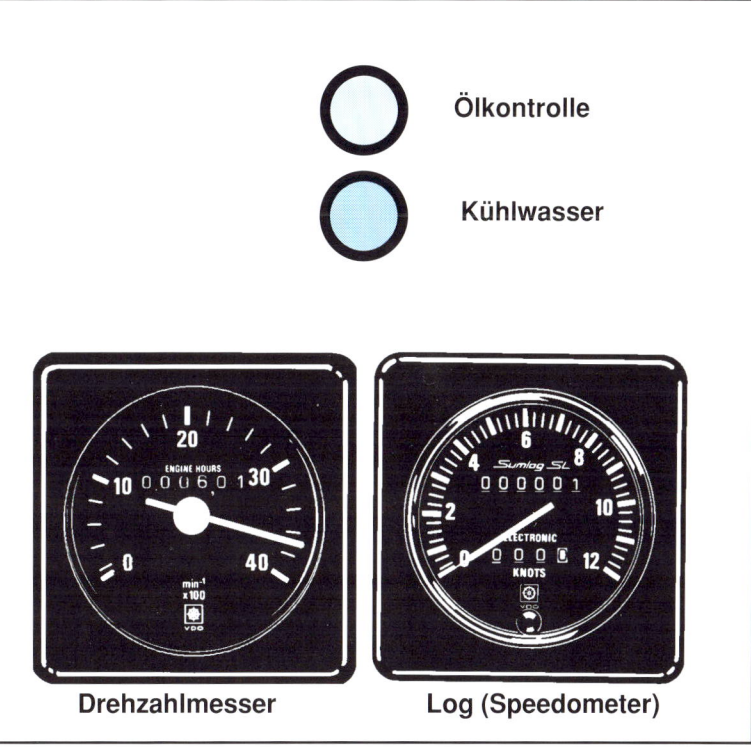

Ölkontrolle

Kühlwasser

Drehzahlmesser   Log (Speedometer)

Kontrolle des Motors

Der kleine Außenborder, der fast ausschließlich mit Pinne gefahren wird, hat als ausreichende Kontrollmechanismen den Kühlwasserstrahl und den Hilfsauspuff. Kommt Wasser aus der Kontrollöffnung und dem Hilfsauspuff, ist alles okay. Ebenfalls solange der Motor rund läuft und

▼ **Kühlwasserkontrollstrahl und der Hilfsauspuff zählen bei kleinen Motoren zu den wichtigsten Indikatoren für sicheren Lauf. Tritt aus einer der beiden Öffnungen kein Wasser aus, muß der Ursache auf den Grund gegangen werden (siehe Störungssuche).**

seine Drehzahl bringt. Was jedem Motor und Skipper gut tut, ist ein Drehzahlmesser. Mag das Gehör noch so gut sein, fragt man sich irgendwann: Stimmt die Leerlaufdrehzahl, stimmt die Vollgasdrehzahl?

Als preiswerte Alternative für kleine Motoren bietet sich ein Vibrationsmesser an. Er ist zwar nicht so genau wie ein Drehzahlmesser, reicht bei kleinen Motoren aber zur Kontrolle aus.

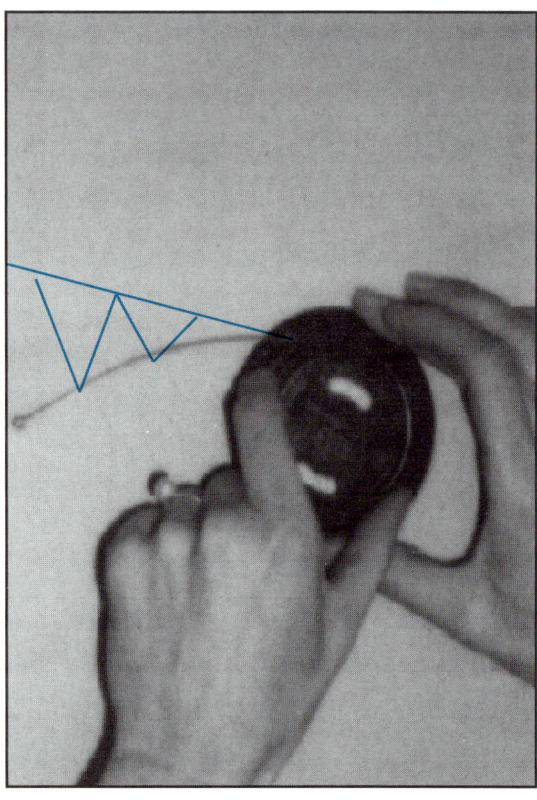

▲ **Zur Kontrolle der Drehzahl bei kleinen Außenbordern ist der Vibrationsmesser eine preiswerte Alternative zum Drehzahlmesser. Das Gerät wird auf die Motorhaube gehalten, und die Drahtlänge so weit verstellt, bis der Draht gleichmäßig zu schwingen beginnt. Dann kann die Drehzahl abgelesen werden.**

Steigt die Leistung, werden die Boote auch mit Fernschaltung und Lenkung gefahren, und dann gibt es eine bunte Palette von Überwachungs- und Komfortinstrumenten. Man braucht nur einen Blick in den Zubehör-Katalog der großen Motorenhersteller zu werfen, um zu sehen, was einem da alles fehlt. Stellt sich sofort die Frage: Muß das sein?

Die Antwort ist nur abhängig von Einsatz und Leistung zu geben. Die Grafik auf Seite 115 versucht, einen vernünftigen Umfang als Empfehlung darzustellen. Es hat natürlich keinen Sinn, über Instrumente nachzudenken, solange der Motor von der Pinne aus gefahren wird. Sobald aber eine Lenkung und Fernschaltung vorhanden ist, sollten ein Drehzahlmesser und ein Log angeschafft werden.

Sofern der Motor Warngeber für Kühlwasser hat (Überhitzungsschutz und/oder Kühlwasserdruck), kann man den Rest der Instrumente als Komfort betrachten. In der Reihenfolge der praktischen Nutzbarkeit rangiert der Betriebsstundenzähler nach Drehzahlmesser und Log an dritter Stelle, gefolgt von Kraftstofftank- und Ölanzeige, sowie Trimmanzeige bei Vorhandensein einer automatischen Trimmvorrichtung.

▶ **Hier die Palette der Evinrude- bzw. Johnson-Instrumente. Sie stellen einen vernünftigen Ausrüstungsumfang für stark motorisierte Boote mit Radsteuerung, E-Starter und Fernschaltung dar. Was fehlt, ist ein Amperemeter zur Überwachung der Batterien bei größeren Booten mit Netztrennung. Ferner ist ein Betriebsstundenzähler von Vorteil, nicht nur um Wartungsintervalle zu überwachen, sondern um überhaupt zu wissen wieviel Stunden der Motor gelaufen hat.**

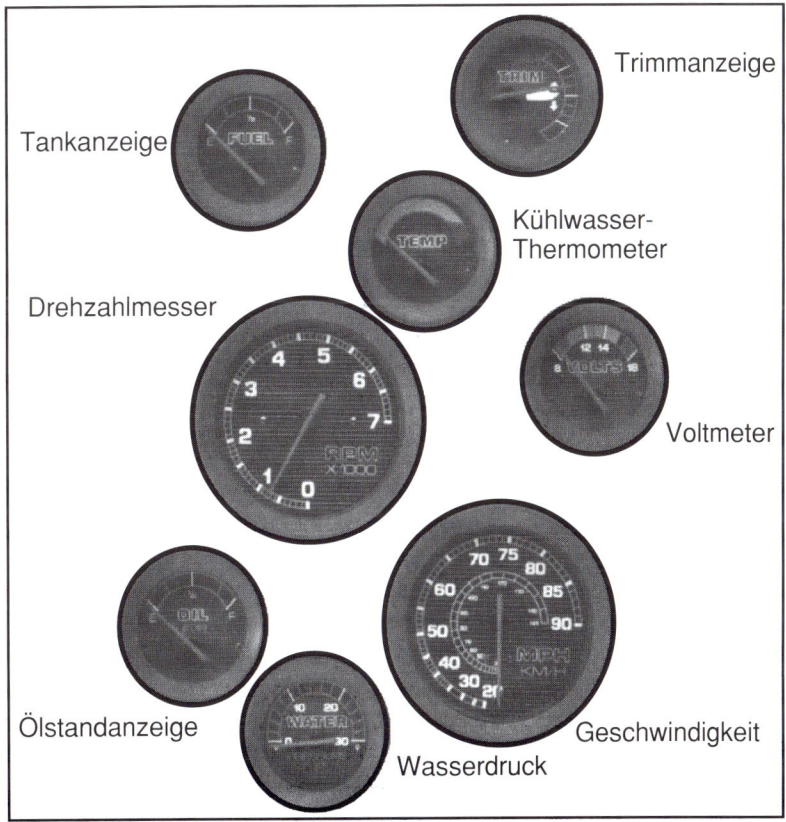

Tankanzeige · Trimmanzeige · Kühlwasser-Thermometer · Drehzahlmesser · Voltmeter · Ölstandanzeige · Wasserdruck · Geschwindigkeit

Motorüberwachung

▼ Drehzahlmesser-Einbaukitt von Evinrude bzw. Johnson. Die Außenborder-Hersteller halten für alle Instrumente Bausätze bereit, deren Montage allerdings nicht immer ganz einfach ist, da die Einbau-Anleitungen nicht konsequent genug erstellt sind und im allgemeinen ein gewisses Maß an Detailkenntnis voraussetzen. Man sollte also, wenn man einen Einbausatz kauft, vor dem Kauf den Schalt- und Einbauplan mit dem Händler durchgehen, damit alle Fragen geklärt sind und man nicht hinterher nach vielen Schwierigkeiten und halb vermurksten Bauteilen doch in der Werkstatt landet. Wer also in solchen Dingen nicht geübt ist, sollte von vornherein sein Boot auf den Hänger laden, zur Werkstatt fahren und das Instrument einbauen lassen.

▶ Die Grafik gibt eine Übersicht, welche Instrumente zur Überwachung des Motors als vernünftig angesehen werden können und für welche Leistungsgruppen die Motorenhersteller die entsprechenden Instrumente anbieten.
Es bedeutet:

■ = allgemein üblicher Standard
▲ = zu empfehlen
Rad = Radsteuerung
Fern = Fernschaltung

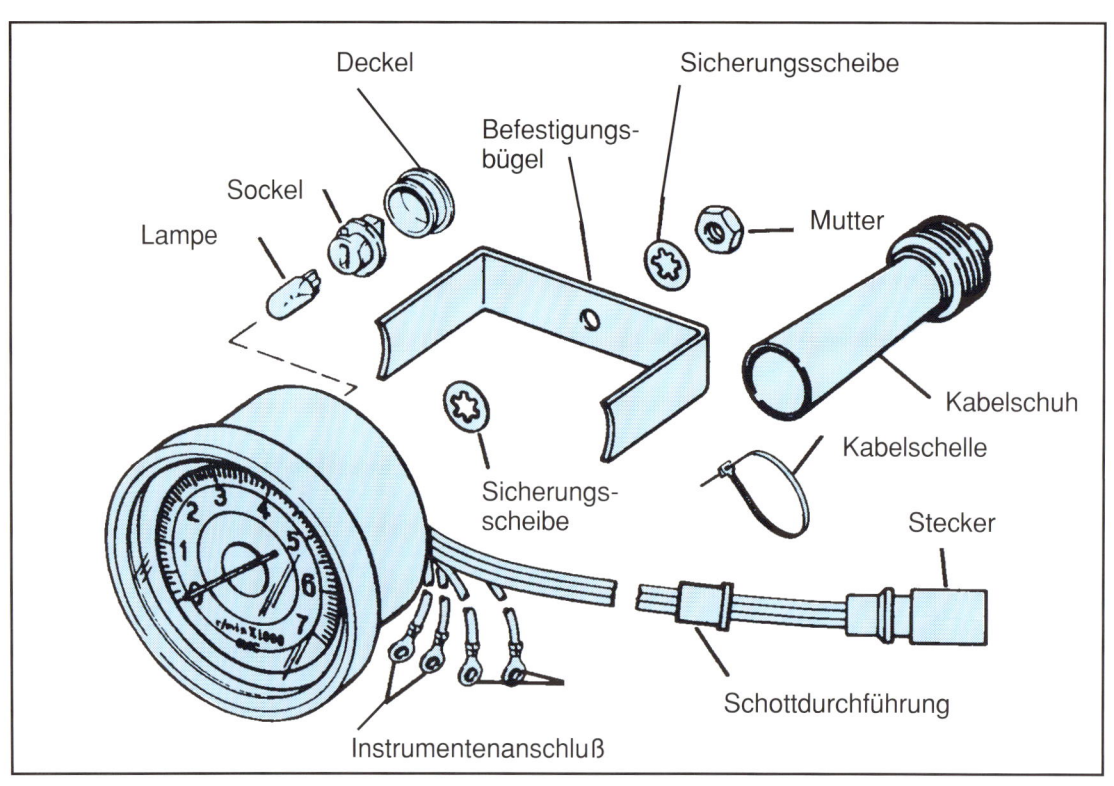

Bootsart Leistung	Drehzahlmesser	Geschwindigkeit	Tankanzeige	Überhitzungsschutz	Kühlwasserdruck	Kühlwassertemp.	Betriebsstundenz.	Sicherheitsstopp.	Trimmanzeige	Ölanzeige	Voltmeter	Amperemeter	Borduhr
bis 10 kW Pinne			■	▲				▲					
bis 10 kW Pinne		■	■	▲	▲			▲					■
bis 20 kW Rad + Fern	▲	▲	■	▲	▲	▲	▲	■		■			
über 20 kW Rad + Fern	▲	▲	■	▲	▲	■	▲	▲	▲	■	▲	▲	▲
über 20 kW Rad + Fern	■	■	■	▲	▲	■	▲	▲	▲	■	▲	▲	▲
über 20 kW Rad + Fern	■	■	■	▲	■	■	▲	■	▲	■	▲	▲	▲
über 20 kW, Rad + Fern	■	■	■	▲	▲	■	▲	▲	▲	■	▲	▲	▲

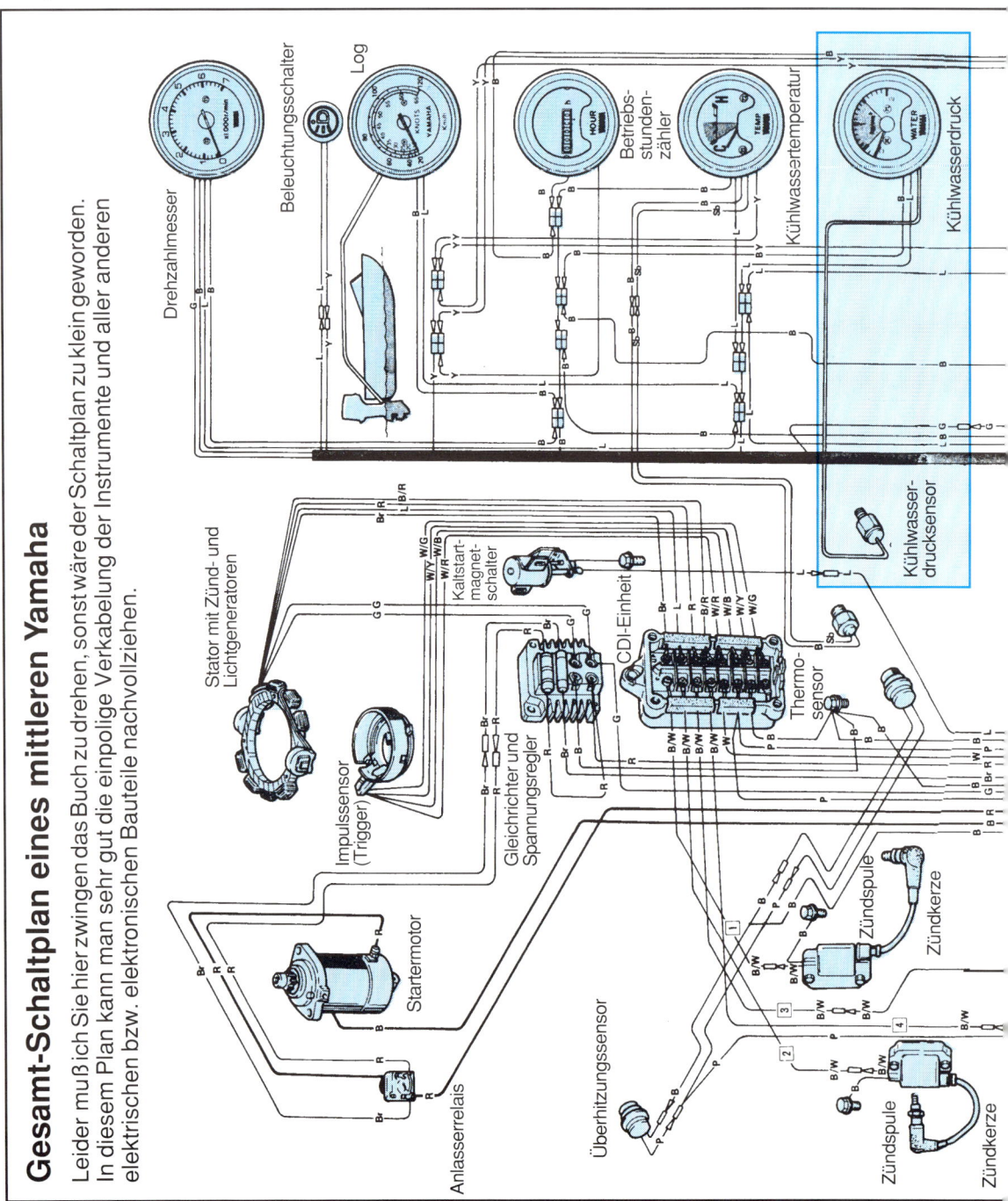

Gesamt-Schaltplan eines mittleren Yamaha

Leider muß ich Sie hier zwingen das Buch zu drehen, sonst wäre der Schaltplan zu klein geworden. In diesem Plan kann man sehr gut die einpolige Verkabelung der Instrumente und aller anderen elektrischen bzw. elektronischen Bauteile nachvollziehen.

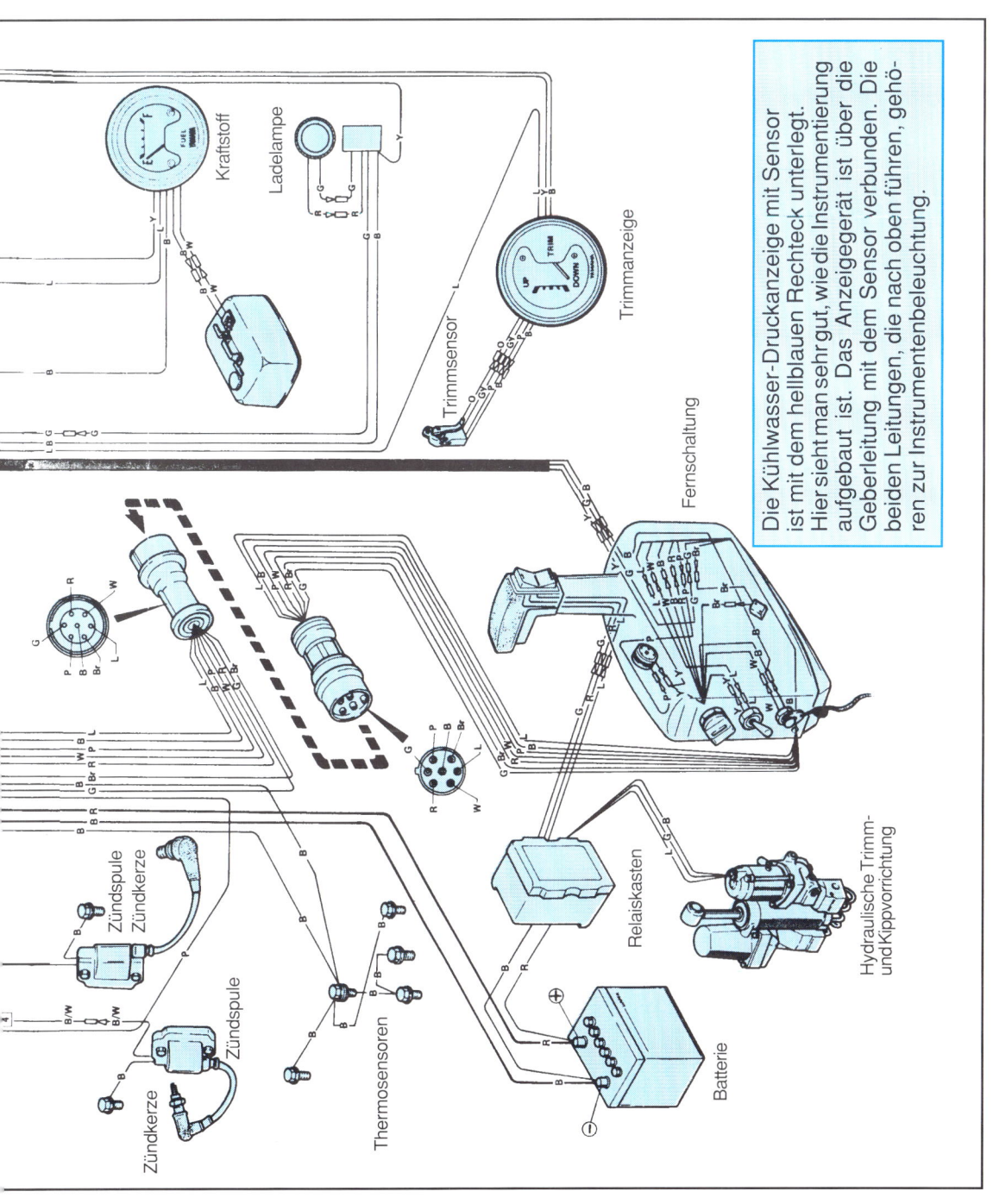

Die Kühlwasser-Druckanzeige mit Sensor ist mit dem hellblauen Rechteck unterlegt. Hier sieht man sehr gut, wie die Instrumentierung aufgebaut ist. Das Anzeigegerät ist über die Geberleitung mit dem Sensor verbunden. Die beiden Leitungen, die nach oben führen, gehören zur Instrumentenbeleuchtung.

Kraftstoff

Ladelampe

Trimmanzeige

Trimmsensor

Fernschaltung

Zündspule
Zündkerze

Zündkerze

Zündspule

Zündkerze

Thermosensoren

Relaiskasten

Hydraulische Trimm- und Kippvorrichtung

Batterie

Drehzahlmesser

Gerade bei dem hochdrehenden und spezifisch viel verbrauchenden Außenborder ist der Drehzahlmesser das wichtigste Überwachungsinstrument. Jeder Hersteller bietet seinen speziellen Drehzahlmesser an. Daneben gibt es aber noch im Handel Drehzahlmesser, die speziell für Außenborder konstruiert sind. Z. B. hat VDO drei massefreie Drehzahlmesser entwickelt, die nachträglich eingebaut werden können. Das kommt vor allem dann zum Tragen, wenn man einen Motor älteren Datums hat und kein Händler in der Nähe aufzutreiben ist.
Wichtig ist, daß man beim Kauf den Motortyp und das Baujahr angeben kann.

VDO-Drehzahlmesser für Außenborder: ▶
(1) Für Außenborder mit Batterie
(2) Für Außenborder mit Batterie
    und Lichtspule
(3) Für Außenborder ohne Batterie

▲ **Jeder Motor hat eine Klemmleiste, offen oder in einem Kasten. Dort laufen die wichtigsten Kabel durch. Auch der Drehzahlmesser wird hier angeklemmt, wenn nicht der Kontakt ohnehin schon vorne an der Fernschaltung abzunehmen ist. Das steht aber in der Einbauanleitung.**

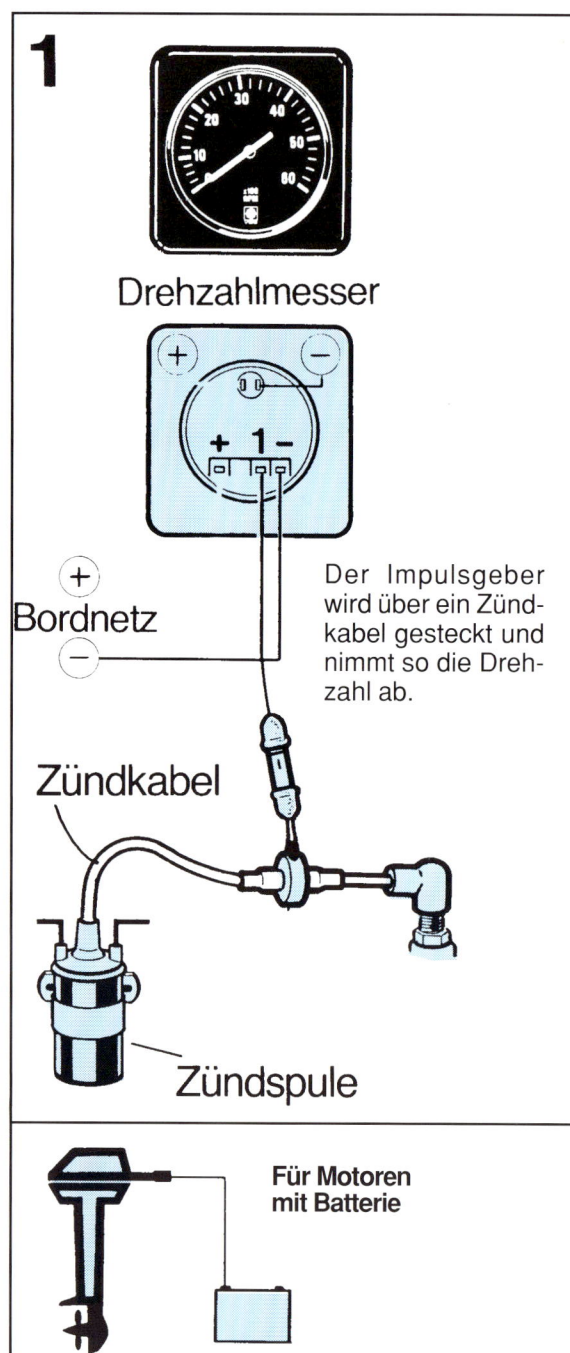

1

Drehzahlmesser

+ 1 −

Bordnetz

Der Impulsgeber wird über ein Zündkabel gesteckt und nimmt so die Drehzahl ab.

Zündkabel

Zündspule

Für Motoren mit Batterie

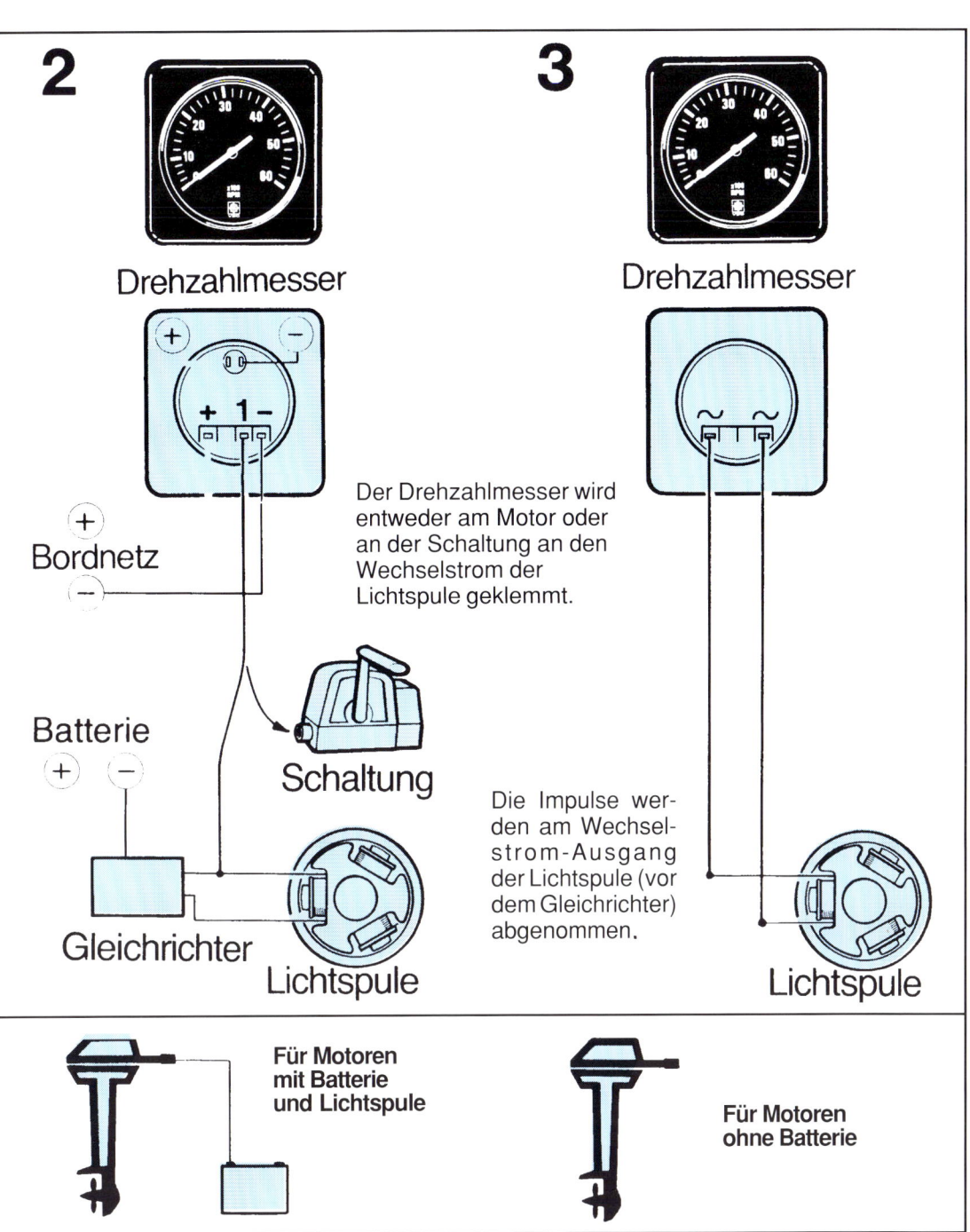

2

Drehzahlmesser

Der Drehzahlmesser wird entweder am Motor oder an der Schaltung an den Wechselstrom der Lichtspule geklemmt.

+ Bordnetz −

Batterie + −

Schaltung

Gleichrichter

Lichtspule

3

Drehzahlmesser

Die Impulse werden am Wechsel-strom-Ausgang der Lichtspule (vor dem Gleichrichter) abgenommen.

Lichtspule

Für Motoren mit Batterie und Lichtspule

Für Motoren ohne Batterie

Multifunktionsinstrumente

Man kann geteilter Meinung sein, ob Multifunktionsinstrumente praktisch sind oder nicht. Wenn sie eine sinnvolle Kombination bringen, sind sie zu empfehlen. Als gutes Beispiel kann man den Suzuki-Monitor hervorheben. Er bringt in kompakter Form die akustische und optische Warnung für die vier wichtigsten Motorfunktionen. In dem Gerät werden Drehzahl, Ölstand, Ölmangel und Kühlwasser überwacht. Wird bei einer dieser Funktionen der Grenzwert überschritten, wird gleichzeitig die Drehzahl heruntergeregelt und ein optisches und akustisches Alarmsignal gegeben. D. h. man spart im Grunde genommen vier Einzelinstrumente, wenn man nicht die analoge Veränderung auf Einzelinstrumenten überwachen will.

Der Suzuki-Monitor ist eine kompakte Alarmeinheit zur Überwachung von Drehzahl, Ölstand, Ölfluß und Kühlwasser.

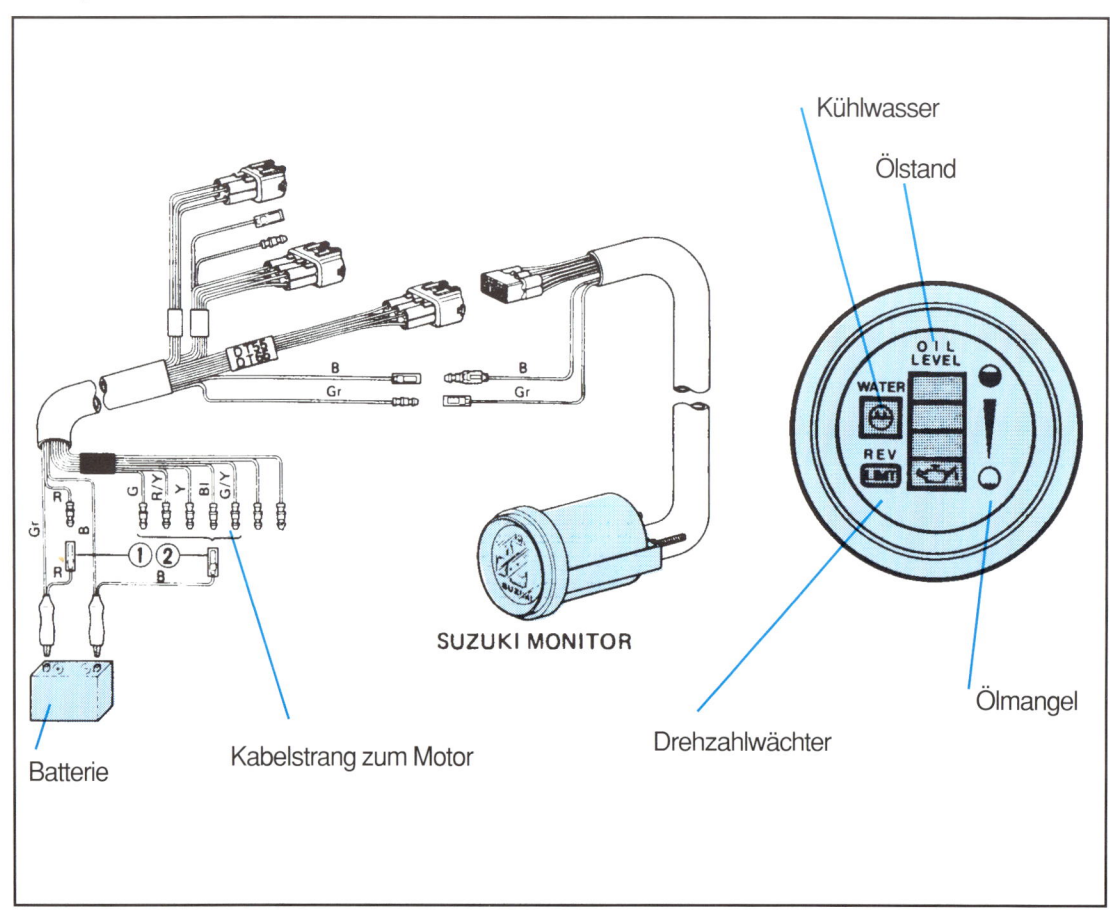

Kühlwasser

Ölstand

Ölmangel

Drehzahlwächter

SUZUKI MONITOR

Batterie

Kabelstrang zum Motor

Notstopp-Schalter

Außenborder haben zwei Abstellknöpfe. Der normale Abstellknopf wird so lange gedrückt bis der Motor steht. Der Notstopp-Knopf wird mit einer Sperre vorgespannt. Er schaltet den Motor ab, sobald die Sperre herausgerissen wird. Die Sperre ist über ein Band mit dem Handgelenk des Fahrers verbunden. Vor einigen Jahren mußte man die Motoren noch suchen, die standardmäßig einen Notstopp-Schalter hatten. Nach einigen schweren Unfällen, bei denen der Skipper über Bord ging und vom Propeller schwer verletzt wurde, hat sich der Notstopp-Schalter als Standard weitgehend durchgesetzt. Die Funktion der Stoppknöpfe: Sie schalten bei Einzylindermotoren die Zündung auf Masse und bei Mehrzylindermotoren die Zündspulen gegeneinander kurz, so daß kein Funke mehr entsteht und der Motor stehen bleibt.

▲ Einzelteile eines Notstopp-Schalters mit Gabelsicherung.

▼ Schnitt durch Notstopp-Schalter mit Gabelsicherung.

A: Die Gabelsicherung hält den federbelasteten Knopf von den Kontakten weg, bis sie herausgerissen wird, so daß die Feder den Stoppknopf auf die Kontakte (X) drückt. Dadurch wird die Zündspule kurzgeschlossen und kann keinen Funken erzeugen.

▼ Schnitt durch Stoppknopf mit Kappensicherung. Hier ist der Stoppknopf in entgegengesetzter Richtung federbelastet.
A: Die Kappe hält den Knopf von den Kontakten weg, bis sie heruntergerissen wird, so daß der Knopf und die Kontakte (X) kurzgeschlossen werden (B).

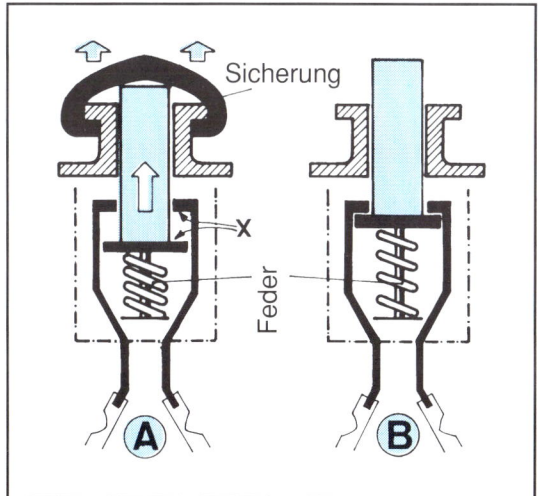

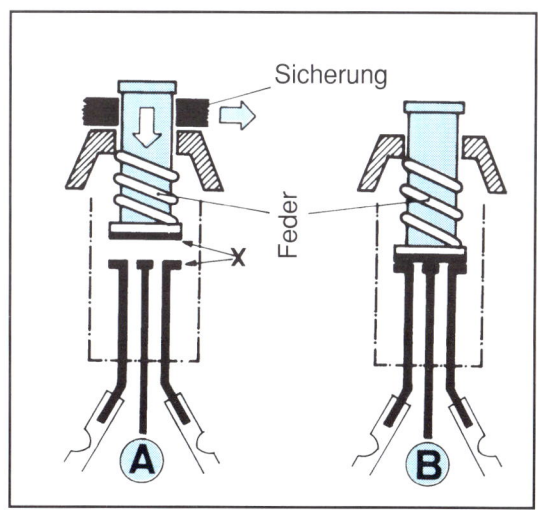

Prinzip der Überwachung

Überwachungsgeräte, gleichgültig ob optisch oder akustisch, sind im Prinzip gleich aufgebaut. An der Meßstelle befindet sich ein Geber (Sensor), der Signale an ein Anzeigeelement weitergibt. Die einfachste Form ist ein Schalter für einen bestimmten Druck- oder Temperaturgrenzwert, der einen Stromkreis schließt und dann Alarm auslöst. Anzeigegeräte bekommen vom Geber analoge Meßdaten, so daß man ständig den Meßwert ablesen kann. Viele dieser Instrumente sind auch zusätzlich an das Bordnetz angeschlossen, und sei es nur für die Beleuchtung. Dieses Prinzip zu verstehen, hilft einem oft bei der Fehlersuche, da auch die Überwachungsgeräte häufig Quelle für Fehlanzeige oder Fehlalarm sind.

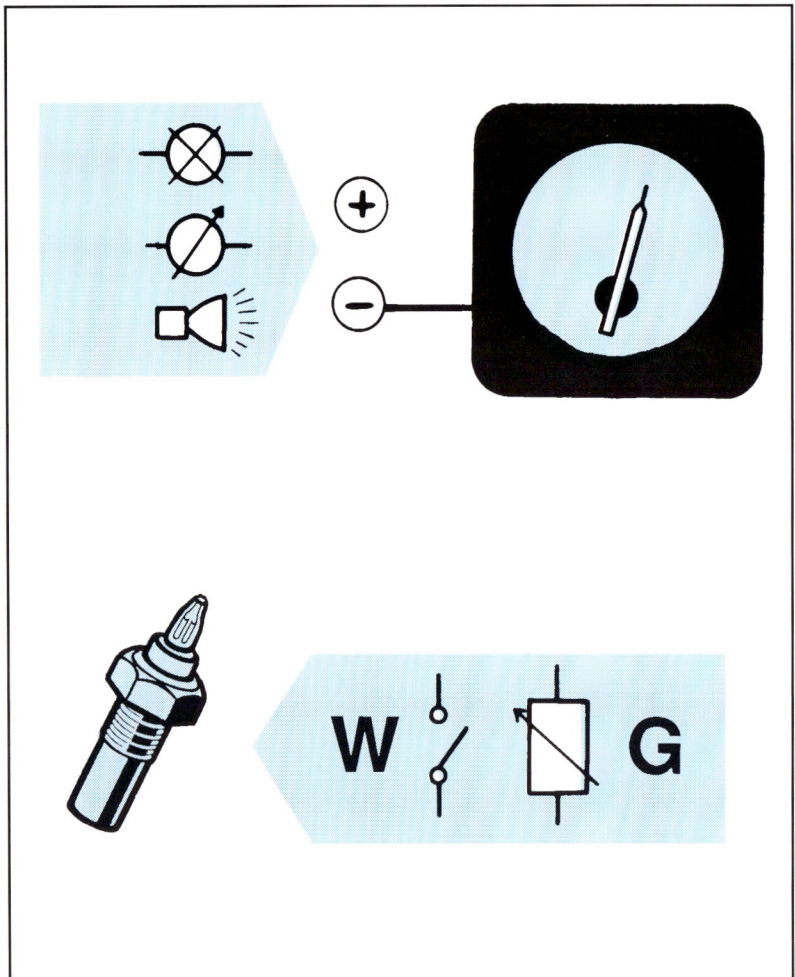

Als Anzeigegeräte dienen Kontrollampen oder Zeiger- bzw. Digitalinstrumente sowie Summer für akustische Anzeigen. Sie sind über eine Geberleitung mit dem Geber verbunden, der je nach Art nur einen Warnkontakt (W) oder einen Meßwertgeber (G) schaltet. Der Meßwertgeber liefert ständig Werte an das Anzeigeinstrument .

Anbau und Bedienung

Anbau des Motors
Kleinste Motoren werden schlicht auf den Spiegel gesteckt, die
beiden Klemmschrauben angezogen, und wenn die
Kavitationsplatte tiefer als der Kiel liegt, ist alles o.k. Bei größeren
Maschinen sollte man einen gewissen Aufwand aber nicht
scheuen, sonst gibt es ständigen Ärger.

So einfach werden
kleine Außenborder montiert ....

.... und so einfach werden
kleine Außenborder bedient.

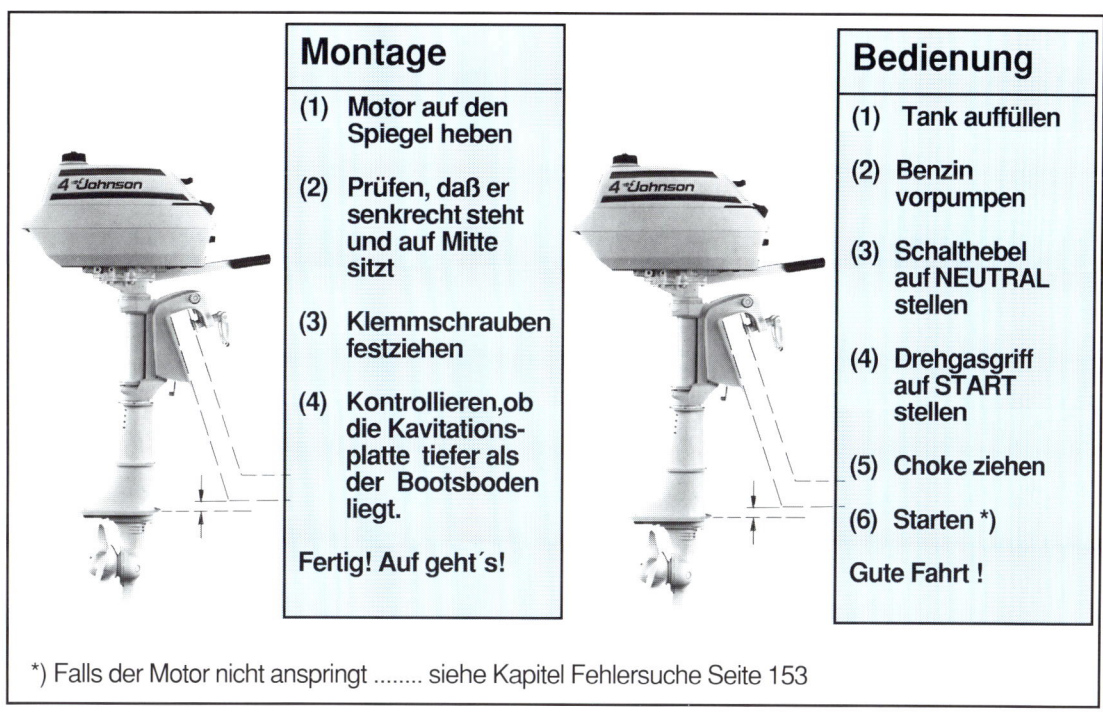

Montage

(1) Motor auf den
Spiegel heben

(2) Prüfen, daß er
senkrecht steht
und auf Mitte
sitzt

(3) Klemmschrauben
festziehen

(4) Kontrollieren, ob
die Kavitations-
platte tiefer als
der Bootsboden
liegt.

Fertig! Auf geht's!

Bedienung

(1) Tank auffüllen

(2) Benzin
vorpumpen

(3) Schalthebel
auf NEUTRAL
stellen

(4) Drehgasgriff
auf START
stellen

(5) Choke ziehen

(6) Starten *)

Gute Fahrt !

*) Falls der Motor nicht anspringt .... siehe Kapitel Fehlersuche Seite 153

Montage von Außenbordern

Im Prinzip ist der Anbau des Motors Sache des Verkäufers (siehe Garantie). Diese Tatsache wird leider viel zu oft übersehen. Wer gebraucht kauft oder (aus welchen Gründen auch immer), gezwungen ist, selbst zu montieren, findet hier die wichtigen Tips.

Die Montage von Außenbordern ist einfach, und es bedürfte wirklich nicht vieler Worte, wenn alles so eindeutig wäre, wie es in Prospekten dargestellt ist. Man könnte auf die Betriebsanleitung verweisen, und dann wäre der Fall aus der Welt. Leider liegt da in einigen Voraussetzungen aber der Wurm. Einerseits ist das, was in der Betriebsanleitung (in allen) steht, zu wenig, andererseits versucht man, die in der Praxis auftauchenden Probleme damit herunterzuspielen, daß man behauptet, die Werft und die Händler seien dafür zuständig. Die Händler aber, und ganz besonders der Mann, der Ihnen den Motor "nur" verkauft, haben nicht immer die richtigen Voraussetzungen für die Montage und die Testfahrt (die in der Garantie zugesichert, ja vorgeschrieben ist) größerer Außenborder. Insgesamt aber muß man den Außenborder-Herstellern ein Lob aussprechen: Die gesamten Anschlüsse für Steuerzüge, Instrumentenkabel, Kraftstoff- und Elektroleitungen sind so weit

Die größeren Motoren bringen zwar nur spezifisch 1,2 bis 2,0 kg/kW auf die Waage, man braucht aber ab 15 kW (20 PS) aufwärts schon 2 bis 3 Mann, um den Motor an den Spiegel zu hängen. Dieser Yamaha (62,5 kW, 85 PS), ein spezifisch leichter Motor, wiegt dennoch 108 kg. Obwohl es Schablonen für die Bohrungen zum Anbolzen der Befestigungsplatte gibt, sollte man sich die Mühe machen und den Motor vor dem Bohren auf den Spiegel hängen, um die Lage der Kavitations platte zum Boden und die Schaftneigung zu prüfen. Sind die Löcher erst einmal gebohrt, ist es schwer, Änderungen vorzunehmen.

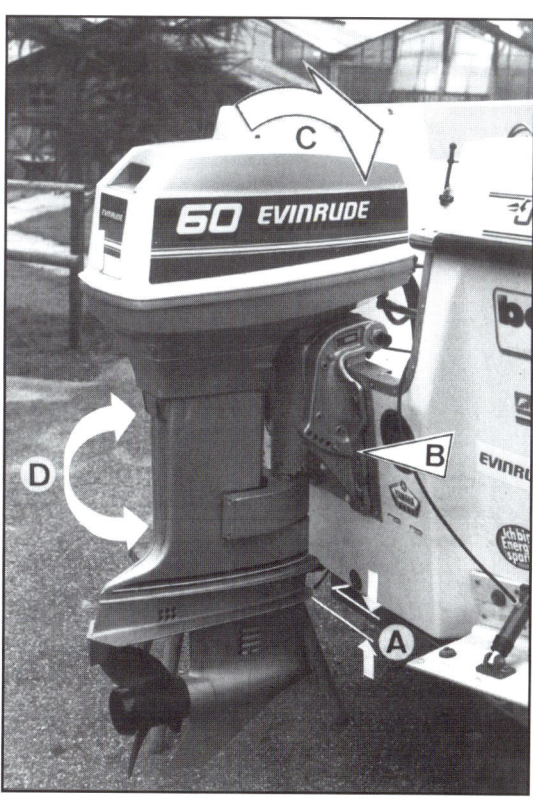

Hier sind die wichtigsten Punkte aufgezeigt, die beim Kauf von Boot und Motor, in Bezug auf Motormontage zu beachten sind:

(A) Stimmen Schaftlänge und Spiegelhöhe so weit überein, daß die Kavitationsplatte mit dem Bootsboden auf gleicher Höhe oder etwas tiefer liegt (0 bis 50 mm). Ein Verringern der Spiegelhöhe ist eine schlimme Arbeit und sollte eigentlich nicht mehr vorkommen. Aber sicher kann man nicht sein.

(B) Die richtige Einstellung des Trimmwinkels wird in Probefahrten ermittelt (normal ist das 2. Loch).

(C) Der Motor muß in gekippter Stellung in die Motorwanne passen. Die Maße sind ebenfalls in der ICOMIA-Norm festgelegt, die mit den wichtigen amerikanischen Normen abgestimmt ist.

(D) Die Motorwanne und die Zuführung der Schalt-, Lenk-, E-Kabel und der Kraftstoffleitung muß so beschaffen sein, daß beim Manövrieren keine Schäden entstehen.

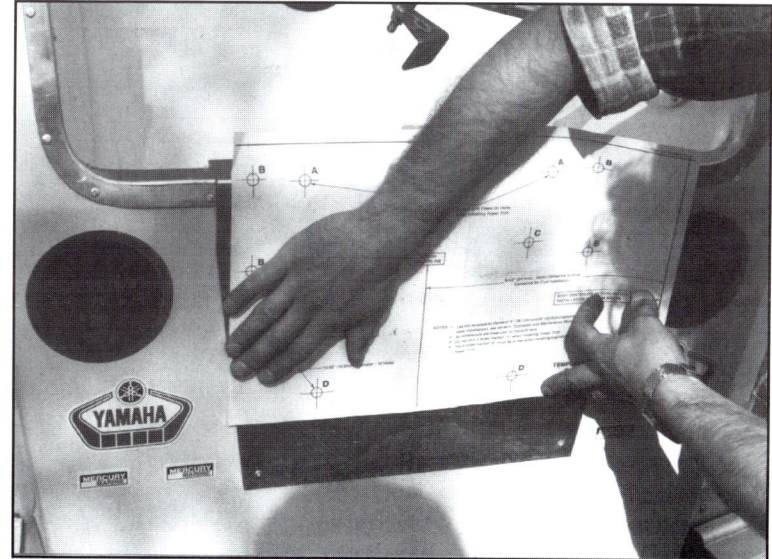

Einigen Motoren liegt eine Bohrschablone bei. Sie verleitet dazu, die Löcher in den Spiegel zu bohren, ohne die Höhe der Kavitationsplatte gegenüber dem Boden zu prüfen. Schablone deshalb nicht benutzen.

perfektioniert, daß der Zusammenbau an sich nicht das eigentliche Problem darstellt.
Man muß zwei Gruppen von Motoren unterscheiden:
● Motoren, die mit der Pinne gefahren werden. Das sind überwiegend kleine Motoren bis etwa 15 kW. Sie werden mit den beiden Klemmschrauben am Spiegel montiert und nur selten angebolzt. Zur Sicherung wird eine Sorgleine angebracht.
Hat der Motor einen Schaden, kommt er in den Kofferraum und wird in der Fachwerkstatt überprüft. Diese Art von Montage kann man jedem Laien bedenkenlos zumuten. Zu beachten sind die Position der Kavitationsplatte zum Bootsboden, die Schaftneigung und der Kraftstoffanschluß. Das sind Punkte, die im folgenden im Zusammenhang mit den größeren Motoren besprochen werden.
● Größere Motoren, die über Fernschaltung und -lenkung gefahren werden und meist einen E-Starter haben. Diese Motoren werden angebolzt und bleiben die ganze Saison, ja sogar über Jahre, am Spiegel. Tritt ein Schaden auf,

werden sie meist mit dem Boot zur Werkstatt gefahren. Hier muß man zumindest jenen, die Boot und Motor neu kaufen, raten, daß sie 4 - 6 Arbeitsstunden für die fachgerechte Montage in einer Fachwerkstatt investieren. Das bedeutet, daß der Motor erst montiert wird, wenn alle Hauptfunktionen in einem Probelauf im Testtank geprüft worden sind.
Für jene, die selbst montieren, anbauen oder gebrauchte Motoren anhängen, wird im folgenden versucht, nicht die Betriebsanleitungen wiederzukauen, sondern das Loch zwischen den Betriebs- und Montageanleitungen, der Praxis sowie dem montierenden Amateur zu verkleinern. Auf jeden Fall sollte nach Lektüre dieser Seiten für den Amateur die Wahrscheinlichkeit gegeben sein, daß er schwere Fehler vermeidet.
Die wichtigste Voraussetzung ist, daß man die Betriebsanleitung für den Motor, die Montageanleitungen für die Schaltung, E-Anlage und Überwachungsinstrumente gründlich liest. Für viele sind dabei die englischsprachigen Montageanleitungen das größte Handicap.

Der Motor wird auf den Spiegel gehängt, genau auf Schiffsmitte geschoben und, die Position der Kavitationsplatte zum Boden geprüft. Erst wenn alles stimmt, werden die Löcher angezeichnet, und gebohrt. Falls der Motor im Weg ist, wird er etwas zur Seite geschoben und dann gebohrt. Das gleiche wiederholt man auf der anderen Seite. Wichtig: Bohren Sie genau 90° zum Spiegel, sonst klemmen später die Bolzen.

Bezogen auf die Montage, haben Sie es mit folgenden Schwerpunkten zu tun:

● Richtige Position des Motors
● Anbau und Einstellung der Schaltung
● Anschluß der Lenkung
● Kraftstoffsystem
● E-Anlage
● Überwachungsinstrumente

Die Kavitationsplatte (auch Antikavitationsplatte genannt) muß eine bestimmte Lage zum Bootsboden haben und bestimmt somit die Position des Motors.
Prinzipiell gilt:
Kavitationsplatte etwas tiefer als der Bootsboden. Der Wert ist in jeder Betriebsanleitung genannt. Die Grenzen liegen von 0 bis 5 cm.
Liegt die Kavitationsplatte zu hoch (höher als der Bootsboden), bekommt der Propeller sehr leicht Luft und schiebt nicht mehr.
Liegt die Kavitationsplatte zu tief, beginnt der Motor zu spritzen.
Es leuchtet ein, daß die richtige Position des Motors nur dann erreicht werden kann, wenn Spiegelhöhe und Schaftlänge genormt sind, und diese Normen auch vom Hersteller eingehalten werden.

Drei Standardschaftlängen haben sich durchgesetzt:

● Normalschaft mit 380 mm,
● Langschaft mit 510 mm und
● Superlangschaft 640 mm

Das bedeutet, daß die entsprechende Spiegelhöhe (senkrecht gemessen) das gleiche Maß oder weniger haben muß (nach ICOMIA 370 bis 380, 500 bis 510 bzw. 630 bis 640 mm).

Das zweite Kriterium ist die Schaftneigung. Bei der genormten Spiegelneigung von 12 bis 18° (ICOMIA) soll der Motor etwa im zweiten Loch die richtige Neigung haben. Das läßt sich aber erst in Fahrversuchen richtig einstellen. Der Motor kommt grundsätzlich auf Schiffsmitte. Es gibt allerdings einige Sonderfälle, wo man bei sehr schmalen Booten mit tiefem V und älteren Motoren (mit sehr großem Propeller) versucht, die krängende Kraft des Drehmoments dadurch auszugleichen, daß man den Motor asymmetrisch montiert. Aber wie schon gesagt, das sind Sonderfälle, die heute durch die kleiner gewordenen, schneller drehenden Außenborder-Propeller kaum noch vorkommen.
Die Montage des Motors selbst ist einfach, die Details in den Fotos dargestellt.

Die Bolzen zur Befestigung des Motors werden satt mit Dichtungsmasse eingesetzt, damit keine Feuchtigkeit in den Spiegel dringen kann. Am besten setzt man auch die großen Scheiben auf der Innenseite des Spiegels mit Dichtungsmasse auf. Wenn Sie den Motor direkt auf den Kunststoff setzen, müssen die Löcher für den Bolzen auch noch etwa 2 bis 3 mm angesenkt werden, da sonst im Bereich der Preßstellen der Gelcoat platzt und der Kunststoff aufquillt.

Vorbereitungen zum Start

Das Starten selbst ist nur von 3 - 4 Handgriffen begleitet (siehe übernächste Seite). Man wird aber nie ein richtiger "Maschinist", wenn man sich nicht mit den Grundfragen des richtigen Motorbetriebs vertraut macht und die vorbereitenden Punkte täglich ohne Mühe anwendet (s. rechte Seite). Es geht hier um einen Check, der einem so in Fleisch und Blut übergehen muß, daß man Veränderungen am Motor, z. B. Abnutzung am Handstartseil oder eine lose Kabelschelle, bemerkt, bevor Defekte auftreten. Checklisten sind im Prinzip stupide und verleiten zu einem blinden Automatismus. Richtig verstanden bringen sie aber sehr viel Sicherheit und sparen viel Zeit und Ärger.

Denken Sie immer daran, daß der Motor nur sicher läuft, wenn seine Systeme in Ordnung sind, d. h. Benzin, Motoröl, Elektrik und Kühlwasser.

Hier noch einmal hervorzuheben, daß man sich in bezug auf das Motoröl ganz besonders an die Empfehlungen der Betriebsanleitung hält und nur Außenborderöle verwendet, die den dort genannten Normen entsprechen. Wenn man die Möglichkeit hat, biologisch abbaubares Öl zu fahren, sollte man das immer tun.

1. Inspektion

Ganz Wichtig: Gehen Sie auf jeden Fall zur ersten Inspektion (nach 10 - 20 Stunden). Das ist nicht nur bezogen auf die Garantie wichtig, sondern auch auf die Betriebssicherheit des Motors, da die Fachwerkstatt in der Lage ist, negative Veränderungen am Motor schnell genug zu erkennen.

▶ **Checkliste für die Kontrolle des Motors vor und nach jedem Törn. Sie brauchen nicht zu erschrecken, wenn Sie hier lesen "Filter überprüfen". Das heißt in diesem Zusammenhang: nicht ausbauen und zerlegen, sondern einen Blick auf den Filter werfen, zur Kenntnis nehmen, daß alles in Ordnung ist, keine Leckage auftritt und, sofern der Filter durchsichtig ist, kein Wasser zu sehen ist.**
Damit ist der Punkt abgehakt.
Auf die Spalte Abhilfe wurde verzichtet, da dies hier logische Handgriffe sind, die unter dem entsprechenden Stichwort in den übrigen Kapiteln beschrieben wurden.

◀ **Den Blick unter die Haube sollten Sie mindestens einmal am Tag riskieren und nach Verschleiß, losen Teilen und Leckagen Ausschau halten.**
Sehr zu empfehlen ist auch eine gründliche optische Kontrolle nach Abschluß eines Törns, um unter Umständen Ersatzteile zu beschaffen oder den Motor in die Werkstatt zu bringen, damit er für den nächsten Törn wieder fit gemacht wird.

Kontrollen vor und nach jedem Törn.

Haube des Motors abnehmen!

Sie suchen nach losen Teilen, Verschleiß und Leckage.

**Finden Sie irgendwelche Abweichungen vom Normalzustand,
so ist der Schaden vor dem Törn zu beseitigen.**

Diese Kontrollen sind alle bei stillstehendem Motor durchzuführen.

Kraftstoffanlage	Schläuche und Leitungen auf Leckagen und festen Sitz überprüfen. Pumpball zwei- bis dreimal betätigen bis Widerstand zu spüren ist.
Tankinhalt Kraftstoffgemisch (Benzin/Öl)	Reicht das Benzin für die Reise? Ist das Mischungsverhältnis richtig? Ist genug Öl an Bord?
Elektrik	Blick über alle Kabel, Zündspulen, Zündkerzen werfen. Sind die Kappen auf den Zündkerzen fest, ist die Isolierung in Ordnung? Sind lose Kabelanschlüsse zu sehen?
Steuerung	Notstopp-Schalter : abziehen und wieder aufstecken. Lenkung/Pinne ..... : Dreht sich der Motor gewohnt leicht? Gas .... : bewegt sich die Mechanik bis Drosselklappe, wenn Sie am Gasgriff drehen bzw. den Schalthebel bewegen? Choke .... : Bewegt sich das Gestänge bis zum Choke, wenn Sie den Knopf ziehen?
Handstarter	Ziehen Sie den Handstarter leicht heraus, ohne das Schwungrad zu drehen und horchen Sie, ob die Mitnehmer einrasten.
Schaltung	Bewegen Sie leicht den Schalthebel und horchen Sie, ob Sie das Einkuppeln hören.
Unterwasserteil	Kippen Sie den Motor hoch, werfen Sie einen Blick auf den Propeller (Angelschnüre und andere Beschädigungen). Sind die Anoden in Ordnung, Motor wieder abkippen.
Diverses	Sind die Klemmschrauben fest, ist die Sorgleine für den Motor befestigt? Sind Ersatzteile an Bord?

**Jetzt können Sie die Motorhaube wieder aufsetzen, und wenn die seemännische Seite
des Bootes in Ordnung ist, können Sie starten (siehe nächste Seite).**

Starten des Motors

Starten Sie den Motor nicht, bevor Sie die beiden vorangegangenen Seiten gelesen haben. Das Starten ist die einfachste Übung und die Fahrt sicher, wenn Wartung und Pflege stimmen.Die Reihenfolge der Handgriffe zum Starten sollten Sie sich einprägen:

1. **Schalthebel auf Leerlauf**
2. **Benzin vorpumpen**
3. **Notstopp-Schalter befestigen**
4. **Drehgasgriff auf Start**
5. **Choke ziehen (bei kaltem Motor)**
6. **Starten. Beim Handstarter den 5-Stufen-Start beachten.**

Der entwickelt beim Ziehen des Handstarters eine ziemliche Wucht, und schon mancher Skipper hat auf diese Art und Weise seiner Familie ziemliche Beulen beigebracht.

Wenn der Motor läuft, gilt der erste Blick dem Kühlwasser (Kontrollstrahl/Hilfsauspuff).

Motor 1-2 Minuten laufen lassen und immer lauschen, ob er gleichmäßig läuft. Jetzt kann es losgehen.

Wichtig: Erst nach ca. 5 - 10 Minuten zum ersten Mal Vollgas geben, vorher 1/2- bis 3/4-Gas fahren. Auf der Reise lange Vollgastörns vermeiden. Betrachten Sie Vollgas als etwas für den Sonderfall. Fahren Sie normalerweise mit höchstens 80 % Nenndrehzahl. Das ist sowohl für den Motor als auch für den Tankinhalt gut.

Achtung Elektrostarter!

Wenn Sie einen Motor mit E-Starter von Hand starten, muß auf jeden Fall der Zündschlüssel eingeschaltet und die Batterie angeklemmt sein, egal ob sie voll oder leer ist, sonst gehen der Gleichrichter und u.U. andere Elektronikteile kaputt.

5-Stufen-Start:
Gewöhnen Sie sich mit dem Handstartseil das Starten in fünf Schritten an.
1. Drehen Sie sich um und achten Sie darauf, daß Sie hinter dem Rücken bzw. Ellbogen ca. 1 m Platz haben.
2. Mit einer Hand stützen Sie sich auf die Motorhaube in der Nähe der Handstartvorrichtung.
3. Ziehen Sie jetzt mit der anderen Hand das Startseil soweit heraus, bis Sie Widerstand spüren. Dann hat die Sperre gefaßt.
4. Kräftig durchziehen, damit der Motor gleich den richtigen Schwung hat.
5. Das Seil langsam in den Motor zurücklaufen lassen, damit es sich richtig aufwickelt. Springt der Motor nicht an, versuchen Sie es noch fünfmal. Danach sollten Sie auf Fehlersuche gehen (siehe Seite 153).
Flachwassersperre zum Starten einschalten, da der Motor sonst zu leicht hochkippt.

Danach muß man je nach Fahrgebiet entscheiden, ob man den Schaft arretiert oder die Sperre zum Schutz von Schaft und Propeller öffnet.
Entsprechende Tips finden Sie in Ihrer Betriebsanleitung unter dem Begriff Flachwasser-Betrieb.

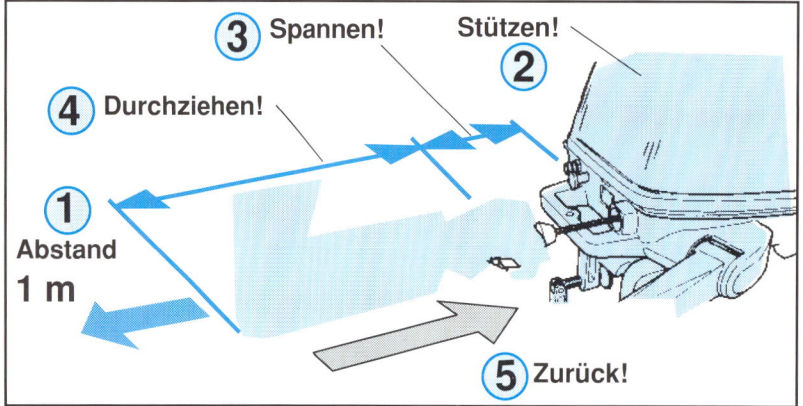

Wartung und Konservierung

Wartung und Pflege sind vorbeugende Maßnahmen. Richtige Wartung schließt Reparaturen praktisch aus. Die wenigen Handgriffe, die im Wartungsplan der Betriebsanleitung aufgeführt sind, erfordern nur ein bißchen handwerkliches Geschick und sollten auf alle Fälle durchgeführt werden. Wenn Sie selbst keine Lust oder Zeit haben, bringen Sie den Motor in die Werkstatt, auch wenn es ein paar Mark kostet, der Motor wird es Ihnen auf jeden Fall mit ständiger Startfreudigkeit, Zuverlässigkeit und langer Lebensdauer danken.

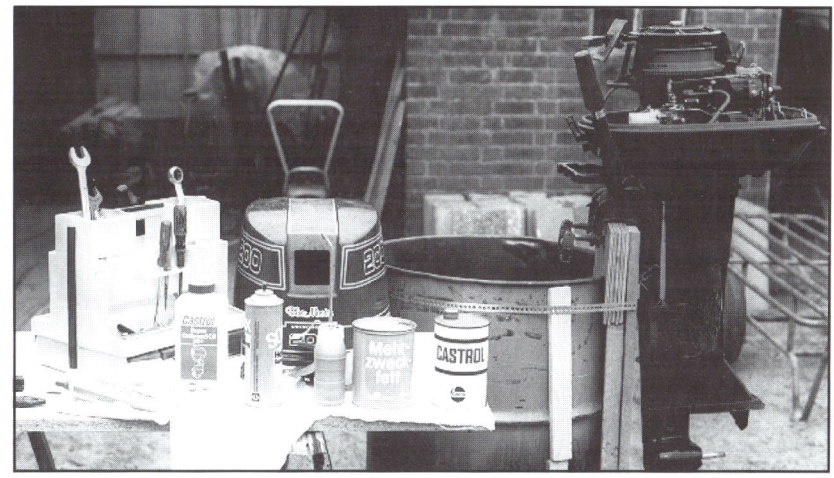

Beim gut gepflegten Motor sind die wenigen Wartungshandgriffe mehr Kosmetik als Arbeit. Richtig durchgeführt, macht man sich die Hände nicht schmutzig.

Wartungsplan

Der Wartungsplan unten entspricht in großen Zügen den Mittelwerten der meisten Betriebsanleitungen. Einige Hersteller halbieren allerdings die Wartungsintervalle für Seewasserbetrieb, d. h. wenn der Propeller z. B. alle 50 Betriebsstunden herunter soll, um die Teile zu fetten und einen Blick auf die Wellendichtung zu werfen, dann empfehlen z.B. Evinrude, Johnson und Mercury, diese Intervalle im Seewasserbetrieb zu halbieren.

Der beste Weg ist meines Erachtens: Orientieren Sie sich an der Liste "Kontrollen vor und nach jedem Törn" (s. Seite 129), und wenn etwas gammelt, greifen Sie gleich ein. Natürlich muß man dann die übrigen Wartungsintervalle, die im "täglichen Check" nicht auftauchen (Ölwechsel usw.), ebenfalls im Auge behalten.

► **Übersicht mit Seitenhinweisen für die Wartungsarbeiten an den verschiedenen Baugruppen.**

▼ **Wartungsplan wie er in den Betriebsanleitungen üblich ist. Die erste Spalte mit dem 10 Stunden Wartungsintervall ist in den Betriebsanleitungen äußerst mißverständlich. Die dort genannten Intervalle beziehen sich nur auf die Zeit des Einfahrens, bzw. auf die erste Saison. Danach genießen Sie die langen Wartungsintervalle, die frei übersetzt heißen: einmal im Herbst.**
Richten Sie sich aber konsequent nach den Wartungsintervallen in Ihrer Betriebsanleitung, sofern nicht beim täglichen Check Unregelmäßigkeiten auftreten.

Wartungsplan ● = führt Eigner aus ▲ = führt Werkstatt aus		Nur Einlaufzeit			Nach dem Einlaufen		
Gegenstand	**Wartungsarbeit**	Nach den ersten 10 Std.	Nach 50 Std. spätestens nach 3 Mon.	Nach 100 Std. spätestens nach 6 Mon.	Nach 100 Std. spätestens alle 6 Monate	Nach 200 Std. spätestens alle 12 Monate	Siehe Seite
Zündkerze/Elektrik	Reinigen/Einstellen	●	●	●	●		134
Schmierpunkte	Durchschmieren			●	●		140
Getriebeöl	Wechseln (Getriebeöl)	●		●	●		148
Kraftstoffanlage	Prüfen (Leckage)			●	●		141
Kraftstoffilter	Reinigen	●		●	●		141
Kraftstofftank	Reinigen					●	142
Leerlaufdrehzahl	Einstellen			●	●		33
Anode	Prüfen/Auswechseln	●	▲	▲	▲		45
Motorgehäuse und Schaft	Prüfen (Lackschäden)		●	●	●		149
Kühlwasserkanäle	Reinigen(Frischwasser)		●	●	●		144
Propeller	Prüfen (Abnehmen)		●	●	●		150
Batterie	Prüfen/Auffüllen	●	monatlich				138
Vergasereinstellung	Prüfen/Einstellen	▲		▲	▲		34
Zündzeitpunkt	Prüfen/Einstellen	▲		▲	▲		160
Schrauben und Muttern	Nachziehen	▲		▲	▲		147

Wartung auf einen Blick

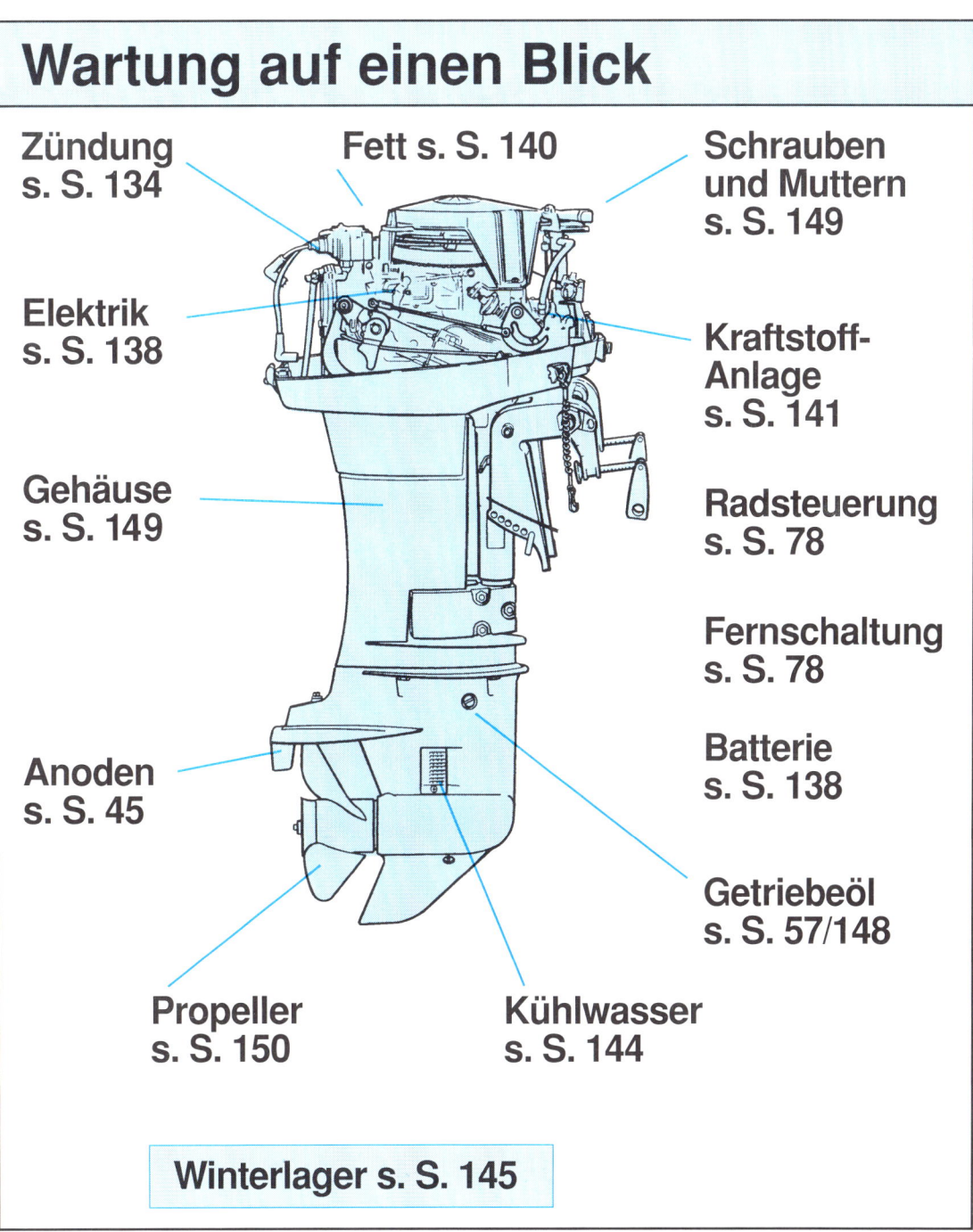

Zündung
s. S. 134

Fett s. S. 140

Schrauben
und Muttern
s. S. 149

Elektrik
s. S. 138

Kraftstoff-
Anlage
s. S. 141

Gehäuse
s. S. 149

Radsteuerung
s. S. 78

Fernschaltung
s. S. 78

Batterie
s. S. 138

Anoden
s. S. 45

Getriebeöl
s. S. 57/148

Propeller
s. S. 150

Kühlwasser
s. S. 144

Winterlager s. S. 145

Zündkerzen

Mit der Zündkerze steht und fällt der einwandfreie und zuverlässige Lauf des Motors. Die Zündkerzen müssen in Ordnung sein! Deshalb auch mindestens einmal im Herbst gründlich durchchecken. Was man prüfen sollte und welche Rückschlüsse man aus den Verunreinigungen und den Ablagerungen auf den Kerzen ziehen kann, sehen Sie auf den folgenden Seiten. Das Aussehen der Zündkerze ist ein so wichtiges Diagnosemittel für die Beurteilung der Verbrennung, daß man den Innenteil als Zündkerzengesicht bezeichnet.

► **Die Zündkerze wird gegen den Uhrzeigersinn herausgedreht. Dann prüft man mit einer Fühllehre den in der Betriebsanleitung genannten Elektrodenabstand und stellt ihn u.U. ein. Wenn das Zündkerzengesicht keine auffälligen Beläge und Verfärbungen zeigt (siehe Zündkerzengesicht auf Seite 136), wird sie ohne Fett wieder eingesetzt.**

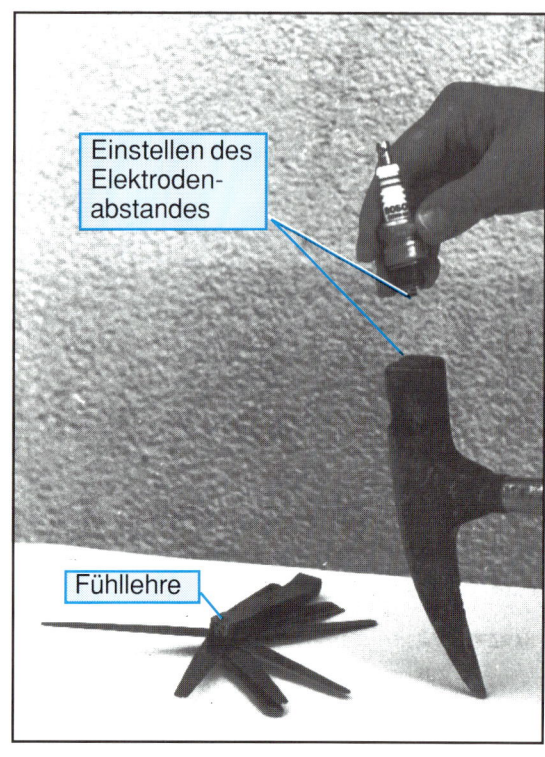

Einstellen des Elektrodenabstandes

Fühllehre

◄ **Einsetzen der Zündkerzen. Zündkerzen immer nur mit der Hand festdrehen, dann den Schlüssel aufsetzen und höchstens 1/4 bis 1/2 Umdrehung mit dem Schlüssel weiterdrehen. Bei warmem Motor und kalter Zündkerze höchstens 1/4 Umdrehung.**

Bei Außenbordern zwei verschiedene Zündkerzen eingesetzt.

Die herkömmliche Zündkerze mit einer Massenelektrode und darunter liegender Mittelelektrode. Die Zündkerze mit Ringelektrode. Die Ringelektrode entspricht der Massenelektrode, steht aber nicht bügelförmig über der Mittelelektrode.

Aufgebaut sind beide Zündkerzen ähnlich. Den Unterschied bemerkt man nur, wenn man das Zündkerzengesicht betrachtet.

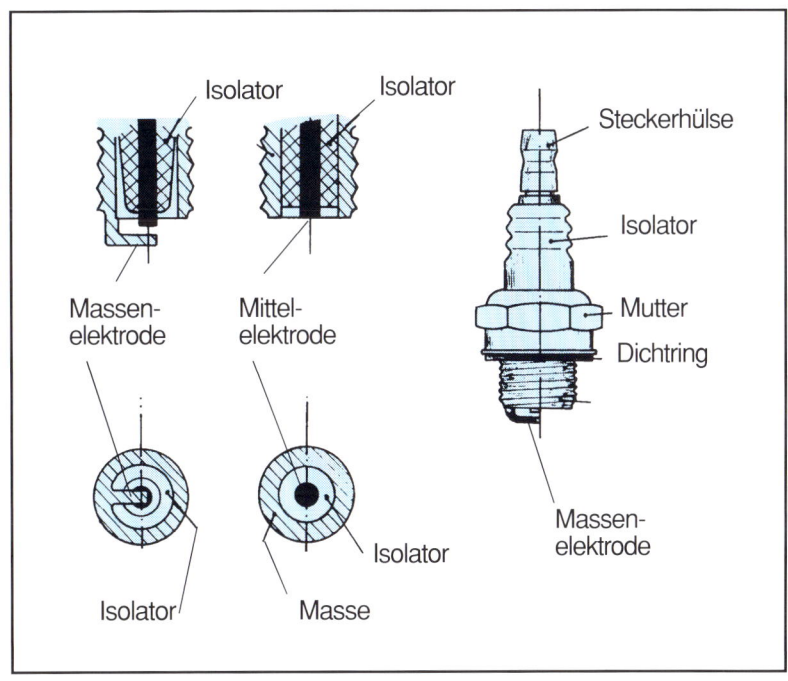

Die Zündkerze wird mit einer Metallbürste gereinigt. Sind die Elektroden "angefressen", sollte man die Zündkerze erneuern. Für den Notfall kann man versuchen, die Elektroden glatt zu feilen und dann den richtigen Elektrodenabstand wieder hinzubiegen. Sie sollte aber dann im Hafen die Zündkerze erneuern.

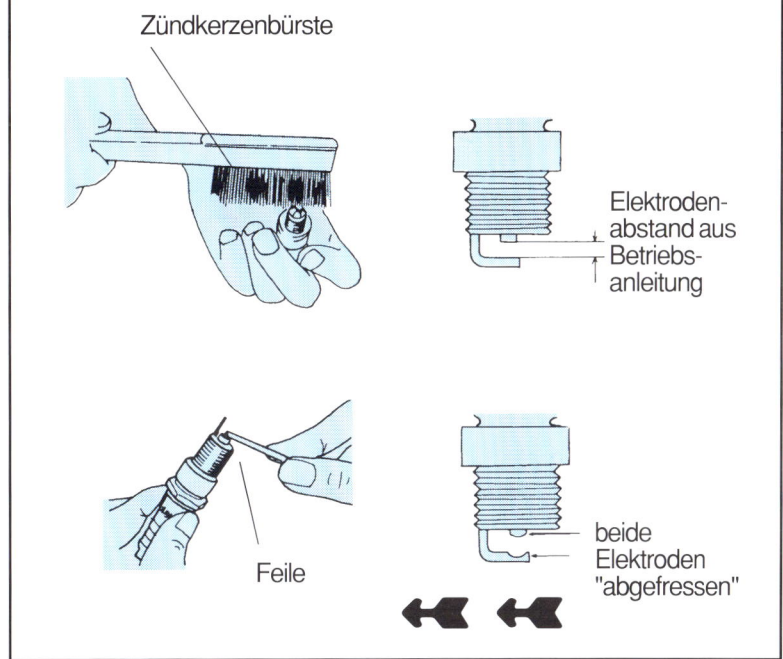

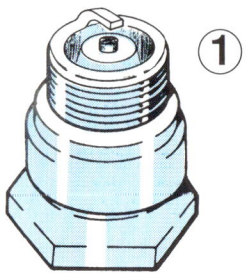

Zündkerzengesicht der herkömmlichen Kerze

(1) Farbe: rot- bis gelbbraun oder grau; Belag: so gut wie keiner; Elektroden: nicht abgebrannt (nicht angefressen); Kerze: richtig; Motoreinstellung: in Ordnung.

(2) Farbe: schwarzbraun; Belag: feucht, schmierig, rußig; Ursache: zu lange Langsamfahrten, Vergaser liefert zu fettes Gemisch (Leerlaufeinstellung), zu viel Öl im Treibstoff, Dränagesystem arbeitet nicht richtig, Unterbrecherkontakte verbraucht, Zündspannung zu niedrig, falsche Zündkerze (Wärmewert zu hoch).

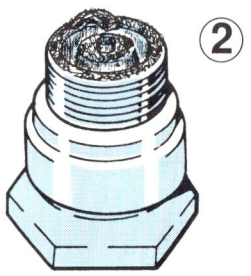

(3) Farbe des Isolators: weiß bis grau; Belag des Isolators: bläschenartig; Ursache: zu viel Frühzündung, Kühlwassermenge zu gering (Wasserpumpe defekt, Verstopfung im Kühlsystem, zu viel Schlamm, Kesselstein oder Salz im Kühlwassermantel), Falschluft im Kurbelgehäuse oder zu mageres Gemisch (Vergaser). Kolbenringe sitzen fest (Werkstatt). Falsche Zündkerzen (Wärmewert zu niedrig).

(4) Farbe: metallischgrau; Belag: klumpenartig fest. Es handelt sich um abgeschmolzenes Aluminium. Ursache: Frühzündung durch zu hohe Temperatur des Isolators (falsche Zündkerze). Sollte dieser Fall eintreten, geht vorher die Leistung stark zurück. Der Motor darf nicht ohne Werkstattkontrolle einfach durch andere Zündkerzen wieder in Betrieb genommen werden. Bei richtigen Kerzen äußerst selten.

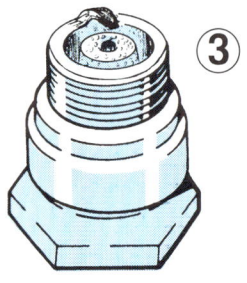

(5) Belag: Brückenbildung zwischen den Elektroden. Die Elektroden sind durch feste Verbrennungsrückstände kurz geschlossen. Ursache wie 5.

(6) Brückenbildung im Innenteil. Belag: klumpenartig, oft mit Glasbläschen und ascheähnlich; Ursache wie (4). Die Brückenbildung entsteht durch umherfliegende Verbrennungsreste. Sie bilden sich durch: starke Kohleablagerung (schlechtes Öl), Vollgasfahrt gleich nach längerem Langsamtörn. Zu viel Öl im Benzin.

(7) Der richtige Abstand der Elektroden ist für die Qualität des Funkens von größter Bedeutung. Mit einer Lehre (Spion) kann er gemessen werden. Durch leichtes Klopfen oder Aufbiegen kann der Abstand der Elektroden verändert werden. Das richtige Maß steht in der Betriebsanleitung.

Zündkerzengesicht der Kerze mit Ringelektrode.

(1) Farbe: hellbraun bis grau; Belag: mäßig; Elektroden: leicht abgenutzt. Kerze, Zündsystem und Motoreinstellung sind in Ordnung.

(2) Farbe: hellbraun bis metallisch; Belag: fast keiner; Elektroden: stark abgenutzt (Mittelelektrode). Kerze verursacht bei schneller Beschleunigung oder beim Start Fehlzündungen (austauschen).

(3) Farbe: braun bis schwarz; Belag: mäßig, aber feucht ölig; Ursache: Motor abgesoffen, zu viel Öl im Treibstoff, zu fette Leerlaufeinstellung. Eine weitere Ursache kann zu niedrige Zündspannung sein (Werkstatt).

(4) Farbe: rußigschwarz; Belag: samtig, aber mäßig; Ursache: Gemisch zu fett (Gemischschraube); schwache Zündung, verzögerter Zündzeitpunkt, zu geringe Verdichtung (alles Werkstatt). Zu viel Leerlaufbetrieb oder Langsamfahrt.

(5) Zustand wie (1), jedoch sternförmige Bahnen am Isolator. Sie sind leitfähig und schließen die Elektroden kurz (Kriechwegbildung), wodurch Fehlzündungen entstehen (reinigen oder erneuern).

(6) Zustand der Kerze normal ohne Belag. Am Isolator zeigen sich sternförmige Einkerbungen (Kanalbildung). Sie werden durch Ablagerungen überdeckt und führen zu Fehlzündungen. Der Isolatorabbrand verstärkt sich (erneuern).

(7) Farbe: verschieden von blau über braun bis metallisch; Belag: kaum; Isolator: sternförmige, schmale und breite Bahnen (Bogenkonzentration), die vom Funken stammen, sie ändern sich je nach Abbrand und Ablagerungen auf dem Isolator. Zustand ist als normal zu betrachten.

(8) Farbe: metallisch-grau; Belag: beträchtlich und hart verkrustet, schmelzartig. Sofern die richtige Zündkerze verwendet wurde, ist dies ein Fall für die Werkstatt. Es kommt glücklicherweise selten vor. Wenn Sie jedoch weiterfahren, werden die Kosten sehr hoch sein, da es sich um eine Folge von Glühzündung handelt (abgeschmolzenes Metall).

Elektrik

Zur Wartung der Elektrik gibt es nicht viel zu sagen. Wichtig sind folgende Punkte:
● Alle Kabelverbindungen auf festen Sitz und Kristallisation prüfen. Alle kristallischen Ausblühungen mit der Zündkerzenbürste beseitigen. Die Verbindungen nochmals auf festen Sitz prüfen. Dann mit Polfett oder wasserunterwanderndem Konservierungsspray absprühen.
● Zündkerzenkabel und Zündspulen untersuchen und austauschen, wenn Risse in der Isolierung zu finden sind.
● Vor dem Schließen der Haube fürs Winterlager noch einmal mit wasserunterwanderndem Spray über die gesamte Elektrik sprühen, auch unter die Schwungscheibe oder oben in die Schwungscheibe, damit der Stator einen guten Konservierungsfilm bekommt.

▼ Der Wartungskalender für Batterien zeigt vor allen Dingen, was für das Winterlager zu tun ist. Das Wichtigste: Bringen Sie eine saubere Batterie, deren Pole gesäubert sind, die aufgefüllt wurde und vollgeladen ist, ins Winterlager.
Die Batterie muß unbedingt vollgeladen sein, denn nicht voll aufgeladene Batterien frieren ein und platzen, oder es tritt durch Selbstentladung eine Tiefentladung ein, und die Batterie ist dann nicht mehr zu gebrauchen. Die grauen Flächen gelten für normale Bleibatterien, die Punkte für wartungsarme Bleiakkus und die Karos für wartungsfreie Batterien. Es bedeuten:
☐ = normale Bleibatterien
● = Wartungsarme Batterien
■ = Wartungsfreie Batterien

Monat / Arbeit	Wartungskalender für Batterien											
	Fahrzeit						Winterlager					
	April	Mai	Juni	Juli	Aug.	Sept.	Okt.	Nov.	Dez.	Jan.	Feb.	März
Säuredichte-Messung				●			●					●
Nachladen wegen Selbstentladung							●					●
Elektrolytstand-Messung				●			●					●
reinigen und trocknen				● ■			● ■					● ■
Anschlüsse prüfen und einfetten				● ■			● ■					● ■

Außenborder mit Batterie, Fernschaltung und Instrumentierung haben eine ziemlich umfangreiche Elektrik (auch im Boot), mit der genauso verfahren wird, wie oben für den Motor beschrieben. D. h. Sie sollten alle Verbindungen überprüfen, Ausblühungen abbürsten, einsprühen oder mit Polfett einreiben und schließlich die Batterie einwintern.

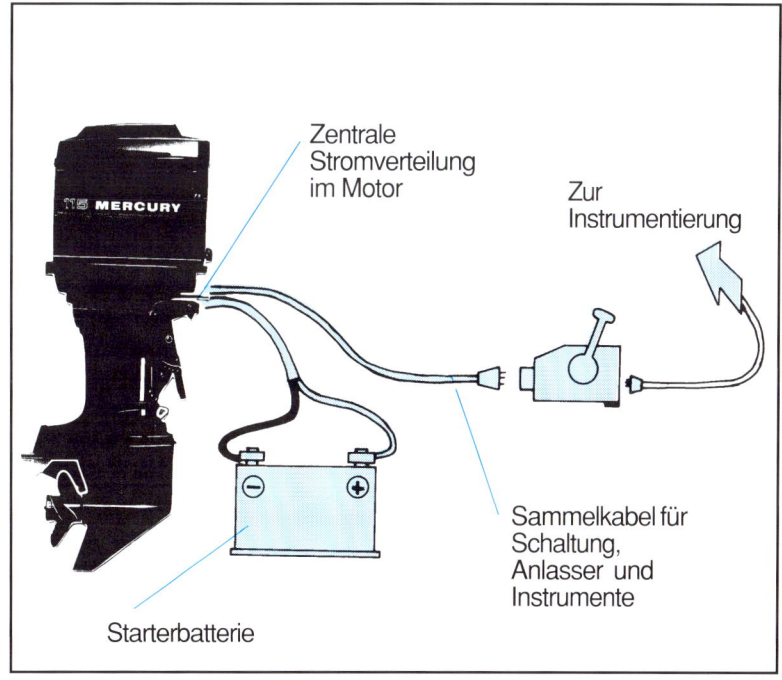

Zentrale Stromverteilung im Motor

Zur Instrumentierung

Sammelkabel für Schaltung, Anlasser und Instrumente

Starterbatterie

Es lohnt sich, im Herbst auch einmal die Steckverbindungen für die Sammelkabel zur Fernschaltung und Instrumentierung aufzumachen und mit wasserunterwanderndem Spray einzusprühen oder auf die Steckkontakte etwas Polfett aufzutragen. Vergessen Sie auch nicht, die dicken Kabel, die zur Batterie führen, an den Verbindungen zu säubern und den festen Sitz zu überprüfen.

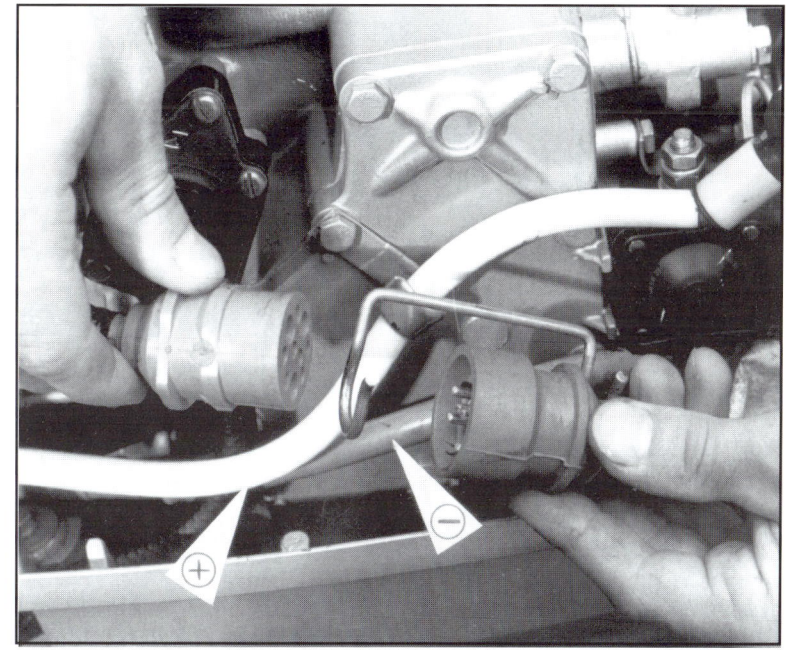

Schmierpunkte

Die Schmierpunkte sind alle blanken Teile und einige spezielle Schmiernippel am unteren Schaftlager und der Kippvorrichtung. Blanke Teile sind (von der Propellerwelle angefangen, über die Klemmschrauben der Befestigung bis hin zum Vergasergestänge) alles, was nicht lackiert oder beschichtet ist, vor allem Gelenke und Fittings. Als Fett verwendet man das vom Hersteller in der Betriebsanleitung empfohlene Fett oder Allzweckfett. Sparsam braucht man mit dem Fett fürs Winterlager nicht umzugehen. Die Schmiernippel müssen mit der Fettpresse geschmiert werden, die es in der Zubehörliste jedes Herstellers gibt.

▼ **Die Pfeile zeigen auf einige blanke Metallteile unter der Motorhaube, die alle kräftig eingefettet werden, bevor der Motor ins Winterlager geht. Altes Fett wird vorher abgewischt. Am besten geht das Einfetten mit einem kleinen Pinsel von etwa 8 - 10 mm Breite und harten Borsten.**

▲ **Hier sehen Sie das untere Schaftlager mit dem dafür vorgesehenen Schmiernippel. Machen Sie sich die Mühe und stekken Sie nach dem Einpressen des Fettes die Kappe wieder über den Nippel.**

Kraftstoffsieb und -filter

Jeder Motor hat an der Kraftstoffpumpe ein feines Sieb, das im Herbst gereinigt werden muß. Manche Motoren haben zusätzlich noch einen kleinen Benzinfilter, der je nach Art entweder gereinigt oder erneuert wird. Die Filtersiebe werden in sauberem Benzin (z.B. Rest aus dem Tank durch ein fusselfreies Tuch gefilterter) gründlich durchgespült, getrocknet und wieder eingebaut. Das Filtergehäuse wird vorher mit einem fusselfreien Lappen sauber gewischt. Achten Sie beim Zusammenbau auf den richtigen Sitz der Dichtung. Bestehen hier Zweifel, ob die Dichtung auch in Ordnung ist, muß sie erneuert werden.

Das Sieb nicht mit dem Mund trocken pusten (Speichel), sondern mit Preßluft oder einer Fahrradpumpe ausblasen.

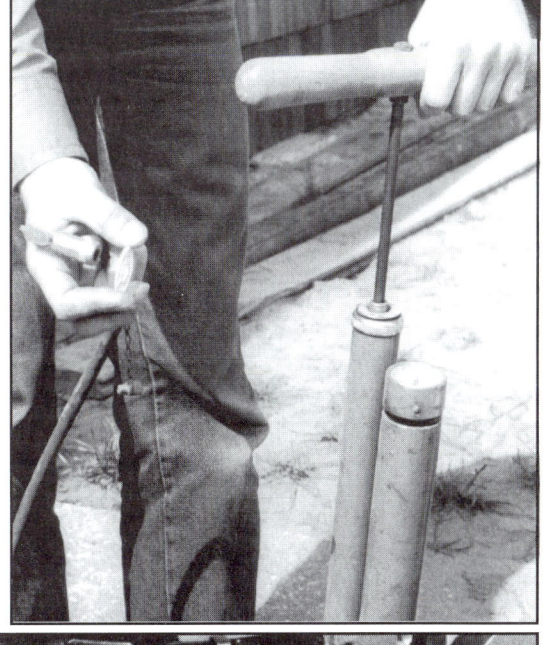

► **Das Filtersieb sitzt direkt unter dem Deckel der Kraftstoffpumpe. Der Wartungsvorgang ist praktisch in jeder Betriebsanleitung genau beschrieben.**

Kraftstofftank

Sie sollten Ihre letzte Fahrt vor dem Winterlager so planen, daß Sie nur noch einen kleinen Rest Benzin im Tank haben, den Sie dann zur Reinigung verwenden. Öl und Benzin sollte man nicht den Winter über aufbewahren (es sein denn, Öl in ungeöffneten Packungen), da alte Kraftstoffe, besonders mit Öl vermischt, im Frühjahr nur Ärger am Motor verursachen und zu Störungen führen wie Brückenbildung an den Zündkerzen, was wiederum in dem entsprechenden Zylinder die Funkenbildung verhindert.

Manche Hersteller empfehlen, den Tank im Winterlager mit Benzin aufgefüllt zu lagern. Das sollte man aus Sicherheitsgründen nur mit Dieselöltanks machen. Benzintanks sollte man leer ins Winterlager stellen.

Der normale Außenbordertank ist ein lackierter Blechbehälter, der äußerlich sehr leicht gammelt, da er bei vielen Booten, zumindest im Bodenbereich, häufig mit Wasser in Berührung kommt und dann nicht schnell genug trocknen kann.

Normalerweise wird der Tank nur einmal im Herbst entleert, das Saugrohr ausgebaut, das Sieb gereinigt, mit dem letzten halben Liter Benzin wird der Tank kräftig geschüttelt und ganz leer gemacht. Er bleibt den Winter über offen stehen. Der Schlauch wird ebenfalls leer gepumpt (soweit das mit dem Ball möglich ist).

◀ **Bei diesem Tank ist die Tankanzeige in den Tankdeckel integriert. Die Entlüftungsschraube wird beim Transport geschlossen, muß zum Fahren aber immer geöffnet werden. Prüfen Sie die Dichtung sowohl am Deckel als auch an der Entlüftungsschraube.**

▶ **Überall dort, wo Feuchtigkeit nicht gleich wieder verdunsten kann, ist der Tank gefährdet.**

(1) Der Pfeil zeigt auf eine Stelle, an der durch den Befestigungsgurt der Lack schon nach 2 Monaten ab war.

(2) Besonders gefährdet ist natürlich die Unterseite des Tanks, die bei vielen Booten immer wieder mit Wasser in Berührung kommt. Durch mangelnde Belüftung kann das Wasser nicht verdunsten, der Tank beginnt zu gammeln.

Hier löst sich der Lack großflächig auf der Unterseite ab. Man sollte die Flächen gründlich mit der Drahtbürste blank putzen, grundieren und lackieren.

(3) Tankkupplung und Tankanzeige sind in einen Deckel integriert. Wenn Sie den Deckel zur Reinigung des Saugkorbes abschrauben,

Belüftungs-
schraube

Tankverschluß mit Tauchgeber für Benzinanzeige

Schlauch am Tank ohne Kupplung

Tanköffnung mit Bajonettverschluß

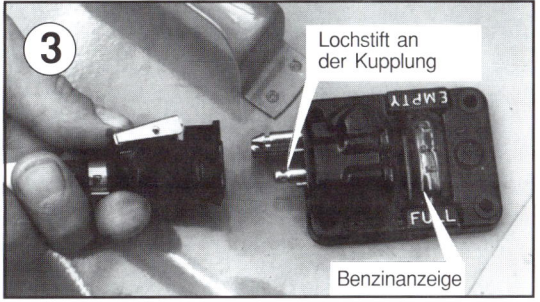

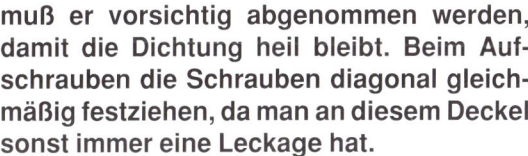

Lochstift an der Kupplung

Benzinanzeige

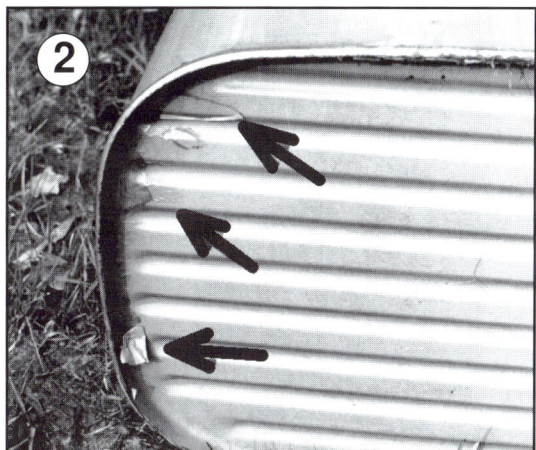

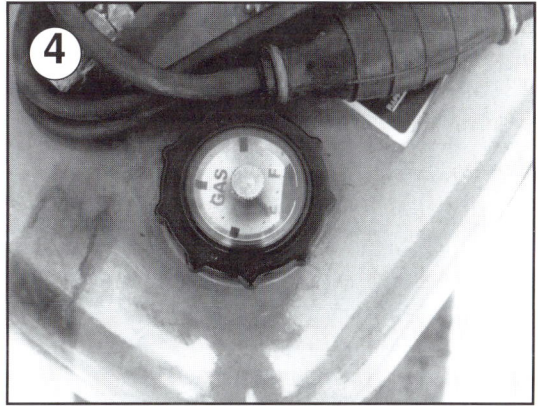

muß er vorsichtig abgenommen werden, damit die Dichtung heil bleibt. Beim Aufschrauben die Schrauben diagonal gleichmäßig festziehen, da man an diesem Deckel sonst immer eine Leckage hat.

(4) Die Tankanzeige ist hier in den Tankverschluß integriert. Die Entnahmeleitung sitzt ohne Kupplung an einem Fitting, der auch schwer gammelt. Solche Schwach stellen gibt es immer wieder; die kann man nur beseitigen, wenn man sie sehr gründlich reinigt, primert und lackiert.

(5) Den Saugkorb an der Entnahmeleitung gründlich in sauberem Benzin durchspülen und, nachdem der Tank entleert ist, wieder einbauen. Achten Sie auf gründliche Abdichtung, da Sie sonst an der Entnahmeleitung immer eine Leckstelle haben.

Kühlwassermantel

Es gibt praktisch für jeden Motor eine Spülvorrichtung, mit der man den Kühlkreislauf mit Frischwasser auf einfache Art und Weise durchspülen kann. Z. Zt. wird nur mit Frischwasser (keine Zusätze) durchgespült und ganz besonders dann, wenn der Motor aus dem Salzwasser kommt.

Das Spülen verschiebt man nicht, bis man zu Hause ist, sondern spült gleich, wenn das Boot aus dem Salzwasser auf den Hänger kommt.

Gespült wird auf jeden Fall, wenn der Motor ins Winterlager kommt. Dazu ist, wenn man die räumlichen Möglichkeiten hat, ein Faß ganz praktisch, auf das man sich eine Motorhalterung bauen kann. Mit dem Faß hat man die Möglichkeit, den Motor in aller Ruhe laufen zu lassen.

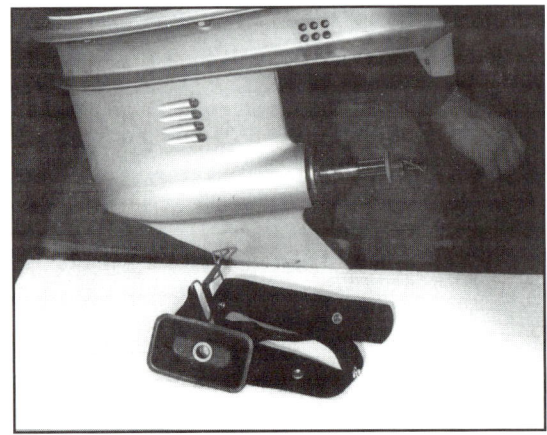

▲ **Spülmanschette für die Kühlwasserschlitze des Motors. Die Manschette wird über die Schlitze gelegt und der Wasserschlauch auf die Manschette gesteckt. Dann dreht man das Wasser auf und läßt den Motor 3 - 5 Minuten im Leerlauf durchspülen. Dabei ist zu kontrollieren, ob Kühlwasser aus der Kontrollöffnung und dem Hilfsauspuff kommt.**

◄ **Hier sehen Sie einen Außenborder in einem Blechfaß, an das eine Halterung zum Aufsetzen der Maschine gebaut wurde. Das ist ganz praktisch, da man dieses Faß gleichzeitig als Motorständer für das Winterlager verwenden kann. Bevor Sie den Motor im Faß laufen lassen, auf jeden Fall Propeller abnehmen, da sonst die Kühlwasserschlitze statt Wasser Luft saugen würden.**

Winterlager

Hauptproblem bei längeren Betriebspausen, besonders während des Winterlagers, ist das Kondensat. Es entsteht auf allen Metallteilen. Die Feuchtigkeit aus der Luft kondensiert dort, wo der sogenannte Taupunkt unterschritten wird, und das passiert auf allen Metallteilen, wenn sie sehr stark auskühlen und dann nicht mit der Lufterwärmung Schritt halten können. Dazu kommt die hohe Luftfeuchtigkeit an trüben Wintertagen und der Temperaturwechsel zwischen Nacht und Tag. D. h. auf allen Metallteilen, auch in den Zylindern, im Triebwerk, in den Lagern, entsteht Kondensat. Wenn die Metallteile nicht mit einem Fettfilm geschützt sind, führt das besonders im Triebwerk zusammen mit Rückständen aus der Verbrennung zu schweren Schäden, die die Lebensdauer des Motors stark einschränken.

Das Beste für einen Motor wäre, wenn man ihn in einer geheizten Kammer oder geheizten Garage überwintern würde, doch das gehört wahrscheinlich zu den Ausnahmen.

Um den Motor möglichst ohne Schaden durch den Winter zu bringen, bedarf es einer Menge Arbeiten, die man nur zum Teil selbst durchführen kann. Einerseits ist die Winterüberholung für den Laien sehr empfehlenswert, da er sich bei Durchführung der Konservierungs- und Überholungsarbeiten intensiv mit dem Motor beschäftigt. Andererseits sollte man das nur dann machen, wenn der Motor den ganzen Sommer über keinen Leistungsabfall oder sonstige Störungen im Bereich der Verbrennung und Elektrik zeigte (sonst Werkstatt). Und auch dann ist zu empfehlen, daß man zumindest jedes zweite Jahr den Motor zur Werkstatt bringt, damit er dort im Testbecken läuft.

Große Motoren, die nicht vom Boot abgebaut werden, sollte man mitsamt dem Boot in die Werkstatt fahren und dort durchchecken lassen. Meistens nimmt man sie dort auch nicht vom Boot ab, sondern stellt ein Faß unter den Schaft und läßt sie dann entsprechend laufen und kontrolliert die Systeme.

Wenn man den Motor vernünftig lagern will, sollte man sich einen Motorständer bzw. Motorkuli bauen oder kaufen. Sonst steht der Motor in einer Ecke, man kommt schlecht ran und führt deshalb die Arbeiten nicht gründlich genug durch. Zum Selbst bau eignet sich am besten Holz, wie in der linken Skizze dargestellt.

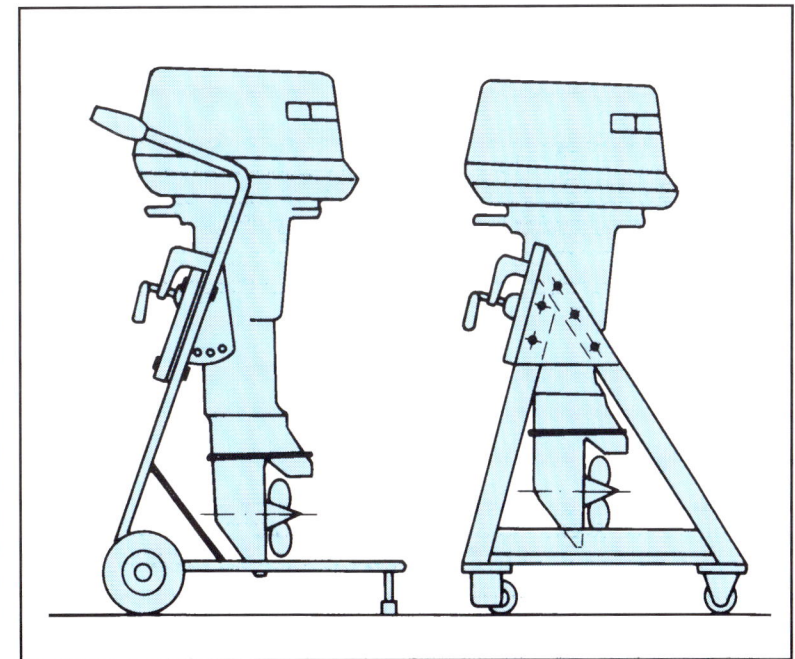

▶ Große Motoren, die nicht vom Boot abgebaut werden, sollte man mitsamt dem Boot in die Werkstatt fahren und dort durchchecken lassen. Meistens nimmt man sie dort auch nicht vom Boot ab, sondern stellt ein Faß unter den Schaft, läßt sie dann entsprechend laufen und kontrolliert die Systeme.

▶ Viele Fachwerkstätten bieten für Überholung und Einlagerung zum Winter für bestimmte Leistungsgruppen, mit dem rechts beschriebenen Arbeitsumfang, Pauschalpreise an. Was Sie für diesen Pauschalpreis bekommen, ist eine fachgerechte Reinigung, Konservierung und Überprüfung aller betriebswichtigen Systeme. Diese Preise steigen natürlich entsprechend, wenn durch Verschleiß zusätzliche Reparaturen anfallen. Getriebeöl und Reinigungs- sowie Konservierungsmittel werden extra berechnet. Üblich ist allerdings, daß der Motorenbesitzer angerufen wird, wenn anfallende Reparaturen den vereinbarten Pauschalpreis oder Basispreis sprengen würden.

Was man auf jeden Fall machen kann und das sollte man auch tun, das sind die Farbschäden beseitigen, da diese Arbeiten zeitlich sehr aufwendig sind und in der Werkstatt relativ viel Geld kosten. Außerdem benötigt man dazu keine Sonderwerkzeuge oder Meßgeräte.

▶ **Wenn Sie selbst einwintern, ist noch einmal darauf hinzuweisen, daß dies nur geschehen sollte, wenn der Motor einwandfrei die Saison gelaufen und im Bereich Verbrennung und Zündung keinerlei Schwierigkeiten gemacht hat. Besonders die Leistung darf auf keinen Fall abgefallen sein.**

Einwintern von der Fachwerkstatt

Kontrollen und Arbeiten, die von der Fachwerkstatt beim Einwintern des Motors durchgeführt werden:

1. Probelauf des Motors im Testbecken mit Drehzahlmessung.
2. Durchspülen des Kühlsystems.
3. Starter prüfen (Hand- und/oder E-Starter).
4. Zündung durchmessen, überprüfen und Drehzahltest.
5. Vergaser-Funktion überprüfen.
6. Zündkerzen prüfen und reinigen.
7. Wasserpumpe auf Fördermenge prüfen und Kühlwasserkreislauf abdrücken.
8. Kraftstoffpumpe auf Funktion prüfen und messen.
9. Thermostat prüfen und reinigen.
10. Getriebe auf Lagergeräusche und Funktion überprüfen.
11. Getriebeölwechsel und Kontrolle der Propellerwelle und Dichtungen.
12. Motor nach Schmierplan abschmieren.
13. Tank überprüfen und säubern.
14. Abschlußprobelauf im Testbecken mit anschließender Konservierung.

Arbeitsablauf beim Einwintern des Motors:

1. Motorkuli bauen oder kaufen, siehe Seite 145 (auf das Foto mit der Tonne verweisen)
2. Motor mit Frischwasser durchspülen, siehe Seite 144
3. Triebwerk reinigen und konservieren, siehe Seite 148
4. Motor äußerlich säubern, s. Seite 149
5. Kraftstoffsystem reinigen, s. Seite 141
6. Alle Muttern und Schrauben auf festen Sitz überprüfen und Oxydationsspuren beseitigen, siehe Seite 149
7. Alle beweglichen Teile einfetten, siehe Seite 140
8. E-Anlage und Zündkerzen überprüfen, reinigen und konservieren, s. Seite 134
9. Getriebeölwechsel, siehe Seite 57/148
10. Außenhaut säubern, Farbschäden ausbessern und konservieren, s. Seite 149
11. Die Motorstellung alle 14 Tage verändern, indem Sie am Handstarter das Triebwerk um eine halbe Umdrehung weiterdrehen.

Die Lagerung des Motors ist am günstigsten in einem geheizten Raum. Das Weiterdrehen des Motors ist wichtig, damit Kondensat und Verbrennungsrückstände nicht immer auf den gleichen Punkt wirken, den Konser vierungs- oder Ölfilm durchfressen und die Oberflächen der Zylinder und Lager anätzen.

Pflege- und Schmiermittel

Jeder Motorenhersteller hat seine marken-eigenen Fette, Öle und Wässerchen, die er in der Betriebsanleitung entsprechend empfiehlt. Analog gibt es diese Mittel auch von diversen Mineralölfirmen und Fett- und Schmiermittel-Herstellern. Ähnlich wie auf dem Kosmetikmarkt ist auch hier das Angebot sehr umfangreich und, wie könnte es anders sein, gewinnbringend. Es ist allerdings so, daß man sehr gut Produkte aus fremdem Stall verwenden kann, ohne daß der Motor Schaden nimmt.

Getriebeöl sollte man unbedingt nach den Emp-fehlungen der Betriebsanleitung verwenden. Die Außenborder-Getriebeöle haben die Eigen-schaft, mit dem Wasser zu emulgieren, ohne daß der Schmierfilm auf den Zahnrädern gleich kaputt geht. Die Überprüfung, ob Wasser im Getriebe ist, muß auf jeden Fall von Zeit zu Zeit stattfinden - vor allen Dingen, wenn Verdacht auf kaputte Wellendichtungen besteht (Angel-schnur). Auf jeden Fall muß im Herbst der Getriebeölwechsel durchgeführt werden, bevor der Motor ins Winterlager kommt. Dann hat man auch noch genügend Zeit, Reparaturen ausfüh-ren zu lassen.

Korrosionsschutzfett sollte man sich für den Salzwasserbetrieb auf jeden Fall leisten. Es ist zwar etwas teurer, jedoch sehr beständig. Im Süßwasserbetrieb kann man getrost normales Mehrzweckfett verwenden wie es an jeder Tank-stelle zu haben ist. Es wird von fast allen Ser-vice-Werkstätten verwendet, da es billiger ist und ausreichende Schmier- und Konser-vierungseigenschaften hat.

Sprühöl ist nichts anderes als ein feuch-tigkeitsunterwanderndes Spray, das auch Schmier- und Konservierungseigenschaften hat. Man bekommt es an jeder Tankstelle und kann es zum Einsprühen aller Elektroanlagen und Kabel verwenden.

Motorreiniger lassen sich nur noch im Test-becken einsetzen, da die mit dem Motorreiniger ausgestoßenen Verbrennungsrückstände zu viel Schmutz in das Hafenwasser bringen würden.

Schmier- und Konservie-rungsmittel gibt es wie Sand am Meer. Jeder Motorenhersteller hält eine Palette von Pflege-mitteln bereit. Man be-kommt sie aber auch ....

Sinn und Zweck des Motor reinigers ist es, festgebrannte Kolbenringe zu reinigen - mit anderen Worten, den Brennraum zu säubern. Es handelt sich weitgehend um Sprays, die bei betriebswarmem Motor in den Vergaser eingesprüht werden (Achtung: Beschreibung genau beachten!).

Korrosionsschutzöl dient zum Konservieren der Brennräume und des gesamten Triebwerkes. Es wird auch Konservierungsöl genannt, darf aber unter diesem Begriff nicht einfach an der Tankstelle gekauft werden. Es muß speziell für die Konservierung von Triebwerken geeignet sein (dünnflüssig und rückstandsfrei). Man bekommt es bei den Motorhändlern in Spray- oder Flaschenform. Es wird bei relativ hoher Drehzahl in den Motor gesprüht und hat die Aufgabe, alle Oberflächen im Triebwerk zu benetzen, Feuchtigkeit zu unterwandern und somit nachhaltig vor Oxydationsschäden zu schützen.

Außenpflege - Die Außenhaut des Motors wird gründlich mit einem Haushaltsreinigungsmittel abgewaschen, Schmutz, Öl und Staub entfernt und gründlich mit Bootswachs eingerieben. Beim Waschen entdecken Sie gleich diverse Lackschäden, die beseitigt werden müssen.

Lackieren der Außenhaut - Für Lackschäden an ziemlich neuen Motoren ist Originalfarbe zu empfehlen. Schadhafte Stellen werden mit der Drahtbürste gründlich sauber gebürstet und in der Umgebung geprüft, ob der Lack blasenförmig hochkommt (Ausblühung auf dem Alu, das den Lack hochdrückt). Dann werden die sauber gebürsteten Stellen mit Verdünnung abgewaschen (entfettet). Ist der Motor älteren Datums, kann man auch mit anderen Lacken arbeiten, wenn es nicht mehr auffällt, daß der Motor eine andere Färbung bekommt. Greift man zu anderen Farben, dann sollte man immer abschnittweise bis zu optischen Kanten malen. So fällt der Farbwechsel nicht zu sehr auf.

Wichtig ist auf jeden Fall, daß man einen Alu-Primer verwendet, der als Haftgrund für den Lack dient.

....auf dem normalen Schmier- und Pflegemittelsektor oder an der Tankstelle: Mehrzweckfett, Konservierungsöl für Triebwerke, seewasserbeständiges Wasserpumpenfett, wasserunterwandernde Konservierungssprays und -öle.

◀ Beim Einwintern brauchen Sie mit Fett nicht sparsam umzugehen, da die schützende Schicht meistens bis zum nächsten Einwintern halten soll.

▼ Nach dem Waschen sieht man die Lackschäden am deutlichsten. Die Stellen müssen mit der Drahtbürste blank geputzt und sauber angeschliffen werden, danach entfettet man sie mit Verdünnung, streicht mit Primer vor und lackiert dann. Der Primer ist nichts anderes als der Haftvermittler zwischen dem Aluminium des Gehäuses und dem Lack.

Primer + Farbe

Fehlersuche und Reparatur

Im Detail lösen sich komplexe Fragen meist in leicht zu bewältigende Handgriffe. Der beste Weg ins Detail sind Fehlersuchtabellen verbunden mit etwas Logik und Beobachtungsgabe.

Erste Schritte der Fehlersuche

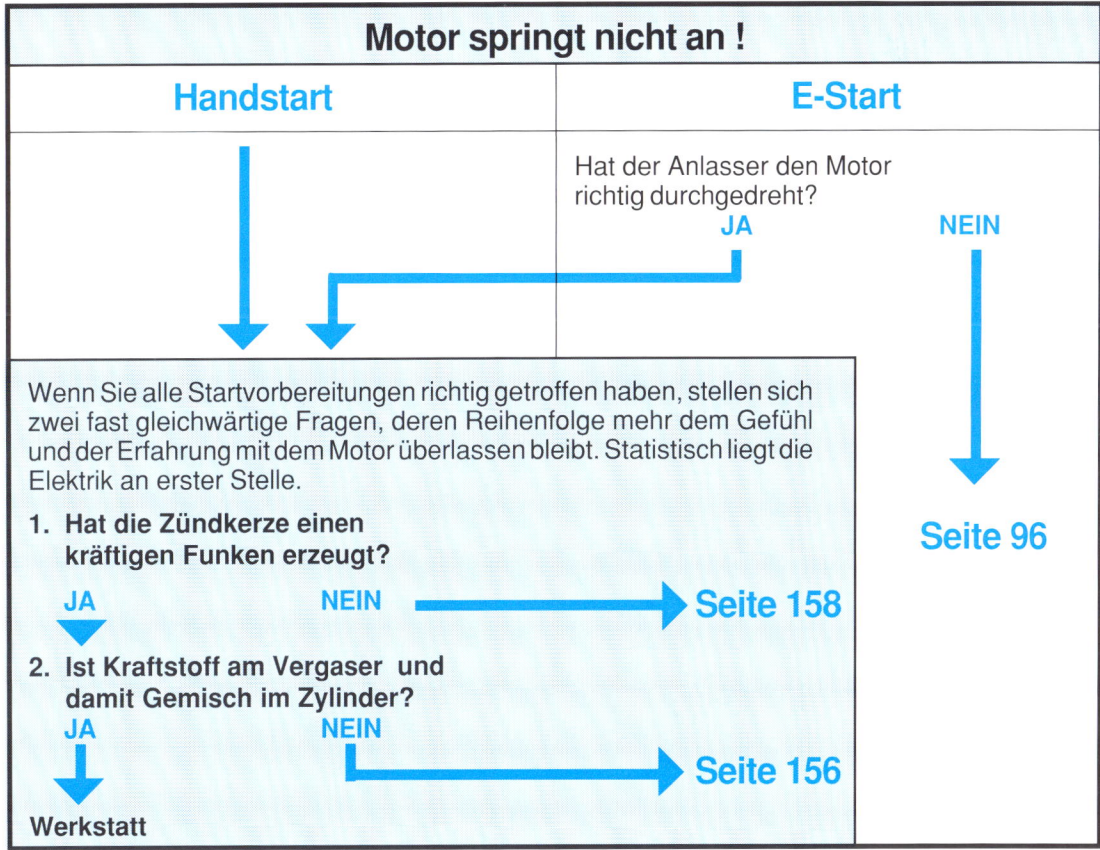

Motor springt nicht an !	
Handstart	**E-Start**

Hat der Anlasser den Motor richtig durchgedreht?

JA   NEIN

Wenn Sie alle Startvorbereitungen richtig getroffen haben, stellen sich zwei fast gleichwärtige Fragen, deren Reihenfolge mehr dem Gefühl und der Erfahrung mit dem Motor überlassen bleibt. Statistisch liegt die Elektrik an erster Stelle.

1. **Hat die Zündkerze einen kräftigen Funken erzeugt?**

   JA   NEIN   Seite 158

2. **Ist Kraftstoff am Vergaser und damit Gemisch im Zylinder?**

   JA   NEIN   Seite 156

Werkstatt

Seite 96

Fehlersuche und Reparatur

Fehlersuche

Motoren sind so konstruiert, daß sie laufen, wenn sie richtig mit Luft und Kraftstoff versorgt werden, d. h. wenn sie das richtige Luftkraftstoffgemisch in den Zylinder bekommen, das dort vom Funken der Zündkerze gezündet wird. Daraus folgt: Kraftstoff- und Zündsystem sind die primären Kreise, über die man bei der Fehlersuche nachdenken muß, gefolgt vom Schmieröl für das Triebwerk und den Kühlkreislauf. So gesehen hat der Motor vier Systeme, die in Ordnung sein müssen, damit er ungestört läuft.

Störungen äußern sich durch optische und akustische Signale, die man über den Motor direkt mit den Sinnen aufnimmt oder von Meßinstrumenten vermittelt bekommt (siehe Gefühl für den Motor im Kapitel Einführung). Die folgenden Fehlersuchtabellen sind so aufgebaut, daß Sie in der Liste unten das Störungsbild suchen und sich dann über die dort genannte Seite an das Problem herantasten. Banaldefekte, wie leerer Tank, sind hier nicht mehr berücksichtigt. Zu diesem Thema wird auf Seite 13 Stellung genommen.

◀ Wenn Ihr Motor streikt oder Unregelmäßigkeiten zeigt, finden Sie am schnellsten über diese Liste zu den richtigen Seiten.

Motor springt nicht an

Voraussetzungen für einen einwandfreien Start:

Drehgasgriff in Startstellung?
Getriebeschalthebel auf Neutral?
Kraftstoff im Tank?
Benzinschlauchkupplungen richtig angeschlossen?
Liegt die Kraftstoffleitung frei, hat sie Kinken?
Wurde die Ballpumpe betätigt, bis Widerstand zu spüren war?
Choke gezogen (nur bei kaltem Motor)?
Warmer Motor und Choke gezogen? Motor abgesoffen? ➡ Choke reindrücken, einige Male starten!

Wenn diese Voraussetzungen erfüllt sind, sollten Sie wieder versuchen zu starten. Bleibt das ohne Erfolg , können Sie in zwei Richtungen suchen:
Die größere Wahrscheinlichkeit liegt bei der Zündung (1). Wenn Sie sicher sind, daß die Zündung okay ist, beginnen Sie mit der Suche beim Kraftstoffsystem (2).

(1) Überprüfen der Zündung

Prüfen Sie den Sitz der Zündkerzen-Kabelstecker auf der Seite der Zündkerze und der Zündspule. Versuchen Sie zu starten.

Kein Erfolg bei erneutem Start

Kerzen herausdrehen und Kerzengesicht prüfen (siehe Seite 136).
Wenn der Funke stark ist, muß das Kraftstoffsystem überprüft werden.

(2) Kraftstoffsystem prüfen
(richtige Vergasereinstellung vorausgesetzt).

Kommt Benzin beim Pumpen, dann liegt der Defekt in Richtung Vergaser (siehe Seite 33).

Kommt kein Kraftstoff beim Pumpen, liegt der Defekt in Richtung Tank (siehe Seite 31).

Sollte auch dies zu keinem befriedigenden Ergebnis führen, könnten Sie noch die

Steuerorgane prüfen.

Steuergestänge der Drosselklappe/Choke/Synchronisation:
Prüfen Sie die Funktion des Chokes (siehe Seite 34).
Prüfen Sie die Funktion der Drosselklappe (siehe Seite 35).
Sollte der Motor nach erneutem Starten nicht anspringen, ist der Weg zur Werkstatt unumgänglich.

> ## Achtung !!!
>
> **Wenn Sie bei geöffneter Motorhaube starten, müssen Sie auf die Schwungscheibe achten. Bei einigen Motoren ist sie nicht vollständig abgedeckt, und es besteht die Gefahr, daß man sich sehr schwer verletzt (z.B.: Ärmel bleibt hängen und wird mitgerissen usw.)!**

Leerlaufdrehzahl falsch oder unregelmäßiger Lauf des Motors

Vergasereinstellung	Es kann an der Leerlaufdüse liegen, die zu mageres oder zu fettes Gemisch liefert (siehe Seite 33).
	Die Drosselklappen-Anschlagschraube hat sich verstellt (siehe Seite 33).
Zündkerzen	Zündkerzen nicht in Ordnung (siehe Seite 136, 166).
Kraftstoff-Öl-Gemisch	Zuviel Öl im Benzin, minderwertiger Kraftstoff, Tank hat zu lange gestanden, das Öl hat sich abgesetzt (schütteln).
Synchronisation von Gas und Zündung	Mit der Drosselklappenstellung wird auch die Zündung verstellt. Es kommt vor, daß sich eine Verstellschraube lockert (siehe Seite 160).
Undichtigkeiten am Motor (Auspuffsammler, Zylinderkopf, Kurbelgehäuse).	Das sind Unregelmäßigkeiten, die meist nur auftreten, solange die Haube auf dem Motor sitzt. Z. B.: Der Auspuff ist undicht, Abgas strömt unter die Haube, und wird vom Vergaser angesaugt. Nimmt man die Haube ab, bekommt der Motor wieder saubere Luft (mehr Sauerstoff), und die Unregelmäßigkeit scheint behoben. Alle Schrauben an den entsprechenden Flanschen überprüfen, nachziehen und die Dichtungen unter Umständen von der Fachwerkstatt erneuern lassen. Wenn der Motor nach dieser Prozedur immer noch nicht regelmäßig läuft, sollten Sie eine Fachwerkstatt aufsuchen.

Kleine Motoren	Kein Kühlwasser an der Kontrollöffnung
	Bei Motoren mit Kühlwasser-Überwachung durch Thermometer, Druckanzeige oder Überhitzungsschutz kann man noch die Hoffnung hegen, der Fehler läge im Überwachungssystem (z.B.: Masseschluß eines durchgescheuerten Kabels an der Geberleitung). Fehlt das Wasser an der Kontrollöffnung, gibt es folgende Möglichkeiten: **1. Motor hochkippen und Kühlwasser-Einlaßschlitze prüfen. 2. Mit Draht überprüfen, ob vielleicht die Kontrollöffnung verstopft ist (sehr selten). 3. Siehe Thermostat auf Seite 166. 4. Kühlwasserpumpe defekt ➤➤ Werkstatt 5. Verstopfte Kühlwasserkanäle (im Motor) ➤➤ Werkstatt**

Leistung nimmt plötzlich ab

Motor abstellen und hochkippen!

Wahrscheinlich handelt es sich um eine Plastiktüte, Angelschnur oder sonstige Gegenständen, die nicht durch einen Schlag am Propeller spürbar sind.
Wenn der Verdacht besteht, daß ein Plastikstreifen oder eine Angelschnur an der Nabe zur Welle gelaufen ist und dort die Dichtung beschädigt hat, muß das möglichst bald überprüft werden. Am besten irgendwo ans Ufer fahren, den Propeller abnehmen und auf jeden Fall alles entfernen. Dabei sieht man, ob z. B. die Angelschnur durch die Dichtung ins Getriebe eingedrungen ist (siehe Seite 64).

Scherstift gebrochen und verklemmt (ersetzen, siehe Seite 64).

Rutschkupplung hält nicht mehr (siehe Seite 65).

Leistung nimmt allmählich ab

Zündkerzen prüfen (siehe Seite 136, 166).

Vergaser falsch eingestellt (siehe Seite 33).

Filter zunehmend verstopft, oder Wasser im Kraftstoff (siehe Seite 38).

Kühlwassereingang verstopft (siehe Seite 146).

Kühlwasserpumpe defekt. Im Notfall siehe Seite 157, sonst ➡ Werkstatt

Zündeinstellung verschoben. Das ist im Prinzip auch bei kleinen Motoren mit Schwungradmagnetzündung eine Sache für den Fachmann. ➡ Werkstatt

Im Laufe der Zeit wird die Membran der Benzinpumpe hart oder porös. ➡ Werkstatt
Wenn die Membran in Ordnung ist, kann
z. B. die Unterdruckleitung zum Gehäuse verstopft sein (s. S. 166).
Notfall: abbauen und Bohrungen mit Draht auf Durchgang prüfen ➡ Werkstatt

Verkokung des Motors, z. B. durch Verwendung falschen Öls, falscher Vergasereinstellung, mangelhafter Pflege (in leichten Fällen hilft Motorreiniger, siehe Seite 148), sonst ➡ Werkstatt

Bootsboden bewachsen (reinigen).

Weitere Ursachen, z. B. festgebrannte Kolbenringe usw. ➡ Werkstatt

Motor läuft unrund, zittert.

Im Rückwärtsgang kann man das Zittern des Motors als normal betrachten. Einzylinder-Motoren laufen im Leerlauf auch nicht besonders gleichmäßig und ruhig. Diese Unruhe des Motors sollten Sie sich aber von Anfang an einprägen, und wenn das Zittern oder Unrundlaufen zunimmt, dann sollten Sie versuchen, den Defekt zu finden.

Motor zittert im Leerlauf immer stärker.	Lenkungsdämpfung zu lose (Einstellschraube nachziehen).
Motor fängt an, unter Belastung immer stärker zu zittern.	Propeller beschädigt oder durch Plastiktüte, Angelschnur usw. unwuchtig geworden (s. S. 64). Prüfen und unter Umständen den Reservepropeller aufsetzen. Dadurch bekommen Sie jedenfalls Klarheit, ob es am Propeller gelegen hat, da eine Unwucht des Propellers optisch nicht immer erkennbar ist.
	Vergaser prüfen (Ist die Choke-Klappe ganz geöffnet? Ist das Gemisch vielleicht zu fett? Kann die Schwimmerstellung zu hoch sein?) Im Prinzip s. Seite 33 oder ➠ Werkstatt
	Hatten Sie bisher keinen Erfolg, so sollten Sie die Schwingmetalle an der Aufhängung des Motors überprüfen. ➠ Werkstatt

Motor läuft normal - Boot kommt nicht auf Geschwindigkeit.

Boot kommt gar nicht in Fahrt.	Propeller verloren (Reservepropeller anbauen). Plastiktüte im Propeller, so daß dieser leerdreht und nur Schaum schlägt. Fremdkörper vom Propeller entfernen. Scherstift gebrochen (erneuern, siehe Seite 64). Rutschkupplung defekt (Reservepropeller anbauen, siehe Seite 65).
Boot kommt nicht auf volle Geschwindigkeit.	Propeller so verbogen, daß die Steigung verändert ist, jedoch keine große Unwucht vorliegt (Reservepropeller anbauen). Propeller verkrautet oder Angelschnur oder ähnliches aufgewickelt (siehe Seite 64).
Boot kommt auf Geschwindigkeit, dann dreht Motor hoch, ohne jedoch die Geschwindigkeit zu erhöhen.	Scherstift gebrochen und verklemmt (siehe Seite 64). Rutschkupplung faßt bei bestimmter Belastung nicht mehr (siehe Seite 65).

Motor zündet, dreht aber nicht durch. Es entstehen Fehlzündungen.

Ein- und Mehrzylindermotoren.	Zündkerzen prüfen (siehe Seite 136, 166). Zündzeitpunkt verschoben, Prüfung der Synchronisation. ➠ Werkstatt Zündeinstellung prüfen, ebenfalls ➠ Werkstatt Keil der Schwungscheibe abgeschert ➠ Werkstatt Ist bei den meisten Motoren nicht mit bloßem Auge feststellbar!
Mehrzylindermotoren.	Zündkerzenkabel vertauscht (berichtigen).

Motor stirbt ab, wenn der Gang eingelegt wird.

Leerlaufdrehzahl stimmt.	Fremdkörper im Propeller. Gegenstand abnehmen und erneut versuchen. Getriebe schadhaft, Reibschäden, Abnutzungserscheinung, Teile verbogen? ➠ Werkstatt
Die zusätzliche Last durch Einkuppeln des Propellers genügt, um den Motor abzuwürgen.	Ursache in zu niedriger Leerlaufdrehzahl oder falscher Gemischeinstellung (s. Seite 33) ➠ Werkstatt

Schlechter Übergang vom Leerlauf zu höheren Drehzahlen und zu niedrige Vollgas-Drehzahl.

Ursache im Bereich Zündung.	Zündkerzen prüfen (siehe Seite 136, 166). Synchronisation überprüfen ➠ Werkstatt
Ursache im Kraftstoffbereich.	Filter teilweise verstopft (siehe Seite 38). Kraftstoffpumpe fördert zu wenig ➠ Werkstatt Leerlaufeinstellung falsch (siehe Seite 33).
Ursache im Triebwerk.	Zylinder sowie Spül- und Auslaßschlitze verkokt. Hier hilft in leichten Fällen Motorreiniger (siehe Seite 186). Wenn das keine Besserung bringt ➠ Werkstatt

Rauchentwicklung und unregelmäßiger Lauf

Öl-Benzin-Mischung	Motor bekommt zu viel Öl. **Motoren mit Öldosiervorrichtung:** Dosiervorrichtung überprüfen. Meist ein Fall für die Werkstatt. **Motoren ohne Öldosierung:** Es kann daran liegen, daß der Tank zu lange gestanden hat. Das Öl hat sich auf dem Boden gesammelt und wird zuerst über den Saubkorb in den Vergaser gesaugt (Tank schütteln). Unter Umständen den Filter öffnen und mit dem Ball einige Male pumpen, um Reste aus der Kraftstoffleitung zu drücken. Filter wieder schließen, Zündkerzen überprüfen (siehe Seite 158, 174).
Kurbelgehäuse	Drainagesystem verstopft ➡ Werkstatt
Auspuffseite	Auspuff undicht, so daß Abgase vom Vergaser angesaugt werden (Schrauben am Auspuffdeckel und Auspuffsammler nachziehen und ein Stück ohne Haube fahren, um eine Besserung zu überprüfen.) Ist der Lauf einwandfrei, Haube wieder aufsetzen. Tritt die gleiche Erscheinung auf, muß wahrscheinlich eine neue Dichtung eingebaut werden. Das sollte man vernünftigerweise der Werkstatt überlassen.

Motor läuft kurze Zeit und bleibt dann stehen.

Ursache ohne schwerwiegende Folgen	Tankbelüftung geöffnet, aber verstopft (Versuchen Sie, den Motor mit geöffnetem Tankdeckel laufen zu lassen). Filter verstopft (siehe Seite 38). Störung liegt in Richtung Vergaser (siehe Seite 33). Zündkerzen mit falschem Wärmewert. Das schließt man eigentlich aus, da niemand unvernünftig genug sein sollte, falsche Zündkerzen in seinen Motor zu schrauben.
Ursache mit schwerwiegenden Folgen	Zu wenig Öl im Treibstoff (Reibschäden im Triebwerk): Zündkerzen herausnehmen, Gangschaltung auf Neutral. Versuchen Sie jetzt, den Motor von Hand durchzudrehen. Geht das sehr schwer, unregelmäßig oder gar nicht, muß der Motor in die Werkstatt.

Motor über Bord

In fast allen Betriebsanleitungen findet man ziemlich eindeutige Hinweise, was zu tun ist, wenn der Motor ins Wasser gefallen ist.

Im Prinzip geht es darum, das Triebwerk, die Elektrik und Elektronik vor Wasserschäden zu bewahren. Mit dem Hinweis, den Motor möglichst schnell in die Werkstatt zu bringen, ist es natürlich nicht weit her, denn soviel Werkstätten sind am Wochenende nicht geöffnet. Deshalb muß man in erster Linie verhindern, daß der Motor überhaupt über Bord geht:

Vorbeugen mit Sorgleine

- Motor auf Klemmplatte befestigen.
- Motor verbolzen, wenn es die Art des Betriebes erlaubt.
- An jeden Motor gehört unbedingt eine Sorgleine, die an einem durch den Spiegel gebolzten Augbolzen befestigt ist.

Wenn Sie den Motor am Steg auf den Spiegel setzen, ist die Gefahr am größten, d. h. am besten erst die Sorgleine einhaken, dann den Motor hochheben.

Und wenn es dann trotzdem passiert:

Motor schnell aus dem Wasser

- Motorhaube abnehmen.
- Stecker abziehen und Kerzen herausdrehen. Die Stecker hochbinden, so daß sie weit von Masse entfernt sind, damit nicht durch einen zufälligen Funken (Bewegung in der Welle) Feuer entsteht.
- Motor senkrecht stehend leerlaufen lassen.
- Motor hinlegen und durch die Kerzenöffnungen das Wasser herauslaufen lassen.
- Motor wieder senkrecht stellen und mit Handstarter vorsichtig und langsam durchdrehen, damit noch Wasserreste auslaufen.
- Motor auf den Kopf stellen und Sprühöl unter das Schwungrad sprühen.
- Motor etwas hin und her bewegen und mit Handstarter zu drehen versuchen.
- Motor mit Kerzenöffnungen nach oben drehen und in die Zylinder Spiritus einfüllen (bindet Wasser). Zur Not geht es auch mit Benzin.

- Kerzen einschrauben und Motor in verschiedene Lagen drehen.
- Mit Handstarter Triebwerk bewegen.
- Vergaser reinigen.
- Motor ans Boot hängen und zwanzigmal oder öfter mit Starter durchdrehen, bis schließlich keine Wasserspritzer mehr aus den Kerzenöffnungen kommen.
- Ersatzkerzen einsetzen, kräftig Kraftstoff vorpumpen und zu starten versuchen.

Es kann nun sein, daß Wassertropfen im Filter oder Vergaser die Kanäle verschließen. Dann sollte man versuchen, mit einer Spritzölkanne Benzin in den Vergaser zu spritzen.

- Springt der Motor an, dann erst ganz langsam laufen lassen, bis er Betriebstemperatur erreicht hat und dann mindestens 1 Stunde fahren (nicht mehr als Halbgas).
- Springt der Motor nicht an, s. Seite 153.
- Ist der Motor gelaufen, Konservierungsöl in den Vergaser sprühen, bis der Motor stehen bleibt (wie Konservierung fürs Winterlager) und mit Sprühöl den ganzen Block und die Unterseite der Schwungscheibe sowie alle Kabel einsprühen (ebenfalls wie Winterlager, siehe Seite 149).
- Motor in die Werkstatt. Der Motor darf auf keinen Fall längere Zeit herumstehen.

Sand im Triebwerk

Es kann passieren, daß auch Sand in den Motor gelangt ist. Dann ist das Starten gefährlich. Man spürt das durch Klemmen des Triebwerkes. In diesem Fall darf der Motor nicht mit Gewalt gestartet werden.

Versuchen Sie, den Motor zu entleeren, ohne das Triebwerk zu bewegen.

Füllen Sie nur Spiritus ein und versuchen Sie vorsichtig zu drehen, um das Wasser herauszubekommen.

Motor von außen einsprühen und dann möglichst schnell in die Werkstatt.

Reparaturen

Der Motorenbau ist so weit fortgeschritten, daß Reparaturen nur notwendig sind, wenn man die Wartung vernachlässigt oder die Motoren unsachgemäß behandelt. Durch die kontaktlosen Zündanlagen und die immer widerstandsfähigere Elektronik gibt es praktisch nur noch die mechanischen Verschleißteile Triebwerk, Getriebe, Kühlwasserpumpe und einige Teile an der Elektrik. Und diese Verschleißteile haben bei richtiger Wartung eine Lebensdauer von 5000 Betriebsstunden und mehr. D. h. gute Seemannschaft mit dem Motor ist richtige Wartung und Pflege!

Es gibt zwar für viele Dinge Notreparaturen, aber die können höchstens für kürzeste Zeit einen Notfall verhindern, jedoch nicht wirklich einen Schaden beheben. Für viele Reparaturen braucht man Sonderwerkzeuge und ein spezielles Fachwissen, Meßwerte sowie Meßinstrumente, um eine sachgemäße Reparatur durchzuführen. Deshalb sollte man die Finger von folgenden Bauteilen lassen, wenn man nicht eine gründliche Ausbildung in Sachen Motoren hat:

Schwungscheibe - Versuchen Sie nicht, die Schwungscheibe abzubauen, um an die Elektrik heranzukommen.

Elektronische Bauteile - Spielen Sie nicht an elektronischen Bauteilen herum. Die meisten Defekte treten in den Zuleitungen und Kabelanschlüssen auf.

Motorblock und Triebwerk - Versuchen Sie nicht, durch Abschrauben von Zylinderdeckel oder Kurbelgehäuse an das Triebwerk heranzukommen.

Unterwasserteil und Kühlwasserpumpe - Das einzige, was Sie am Unterwasserteil tun sollten, ist, das Getriebeöl im Auge behalten, es rechtzeitig zu wechseln und immer wieder die Wellendichtung hinter dem Propeller bewußt machen (Angelschnüre).

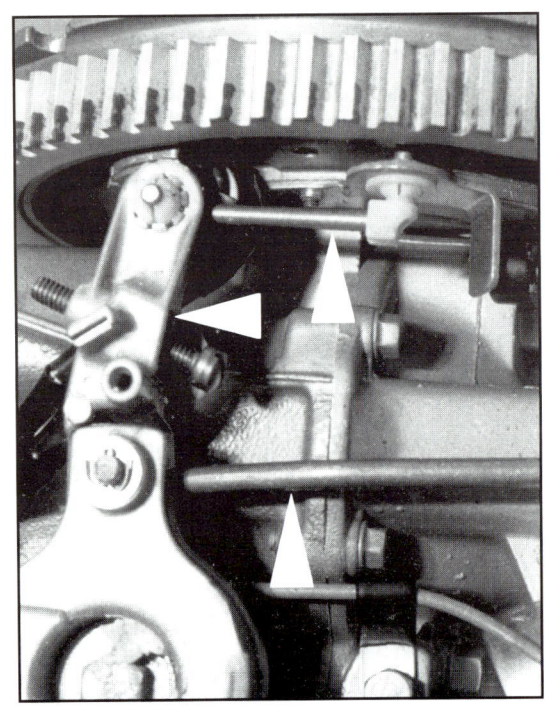

Wichtig: Wenn irgendwo Verschleiß sichtbar wird oder Funktionsmängel zu spüren sind, müssen Sie von vornherein ganz konsequent vorgehen: Die Teile schnell erneuern und die Funktionsmängel entweder selbst beseitigen oder beseitigen lassen. In bezug auf moderne Motoren ist die viel gerühmte Seemanschaft mit Bindedraht und Gummistropp ein Unding. Auf den folgenden Seiten wird in den Fehlersuchtabellen und Sicherheitsreparaturen der Versuch unternommen, den richtigen Kompromiß zwischen Selbermachen, weil´s auf See passiert, und dem Weg zur Werkstatt zu finden.

◀ Hier sehen Sie die Zündsynchronisation. Die Drosselklappenverstellung (Gas) ist mit der Zündverstellung über Hebel gekoppelt (Pfeile). Diese Teile sollten Sie nur pflegen, aber nie verstellen! Falls mal eine Einstellschraube locker ist, festdrehen (nach Hause fahren) und vom Fachmann einstellen lassen.

Bordwerkzeug

Man könnte jetzt natürlich lange Listen von Werkzeugen aufführen, doch das bringt alles nur viel Gewicht an Bord und rostet. Man sollte das Werkzeug ganz speziell auf den Motor bezogen kaufen, am besten mit Hilfe des Fachmannes. Das Standardwerkzeug, das Sie beim Kauf dazubekommen, ist wirklich nur Notwerkzeug und umfaßt im allgemeinen nur das Nötigste (siehe Foto unten).

Fürs Boot und die Elektrik haben Sie ohnehin einige Werkzeuge an Bord wie

● **Eisensäge,**
● **Rund- und Halbrundfeile mittlerer Größe,**
● **Kombizange,**
● **Hammer (klein und groß)**

und für die Elektrik

● **Seitenschneider,**
● **Schraubenzieher (klein und mittel).**

Ergänzen sollten Sie Ihr Werkzeug um einen

● **Satz Schlüssel,**

der zum Motor paßt (Zoll bzw. Millimeter).
Kaufen Sie am besten Schlüssel, die auf der einen Seite ein Maul und auf der anderen Seite einen Ring haben. Im Prinzip könnte man aus diesem Schlüsselsatz sogar nur 4 oder 5 Schlüssel herausnehmen, da der Motor gar nicht mehr unterschiedliche Schraubengrößen hat.

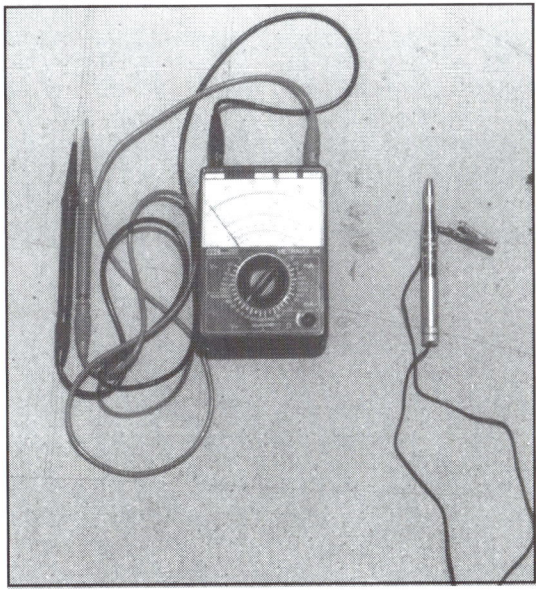

▲ **Wenn Sie in der Physikstunde zugehört und Lust haben, einen irgendwann auftretenden Fehler in der Bordelektrik selbst zu finden, sollten Sie sich für eines dieser Meßwerkzeuge entscheiden. Am besten geeignet ist natürlich ein Multimeßinstrument, mit dem man Spannung, Strom und Widerstand messen kann. Im Normalfall tut es aber auch eine Prüflampe.**

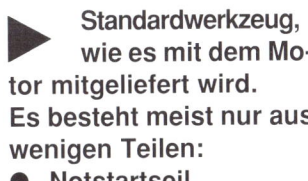

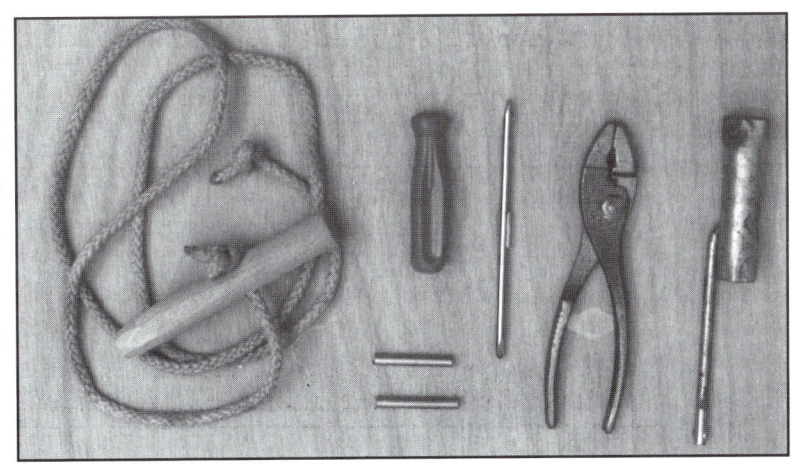

▶ **Standardwerkzeug, wie es mit dem Motor mitgeliefert wird. Es besteht meist nur aus wenigen Teilen:**
● **Notstartseil,**
● **Kerzenschlüssel,**
● **Zange,**
● **Schraubenzieher,**
● **Scherstifte.**
Man sollte es sinnvoll ergänzen.

Fehlersuche und Reparatur

Ersatzteile

Hier gilt im Prinzip dasselbe wie für das Werkzeug. Zuviel Ersatzmaterial wird mit der Zeit unauffindbar, gammelt und ist im Notfall nicht mehr zu gebrauchen.
Für den normalen Betrieb im heimatlichen Revier sollten Sie folgende Mindestausrüstung haben:

Reservepropeller, der in der Steigung etwas anders gewählt ist als der normale Propeller. Je nach Einsatz etwas kleinere Steigung für die Mehrbelastung im Urlaub oder eine Wechselmöglichkeit für Wasserskizug und schnelle Fahrten usw.
Zündkerzen (1 Satz)
Scherstifte, sofern Sie nicht eine Rutschkupplung am Propeller haben.
Propellermutter, auch bei Propellern mit Rutschkupplung.
Splinte bzw. Blechsicherungen für die Propellermutter.
Seil mit Knebel und Achtknoten für den Notstart.
Getriebeverschlußschrauben mit Dichtung.
Filtersieb mit Dichtung.
Zündkabel (das längste).

Dieser Ersatzteilumfang müßte für den Urlaub erweitert werden, wenn in der Nähe des Urlaubsortes keine Vertragswerkstatt zu finden ist. Sie haben mit den Papieren zum Motor auch eine Liste des Händlernetzes bekommen, so daß Sie sehr leicht überprüfen können, ob in der Nähe Ihres Urlaubszieles ein Motorenhändler oder eine -werkstatt für Ihren Motor zu finden ist. Sonst müßten Sie sich von der Vertragswerkstatt zu Hause für die Reise beraten lassen. Viele Motorenhersteller haben Listen, nach denen Sie die Ausrüstung für ferne Reviere zusammenstellen.

Wichtig: Wenn Sie am Urlaubsort irgendwo hinfahren, um ein Ersatzteil zu beschaffen, schreiben Sie sich auf jeden Fall das Modell und die Seriennummer Ihres Motors auf, sonst machen Sie den Weg möglicherweise umsonst.

Pflege- und Schmiermittel

Für den Bordgebrauch reicht:

Sprühöl (wasserunterwandernd)
Fett (seewasserfest oder Mehrzweckfett)
Getriebeöl (1 - 2 Tuben)
Motorenöl (1 - 2 Flaschen)

Material für Notreparaturen

Kupferdraht (einige Meter)
ca. 1,5 mm Querschnitt

Tape- und/oder Isolierband

Schlauchschellen, davon 2 oder 3 im Durchmesser der Benzinleitung vom Tank zum Motor.

Zweiadriges flexibles Kabel mit 2 x 1,5 oder 2 x 2,5 mm^2 Querschnitt (etwa 1,5-fache Bootslänge), um unter Umständen eine Notleitung zu verlegen.

Kupfer- oder Edelstahlrohr (einige 5 cm lange Stücke) mit dem Innendurchmesser der Benzinleitung für eine Notreparatur.

Notfall

Situation	Ersatz für kurze Zeit
Kein Öl fürs Benzin	SAE 30 Öl von der Tankstelle verwenden und 25 : 1 mischen.
Kein Getriebeöl	SAE 80 Öl einfüllen
Keine Originaldichtung	Notdichtung anfertigen, siehe Seite 166
Kein Scherstift	Drahtstück oder Nagel verwenden
Kein Splint für die Propellermutter	Draht durch das Loch stecken und die Enden zusammendrehen.
Schlauch gerissen	Kurzes Rohrstück einsetzen und mit Schlauchschellen abdichten.

Die hier aufgeführten Situationen sollten zwar nicht vorkommen, aber unter entsprechend unglücklichen Umständen kann der eine oder andere Fall schon einmal eintreten.

So kündigen sich die ersten Undichtigkeiten bei Dichtungen an. Hier der Wasseraustritt an der Zylinderkopfdichtung. Das Wasser tritt auch über die Schraubenbohrung am Schraubenkopf aus und führt dort zu einer gut sichtbaren Aluminiumblüte. Solche Erscheinungen sollte man im Keim ersticken, indem man die Zylinderkopfschrauben nachzieht, und wenn die Oxydationserscheinungen weitergehen, bei passender Gelegenheit in der Werkstatt nachfragt, ob möglicherweise die Zylinderkopfdichtung im Eimer ist.

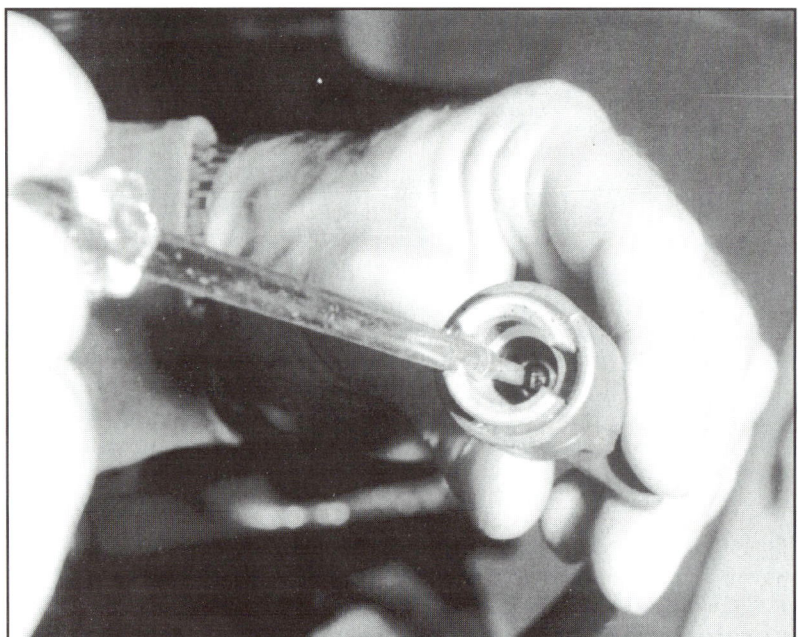

◀ Die Funktion der Kraftstoffleitung vom Tank bis zum Motor kann man überprüfen, indem man die Kupplung der Benzinleitung am Motor abzieht, mit einem stumpfspitzen Gegenstand das Ventil etwas zurückdrückt und dann mit dem Ball pumpt. Tritt Kraftstoff aus, ist der Weg bis zum Motor frei. So kann man sich mit der Suche auf den Kraftstoffteil am Motor konzentrieren.

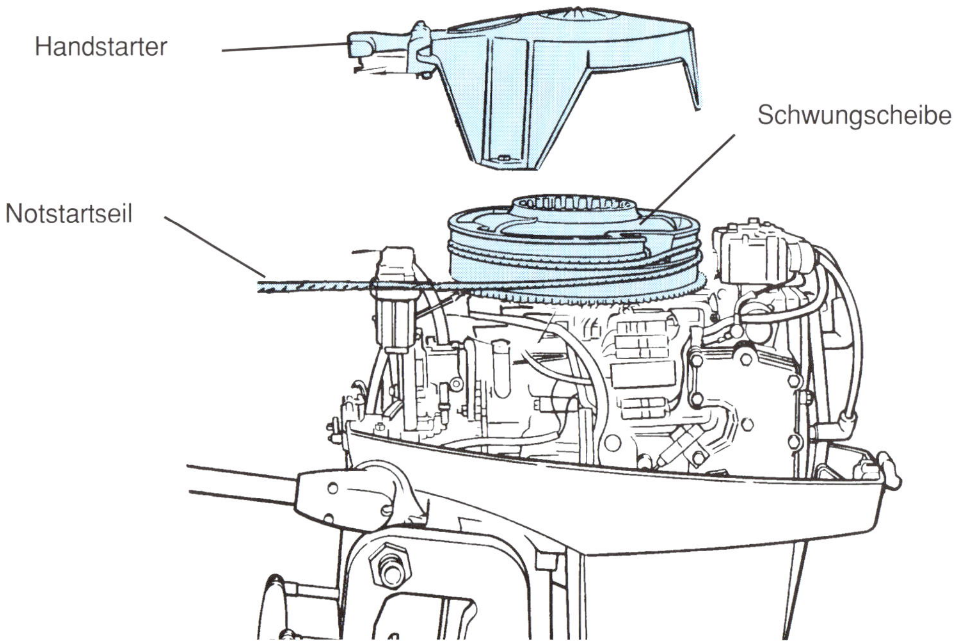

Handstarter

Schwungscheibe

Notstartseil

Gefahrenreparatur

Das ist nur für den echten Notfall gedacht!
Auflandiger Wind bei schlechten Ankermöglichkeiten und keine Hilfe in Sicht.

Kein Kühlwasser an der Kontrollöffnung (keine Verstopfung zu finden)	Nehmen Sie die Haube ab, und fühlen Sie von Zeit zu Zeit die Themperatur des Auspuffsammlers am Motor-Block. Wird dieser nicht sehr heiß, können Sie unter ständiger Kontrolle nach Hause fahren. Wird er jedoch sehr heiß, muß der Defekt gesucht werden.
Thermostat defekt (Motor wird zu heiß)	Thermostat ausbauen.
Motor bleibt stehen (kein Benzin), Sie sehen, daß der Pumpball durch Unterdruck zusammengezogen ist.	Ball aus der Leitung schneiden, durch Rohrstück Leitung verbinden, Tank hochhalten, mit Ölkanne Benzin in Vergaser spritzen, starten, bis Motor kommt und gleichmäßig läuft, dann kann der Tank wieder an seinen Platz gestellt werden.
Motor bekommt kein Benzin, da Brennstoffkupplungsventil verklemmt	Brennstoffleitung vor der Kupplung abschneiden, Schlauch vom Vergaserfiltereingang ziehen und das abgeschnittene Ende des Tankschlauches aufschieben.
Membran der Benzinpumpe gerissen (kein Ersatz vorhanden)	Benzinpumpe abbauen, Unterdruckleitung stillegen, Filterzuleitung abziehen und direkt an die Saugseite des Vergasers halten. Mit Ball pumpen. Wenn der Motor rundläuft, kann der Tank hochkant über das Vergaserniveau gehalten werden. Der Motor läuft dann nach dem Fallprinzip weiter. Wenn er zu stottern anfängt, pumpen. Ist der Ball ausgefallen, Ball herausschneiden, Schläuche durch Rohrstück-Kupplung zusammensetzen und wie oben weitermachen.

◀ ## Notstart

Defekte am Handstarter sind meist auf falsche Bedienung zurückzuführen (s. Seite 130). Fast alle Motoren haben auf der Schwungscheibe Einschnitte für ein Notstartseil. Bei aufgesetztem Handstarter, muß das Gehäuse (mit Handstarter) abgebaut werden. Dann wird in die Einkerbung ein Tampen mit Achtknoten eingehängt, einmal um das Schwungrad gelegt und der Motor gestartet. Das muß so geschehen, daß der Tampen nach dem Abrollen sofort herunterfällt. Niemals zum Ziehen das Seil um die Hand wickeln (Knebel anbauen). Ein Notstartseil gehört zum Werkzeug!
Hat der Motor einen angebauten Trommelstarter, der nach Art des E-Starters ein Ritzel in den Zahnkranz des Schwungrades schiebt , braucht bei einem Notstart der ganze Mechanismus nicht abgebaut zu werden, es sei denn, die Schwungscheibe hat eine Schutzkappe.

Achtung! Wenn die Motorhaube abgenommen wird, und der Motor läuft, aufpassen! Kann zu schweren Verletzungen führen, wenn Haare oder Kleidung in laufende Teile geraten!

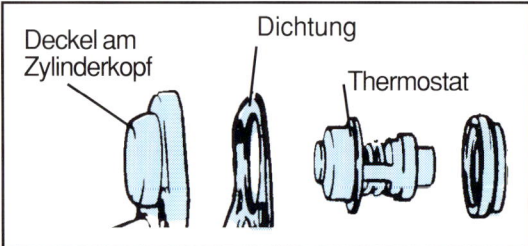

Deckel am Zylinderkopf — Dichtung — Thermostat

◀ Tritt ein Defekt am Thermostaten ein, wenn er geschlossen ist, läuft der Motor heiß. In diesem Fall behilft man sich (nur für die Heimfahrt), indem man den Thermostaten mit dem Schraubenzieher aus seinem Sitz zieht und entfernt. Dadurch wird Kühlwasser auch in den Mantel gepumpt. Nicht mit Vollgas fahren!

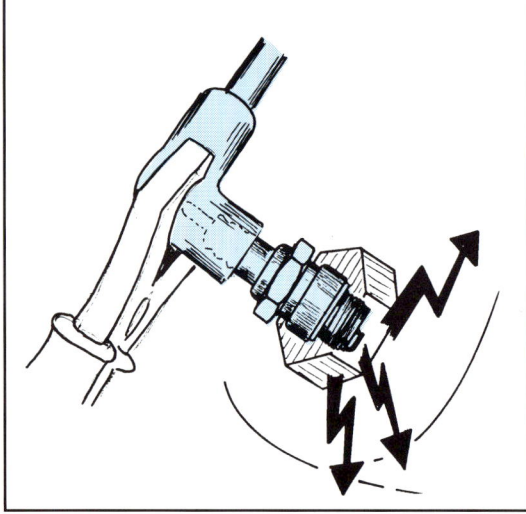

◀ Funktionsprüfung der Zündkerze.
Die Kerze wird mit dem Gewinde an eine blanke Stelle des Motors gehalten (Schraube oder ähnliches, aber nicht in Vergasernähe). Dann wird der Handstarter gezogen. Springt ein Funke über, ist die Zuleitung in Ordnung, der Defekt ist auf der Kraftstoffstoffseite zu suchen.
Hat Ihr Motor eine Hochspannungs-Kondensatorzündung muß die Zündkerze am Kerzenstecker mit einer Zange festgehalten werden, da es vorkommen kann, daß die Spannung durchschlägt und man ganz schön einen gewischt bekommt (Lebensgefahr bei Herzschrittmacher usw.).

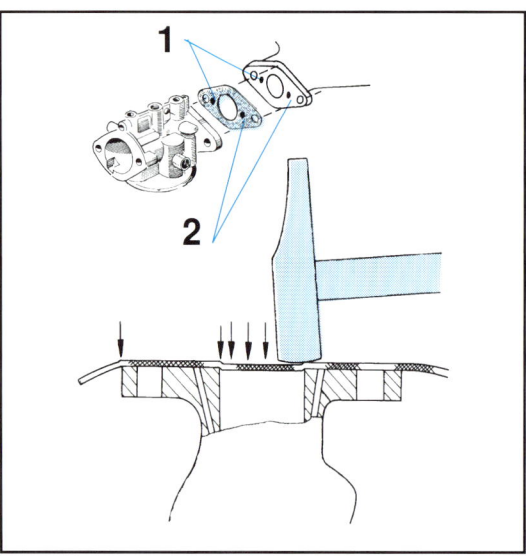

1
2

◀ Es kann schon mal passieren, daß man sich die Dichtung selbst anfertigen muß. In jeder Autowerkstatt bekommt man Packungsmaterial. Es wird auf den Flansch gelegt, die Umrisse mit leichten Hammerschlägen durchgeklopft und ausgeschnitten. Sehr wichtig ist es, darauf zu achten, daß man nicht irgendwelche Kanäle verschließt, indem man das eine oder andere Loch vergißt.
In unserem Beispiel wäre das:
(1) Unterdruckleitung für Benzinpumpe;
(2) Rückleitung des Dränagesystems.
Notfall: für kurze Zeit kann man auch aus Zeichenkarton oder dickem Papier eine Packung anfertigen. Sie sollte aber (außer am Auspuff) mit Fett aufgesetzt werden.

Betriebsanleitungen und Schaltpläne

Eine gute Betriebsanleitung sollte den Eigner dazu animieren, unter die Haube des Motors zu sehen und alle Wartungsarbeiten regelmäßig durchzuführen. Dieser kleine Schritt verändert die Beziehung Eigner/Motor wesentlich und führt für den Motor automatisch zu höherer Lebensdauer und mehr Betriebssicherheit durch regelmäßige Wartung.

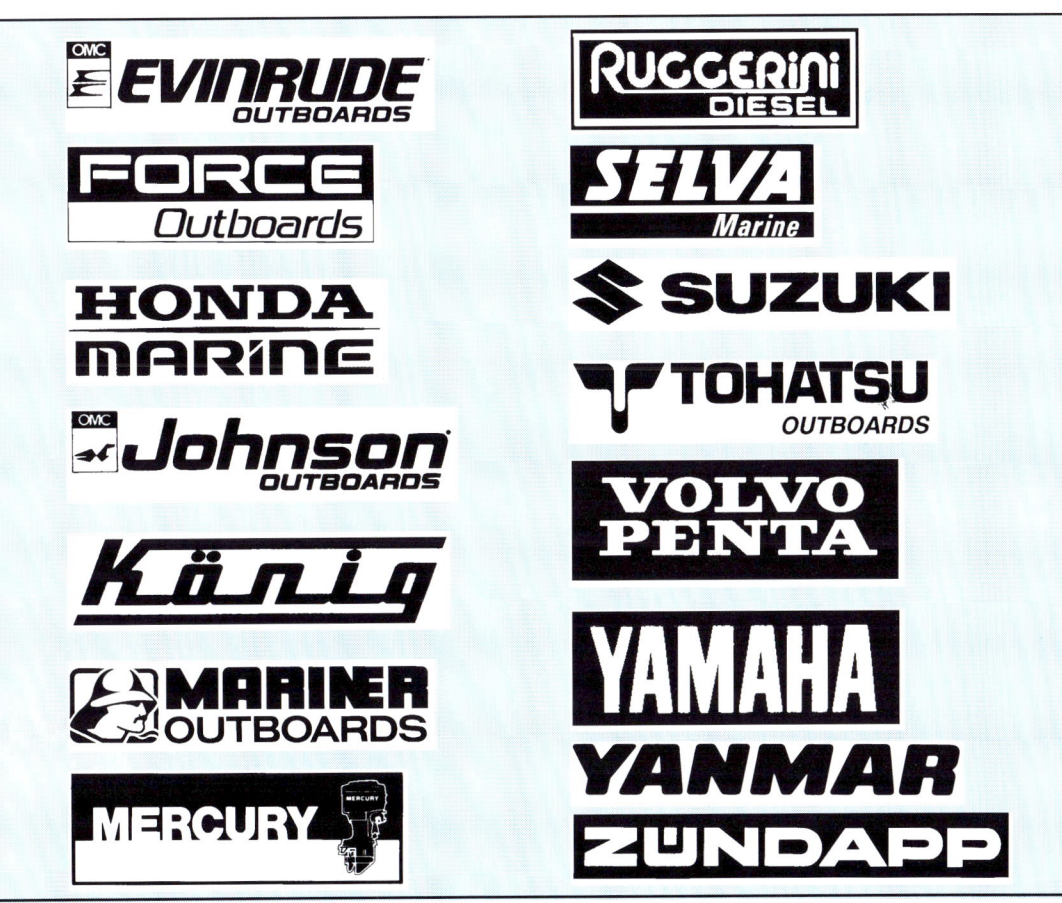

Betriebsanleitungen und Schaltpläne

Gute Betriebsanleitungen sind der richtige Weg zum Motor. Der Inhalt der Betriebsanleitungen für Außenbordmotoren ist im Prinzip sehr rund und kann als ausreichend angesehen werden. Unterernährt ist aber überall der praktische Umgang mit dem Motor. Die Einlaufphase (die ersten 10 Stunden), wird mit einigen kurzen Sätzen beschrieben, das Fahren aber kaum erwähnt. Viele Betriebsanleitungen sind auf ein Minimum gekürzte Werkstatt-Handbücher. Der Eigner wird in vielen Situationen allein gelassen. Offensichtlich werden Betriebsanleitungen meist von Betriebsblinden gemacht, da Teile von Werkstatt-Handbüchern abgeschnitten, und nicht oder kaum bearbeitet sind.

Da so gut wie alle Betriebsanleitungen mit dem Computer gemacht werden, ist es fast unverständlich, warum sie keinen Index enthalten. In den meisten Betriebsanleitungen findet man nur ein unübersichtliches Inhaltsverzeichnis, aber der schnelle Weg zu einem bestimmten Bauteil wäre nur durch einen Index gewährleistet.

Die Fehlersuch-Tabellen scheinen auf den ersten Blick sehr gründlich, es fehlt aber (fast ohne Ausnahme) der Hinweis auf die Beseitigung der Störung. Genannt sind immer nur Störung und die mögliche Ursache.

Es hat natürlich Zeiten gegeben, da machten die deutschen Importeure sich die Mühe die Betriebsanleitungen für ihre Käufer zu übersetzen und neu zu drucken, daß aber sei bei vielen aus Kostengründen nicht mehr möglich.

Auf den folgenden Seiten wird auf verschiedene Motoren der namhaften Firmen eingegangen, die Betriebsanleitung unter die Lupe genommen und zum Teil ergänzt oder Fehler richtig gestellt. Wesentlich wäre jedoch eine Rückkehr der Importeure zu diesem Service.

Weitere Schwächen:
- Mangelnde Kommentierung gut gemeinter technischer Details.
- Aus Platzgründen zu klein gewählte Zeichnungen und Fotos, die häufig (mangels Orientierungsmöglichkeit) zu Ratespielen ausarten.
- Der Einfachheit halber aus den Originalplänen für die Elektriker unbearbeitet abgedruckte Schaltpläne, die zu abstrakt und verwirrend sind.
- Mehrere bis viele Typen in einer Betriebsanleitung (verwirrt und führt zu Fehlern).
- Schließlich treibt die Übersetzung sagenhafte bis gefährliche Blüten, besonders dann, wenn vermutlich ein netter Mensch aus dem fernen Osten die fernöstliche Betriebsanleitung ins Englische und ein anderer seiner Landsleute vom Englischen ins Deutsche.

Der Tip für die Eigner:

Machen Sie sich Fotokopien von den für Sie wichtigen Seiten (nur Ihren Motortyp), malen Sie die Schaltpläne und die Systemskizzen bunt, markieren Sie sich wichtige Abschnitte beim ersten Mal lesen, werfen Sie die anderssprachigen Teile der Betriebsanleitung nicht weg, sie können bei Schaden im Ausland hilfreich sein.

Auf diese Weise haben Sie eine optimale Betriebsanleitung. Die Fehlersuch-Tabelle (ohne Hinweise auf die Beseitigung von Störungen) können Sie mit den Seitenzahlen der Fehlersuch-Tabellen in diesem Buch ergänzen.

Oberstes Gebot muß aber bleiben:
Zuerst gilt das, was in der Betriebsanleitung steht, und erst dann sollten Sie die Tips aus diesem Buch verwenden.

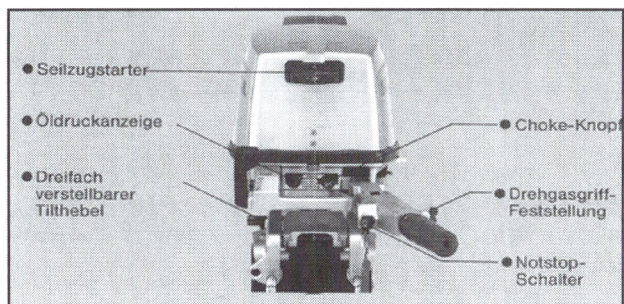

- Seilzugstarter
- Öldruckanzeige
- Dreifach verstellbarer Tilthebel
- Choke-Knopf
- Drehgasgriff-Feststellung
- Notstop-Schalter

▲ Bedienungselemente der kleinen Hondas. Fotomontage aus einem Prospekt von Honda. Besser aufgehoben wäre das in der Betriebsanleitung, mit einer Beschreibung der einzelnen Bedienungselemente.

▶ Grundberührung und Ramming. Aus dem Werkstatthandbuch von Evinrude/Johnson. Da die Werkstatthandbücher im allgemeinen nur den Händlern und Werkstätten zugänglich sind, gehört so eine Skizzenfolge in die Betriebsanleitung. Das wäre dem Anfänger eine gute Hilfe. Nach harten Stößen am Motor durch Grundberührung oder Kollision sollte nicht nur die genaue Position des Motors am Spiegel überprüft werden, sondern auch die Funktion der Fernsteuerung. Zu diesem Zweck wird der Motor hochgeklappt und das Lenkrad von hart backbord bis hart steuerbord gedreht. Dabei darf sich kein ungleichmäßiges Lenken ergeben, sonst müssen alle Teile der Lenkung, besonders die Spiegelbefestigung des Schalt- und Gaszuges, überprüft werden. Außerdem ist darauf zu achten, daß der Motor und die Teile der Schaltkabel während dieses Drehens von einer Seite zur anderen nicht mit anderen Teilen des Bootes in Berührung kommen und dort blockiert oder stark abgenutzt werden.

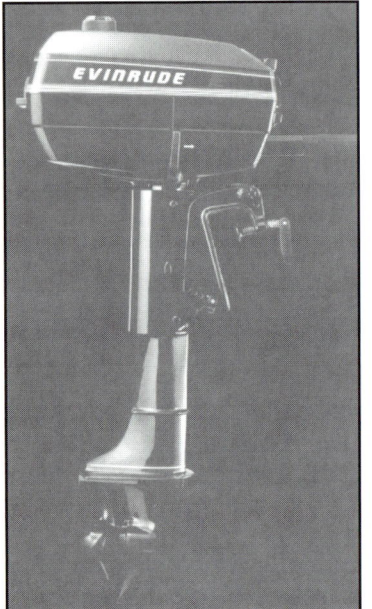

Evinrude
Leistungsbereich bis 224 kW

Die Betriebsanleitung für die kleinen Evinrudes und Johnsons von 3 - 6 kW ist in allen Punkten gründlich, enthält aber keinerlei Hinweise auf die Elektrik außer der rechts gezeigten Skizze für die Kontrolle und das Auswechseln von Zündkerzen-Kabeln. Die Numerierung der Texte und Abbildungen stimmt mit der Legende überein und ist übersichtlich, was man nicht von jeder Betriebsanleitung behaupten kann.

Die Übersichtsskizze für den Anschluß von Lampen an die Wechselstrom-Lichtanlage ist für unsere Verhältnisse unbrauchbar (hier nicht gezeigt), da dem Stand der Technik entsprechend die Positionslampen von Booten über eine Batterie betrieben werden sollten.

◀ **Kleiner Zweizylinder von Evinrude**

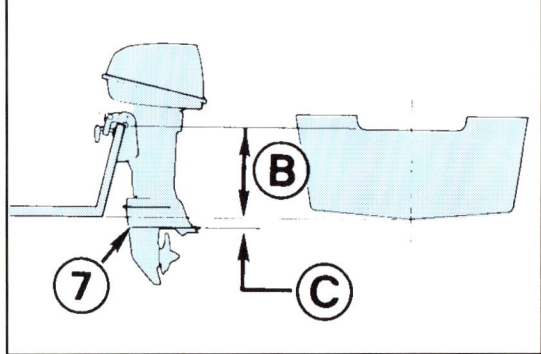

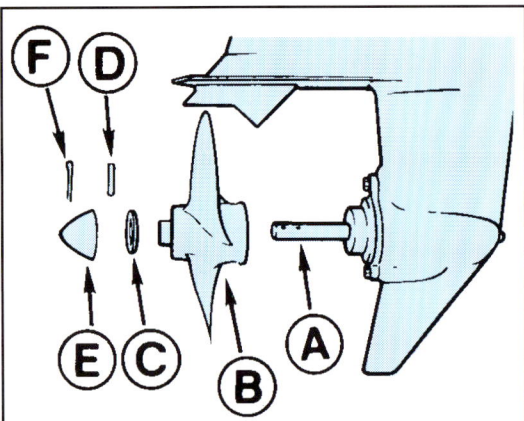

▲ **Propeller-Montage.**
Der Propeller hat einen Scherstift als Mitnehmerelement. D. h., der Scherstift überträgt das Drehmoment von der Welle auf den Propeller.
Es bedeuten:
A = Propellerwelle, B = Propeller,
C = Scheibe, D = Scherstift,
E = Propellermutter, F = Sicherungssplint.

▲ **Skizze zur Positionierung der Kavitationsplatte zum Spiegel. Der Abstand vom Bootsboden zur Kavitationsplatte wird mit 0 bis 50 mm angegeben. Es bedeuten:**
B = Spiegelhöhe
C = Abstand zum Bootsboden
7 = Kavitationsplatte

 Details zur Kontrolle und zum Auswechseln von Zündkerzen-Kabeln.
Es bedeuten:
A = Zündkerze
B = Zündkerzenstecker
C = Kontaktfeder
D = Zündkerzenkabel

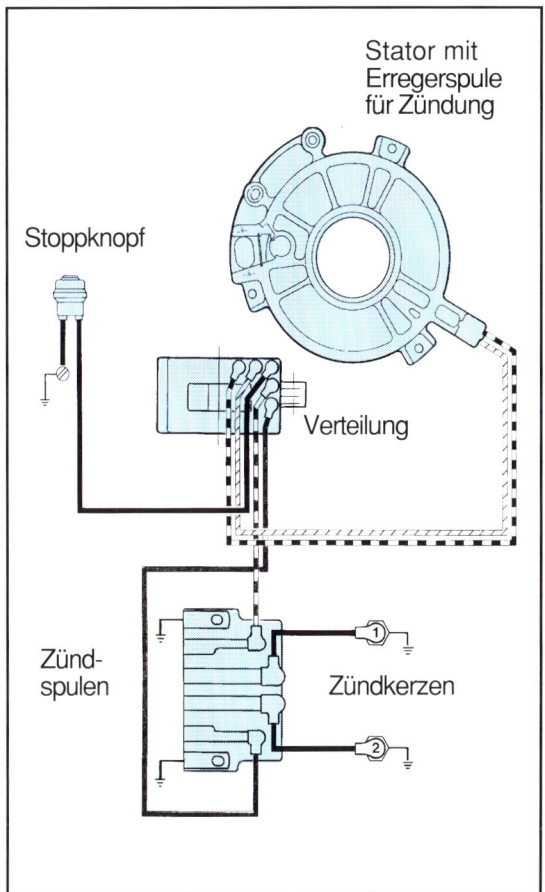

Stator mit
Erregerspule
für Zündung

Stoppknopf

Verteilung

Zünd-
spulen

Zündkerzen

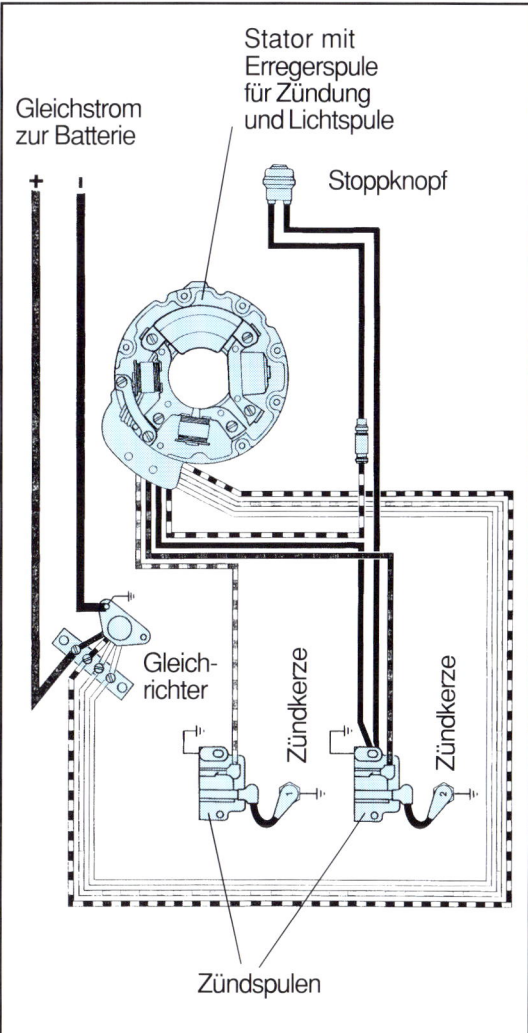

Stator mit
Erregerspule
für Zündung
und Lichtspule

Gleichstrom
zur Batterie

Stoppknopf

Gleich-
richter

Zündkerze

Zündkerze

Zündspulen

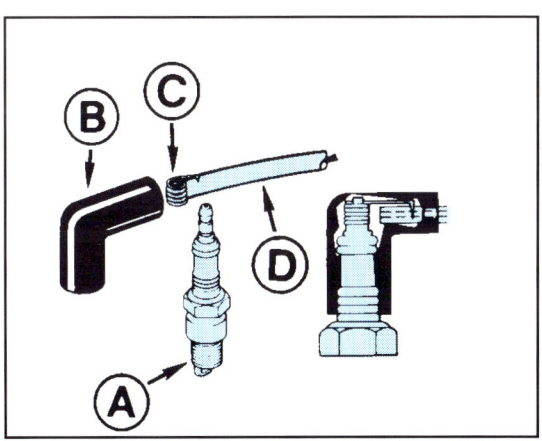

▲ **Die Elektrik der kleinen Evinrudes ist
dem Werkstatt-Handbuch entnommen
und dient hier als ergänzende Information.
Wir haben die Einzelteile beschriftet, so daß
sie zusammen mit dem Kapitel Elektrik doch
ein bißchen mehr anfangen können.
Links : Zündanlage ohne Lichtspule.
Rechts: Zündanlage mit Lichtspule und
Gleichrichter.**

Force

Force kommt aus den USA. Die Motoren haben ein Leistungsspektrum von 2,2 - 112 kW (3 - 150 PS). Die Betriebsanleitungen sind sehr ordentlich und übersichtlich gemacht. Die Skizzen aus der Betriebsanleitung des Force 3 sollen stellvertretend für die anderen Motoren darstellen, daß man die notwendigen Handgriffe mit Hilfe der Betriebsanleitung gut nachvollziehen kann, ohne ein Spezialist zu sein.

▶ **Hier die Skizzenfolge wie sie zum Stichwort "Propellermontage" gezeigt. Die Zeichnungen sind numeriert, übersichtlich und kurz und bündig beschrieben. Es bedeuten:**

(1) **Zündkerze abziehen**
(2) **Sicherungssplint von der Propellermutter entfernen**
(3) **Scherstift auswechseln**
(4) **Propellerwelle gründlich einfetten**
(5) **Propeller mit neuem Scherstift aufsetzen und mit dem Splint sichern.**

◀ **Force 40. Ein robuster Zweizylindermotor.**

▼ **Die Legende zu den Skizzen ist korrekt und stimmt mit der Bezeichnung der Abbildungen überein.**

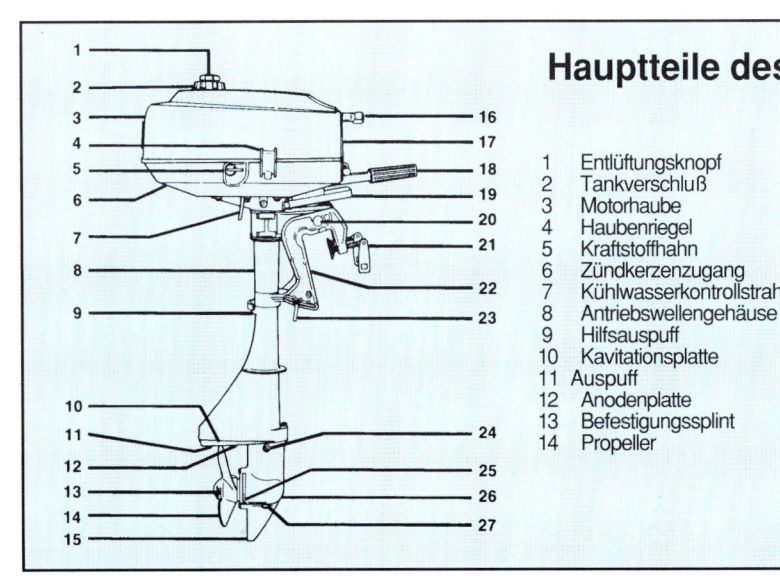

Hauptteile des Force 3

1	Entlüftungsknopf	15	Kielhacke
2	Tankverschluß	16	Anlasserhebel
3	Motorhaube	17	Schalttafel
4	Haubenriegel	18	Steuerpinne
5	Kraftstoffhahn	19	Tragegriff
6	Zündkerzenzugang	20	Kippsperrstift
7	Kühlwasserkontrollstrahl	21	Knebelschraube
8	Antriebswellengehäuse	22	Knebelhalterung
9	Hilfsauspuff	23	Kippwinkeleinstellstift
10	Kavitationsplatte	24	Ölstandschraube
11	Auspuff	25	Kühlwassereinlaß
12	Anodenplatte	26	Getriebegehäuse
13	Befestigungssplint	27	Öleinfüllschraube
14	Propeller		

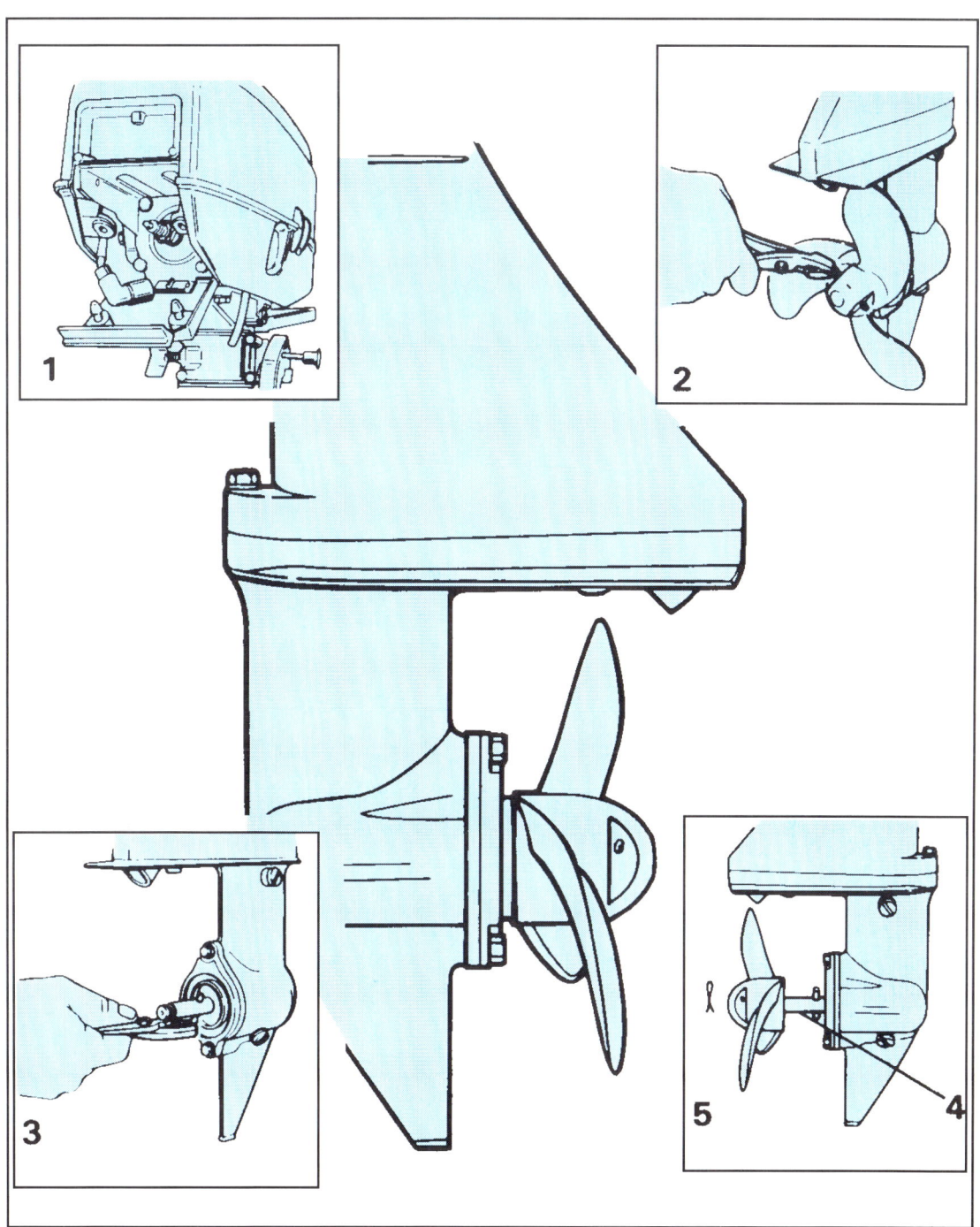

Honda-Viertakter

Honda produziert eine Palette von Außenbordern, die von 1,47 bis 34 kW (2 bis 45 PS) reicht. Was die Hondas von anderen Außenbordern unterscheidet, ist die Tatsache, daß es sich ausschließlich um Viertakter handelt - um Viertakter mit Ölwanne, Ventilen und Nockenwelle, die über einen Zahnriemen vom Schwungrad angetrieben werden. Im übrigen unterscheiden sich die Hondas zumindest äußerlich und in der Bedienung nicht vom Zweitakt-Außenborder.

Das Schnittbild des großen Dreizylinders soll Ihnen einen Einblick in die technischen Details geben.

► **Propellermontage. Auch die Hondas haben keinen Mitnehmerstift, sondern eine Rutschkupplung. Beim Ab- und Anbau des Propellers ist auf die richtige Lage der Druck- und Distanzscheiben zu achten.**

► **Schnittbild des Honda 45. Hier sind die wesentlichen Unterschiede zum Zweitakter zu sehen:**

1. Der Zahnriemen, der die Nockenwelle antreibt, die ihrerseits die Ventile steuert.

2. Die Ölpumpe, die Öl aus der Ölwanne saugt und über das Triebwerk an alle Schmierstellen verteilt. Die Zündung ist eine kontaktlose Hochspannungs-Kondensatorzündung. Der Rest ist im Prinzip genauso wie beim Zweitakt-Außenborder.

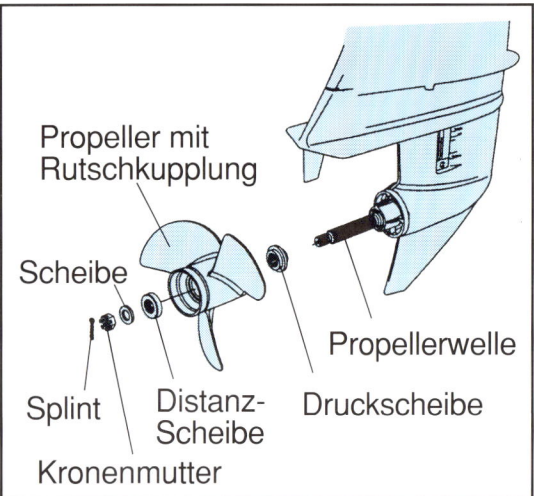

Propeller mit Rutschkupplung

Scheibe

Propellerwelle

Splint

Distanz-Scheibe

Druckscheibe

Kronenmutter

Prinzipskizze der CDI-Zündung für einen Zylinder

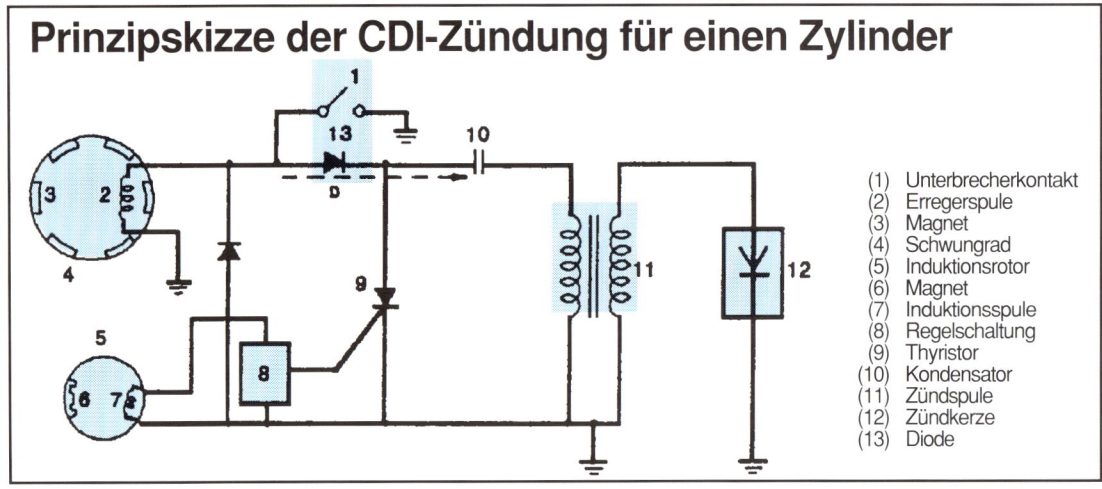

(1) Unterbrecherkontakt
(2) Erregerspule
(3) Magnet
(4) Schwungrad
(5) Induktionsrotor
(6) Magnet
(7) Induktionsspule
(8) Regelschaltung
(9) Thyristor
(10) Kondensator
(11) Zündspule
(12) Zündkerze
(13) Diode

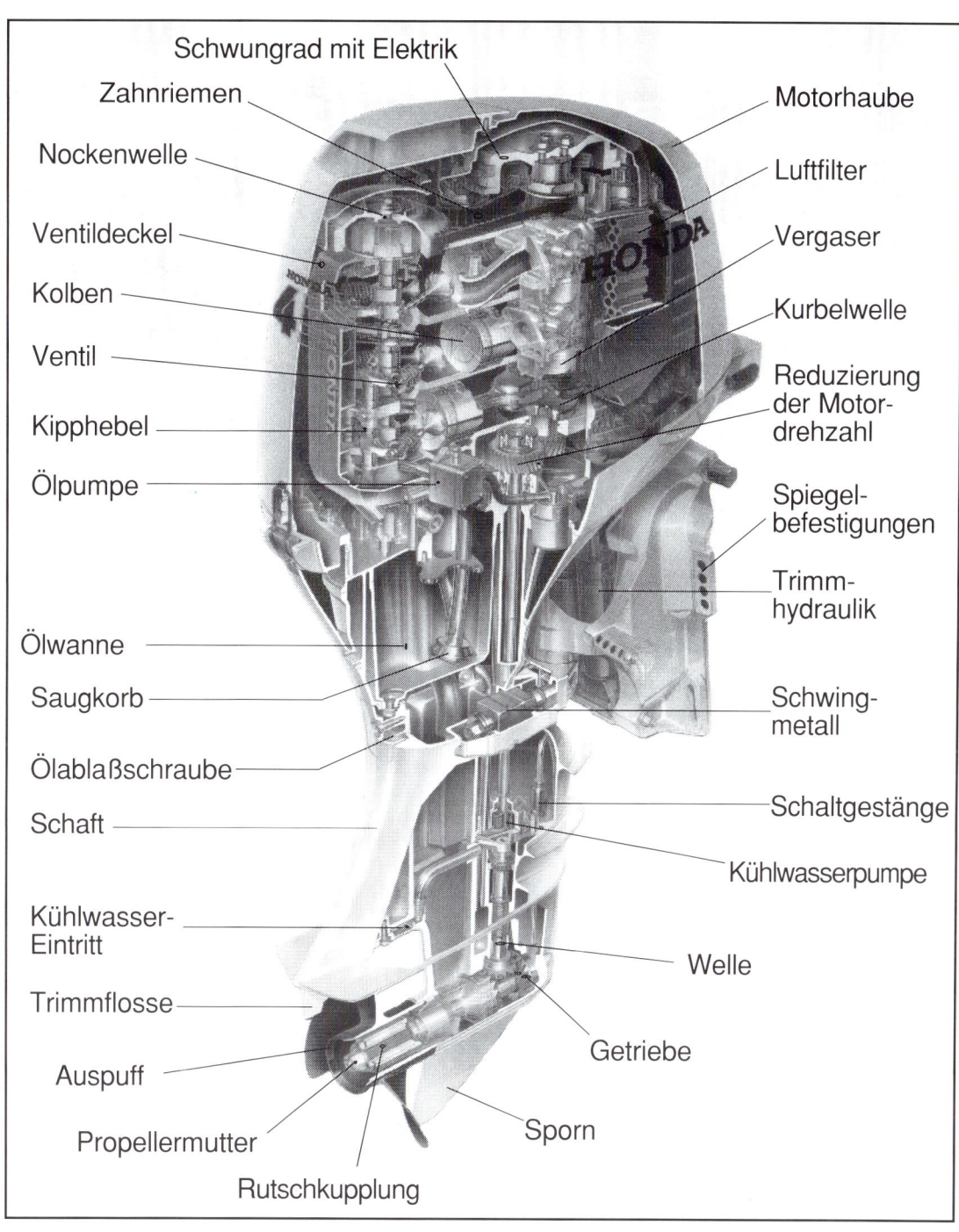

Schwungrad mit Elektrik

Zahnriemen

Nockenwelle

Ventildeckel

Kolben

Ventil

Kipphebel

Ölpumpe

Ölwanne

Saugkorb

Ölablaßschraube

Schaft

Kühlwasser-Eintritt

Trimmflosse

Auspuff

Propellermutter

Rutschkupplung

Motorhaube

Luftfilter

Vergaser

Kurbelwelle

Reduzierung der Motor-drehzahl

Spiegel-befestigungen

Trimm-hydraulik

Schwing-metall

Schaltgestänge

Kühlwasserpumpe

Welle

Getriebe

Sporn

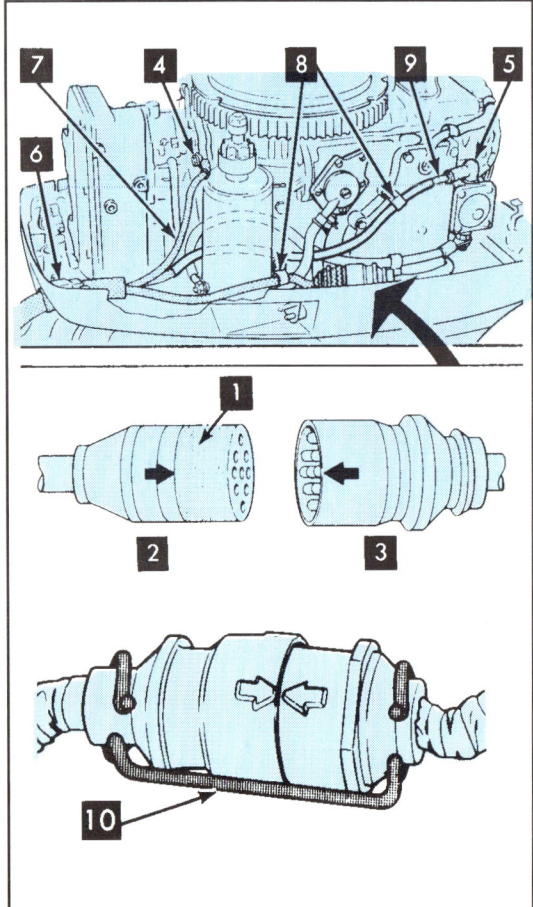

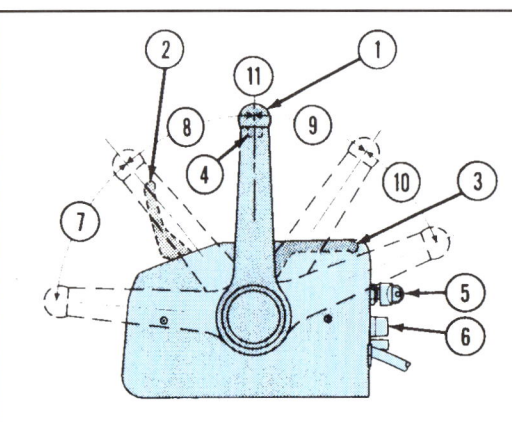

Johnson

Die Johnsons kommen aus den USA und füllen mit über 30 Modellen einen Leistungsbereich von 1 bis 225 kW (bis 300 PS). Die Betriebsanleitungen sind gründlich, die Elektrik fehlt. Viel Platz wird aufgewandt für den Anbau der Fernschaltung und die Trimmvorrichtung. Schade ist, daß man nicht die 10 Seiten Tips über die Handhabung des Motors aus den Werkstatt-Handbüchern (ein Beispiel siehe Seite 161) in die Betriebsanleitung verlegt oder jedem Eigner ein Sonderheftchen mitgibt, da diese Tips im wesentlichen leistungsunabhängig sind. Im Werkstatt-Handbuch erreichen sie nicht den Eigner.

◀ **Sehr gründliche Beschreibung der Anschlußstellen für die Fernsteuerung.**
Es bedeuten:
(1) **Paßnut**
(2) **Motorseite**
(3) **Bootsseite**
(4) **Masseklemme**
(5) **Gummiabdeckkappe**
(6) **Kabelschelle**
(7) **Schwarze Leitung**
(8) **Kabelschellen**
(9) **Rote Leitung mit weißer Hülle**
(10) **Drahtsicherung für Steckerkupplung**

◀ **Sehr gut dargestellt,**
die Fernschaltung:
(1) **Bedienhebel (Schalt- und Gashebel)**
(2) **Warmlaufhebel - Startstellung**
(3) **Warmlaufhebel - Run-Stellung**
(4) **Entriegelungsknopf**
(5) **Zündschalter mit Choke**
(6) **Nachstellung des Gashebelspiels**
(7) **Vorwärts (Geschwindigkeitsbereich)**
(8) **Vorwärts (Schaltbereich)**
(9) **Rückwärts (Schaltbereich)**
(10) **Rückwärts (Gasweg)**
(11) **Leerlauf**

▶ Umgang mit dem Tank.

(1) Für den Start: Leitung anklemmen und Benzin vorpumpen.

(2) Für längere Pausen: Leitung an beiden Enden abziehen. Schlauch vom Tank und Motor abklemmen.

(3) Schlauch auf die (als Klampe geformten) Haken am Tank aufwickeln.

Der Kraftstoff wird auf diese Weise sicher im Tank verwahrt und kann durch den Schlauch nicht auf den Boden auslaufen (Saugwirkung), wenn er porös oder defekt sein sollte.

Ist der Tankverschluß mit einem Belüftungsventil versehen, so sollte man es verschließen. Beim Fahren nicht vergessen, das Ventil zu öffnen!

Wird der Tank in geschlossenen Räumen aufbewahrt, sollte kein Raum gewählt werden, in dem Geräte mit Zündflamme oder elektrische Geräte und Schalter vorhanden sind, da dann die Gefahr von Funkenbildung besteht.

(4) Im Betrieb kann die Gefahr bestehen, daß sich bei blockiertem Schwimmer in der Vergaserkammer der Silentblock am Lufteingang (Schalldämpfer) des Vergasers mit Kraftstoff vollsaugt und der Kraftstoff überläuft. Das passiert nicht, wenn die Dichtungen festsitzen und keine Leckagen haben und der Drainageschlauch angeschlossen ist. D. h.: Befestigungsschrauben des Schalldämpfers und Vergasers sowie alle anderen Schrauben am Motorblock regelmäßig prüfen.

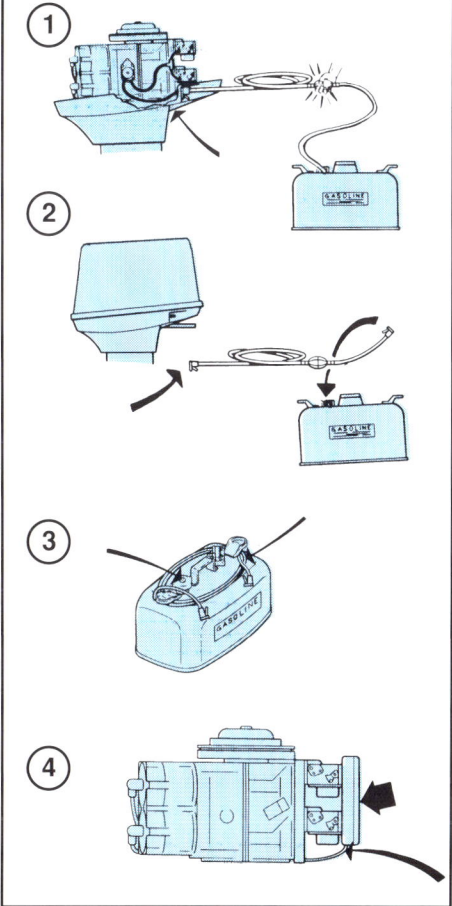

Propeller-Montage:
(A) Sicherungssplint
(B) Kronenmutter
(C) Scheibe
(D) Propeller
(E) Druckscheibe
(F) Propellerwelle

Der Propeller hat in der Nabe eine Rutschkupplung. Deshalb ist kein Scherstift zu sehen.

▶

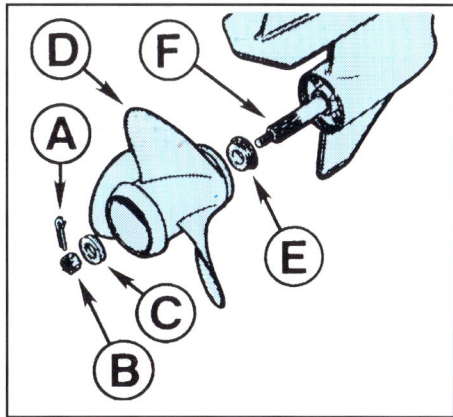

König 70, das Paradepferd der König-Serie mit Elektrostarter und elektronischer Zündung.

König

Die Brüder König waren Deutschlands bekannteste Außenborder-Bauer. Das Leistungsspektrum reichte von 3 - 52 kW (4 - 70 PS). Die Motoren waren im Ausland erfolgreicher als zu Hause, vor allem wurden viele bedeutende Rennen mit den Motoren gewonnen. 1985 stellte man die Produktion ein. Die Betriebsanleitungen sahen recht handgemacht aus, aber der Inhalt war frei von Fehlern und die reine Praxis.

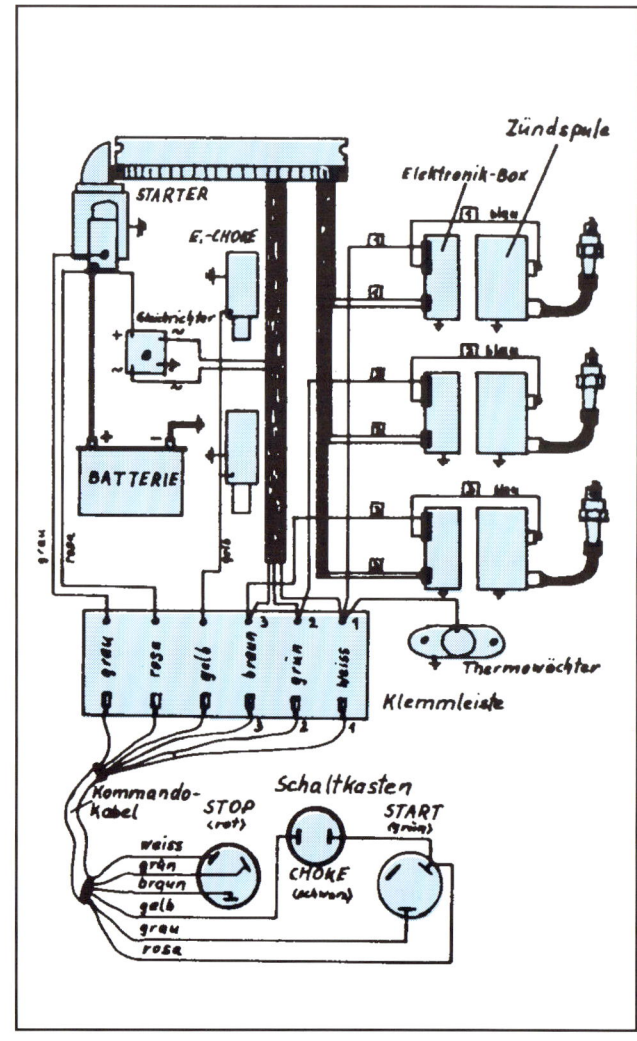

Schaltschema der Elektrik eines Dreizylinders.
Der Schaltplan enthält alle Einzelheiten eines modernen Außenborders mit elektronischer Zündung, Thermowächter, Choke, Relais usw.

Hauptteile des König 70

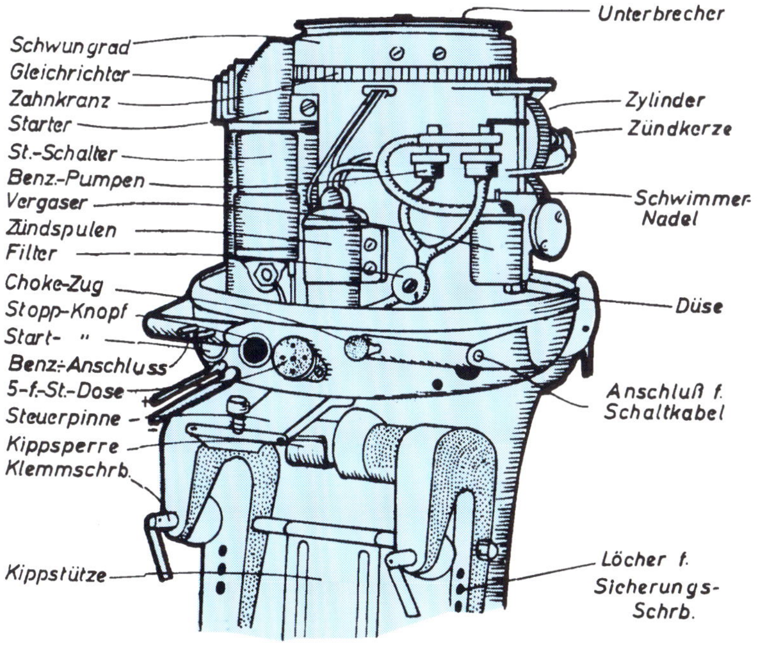

Schwungrad
Gleichrichter
Zahnkranz
Starter
St.-Schalter
Benz.-Pumpen
Vergaser
Zündspulen
Filter
Choke-Zug
Stopp-Knopf
Start- "
Benz.-Anschluss
5-f.-St.-Dose
Steuerpinne
Kippsperre
Klemmschrb.

Kippstütze

Unterbrecher
Zylinder
Zündkerze
Schwimmer-Nadel
Düse
Anschluß f. Schaltkabel
Löcher f. Sicherungs-Schrb.

▲ **Hauptteile einfach, aber wirksam mit der Hand beschriftet. Das ist auf alle Fälle effektiver als schlechte Fotos.**

▶ **In der Betriebsanleitung gab es sogar einen Schnitt durch den Vergaser, Hinweise auf die Einstellung der Düsen und die Reinigung der Schwimmerkammer sowie des Schwimmerventils. So etwas ist heute nicht mehr in Betriebsanleitungen zu finden und zum Tabu erklärt.**

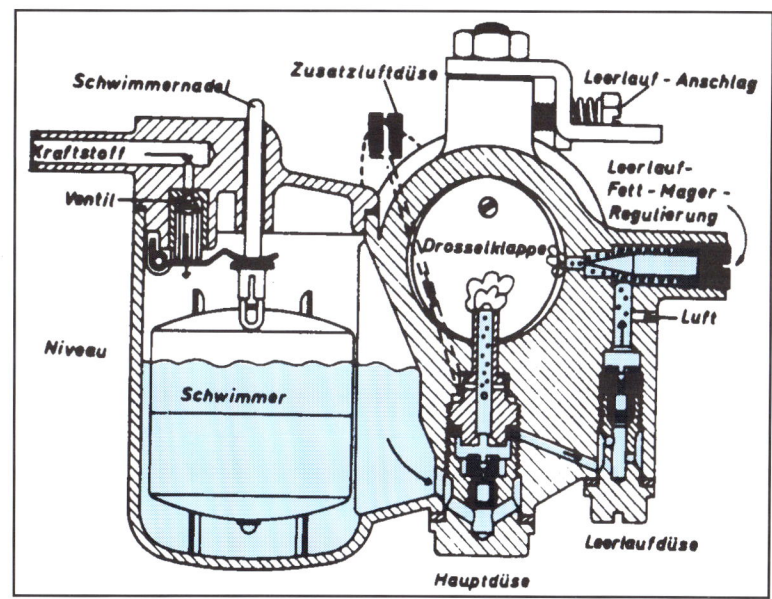

Schwimmernadel
Zusatzluftdüse
Leerlauf - Anschlag
Kraftstoff
Ventil
Leerlauf-Fett - Mager - Regulierung
Drosselklappe
Niveau
Luft
Schwimmer
Leerlaufdüse
Hauptdüse

Mariner

Mariner baut Außenborder von 1,5 - 205 kW (2 - 275 PS). Die hier gezeigten Skizzen stammen, die Elektrik ausgenommen, aus der Betriebsanleitung, die sehr sorgfältig gemacht ist und sogar zu den wenigen gehört, die beim Troubleshooting (Fehlersuche) auch eine Spalte "Beheben der Störung" haben. Von Elektrik ist allerdings keine Spur. Sie finden den Schaltplan des mittleren Zweizylindermotors mit einer Leistung von 20 - 30 PS auf der rechten Seite abgebildet.

Mariner 25. Zweizylinder von Mariner werden von 4,5 bis 37 kW (6 bis 55 PS) gebaut.

Propellermontage.
Die Propellermontage ist gut beschrieben. Die Skizze zeigt die notwendige Reihenfolge. Die Druckscheibe muß mit der richtigen Seite auf die Welle gesetzt werden.

Mutter

Scheibe

Splint

Druckscheibe

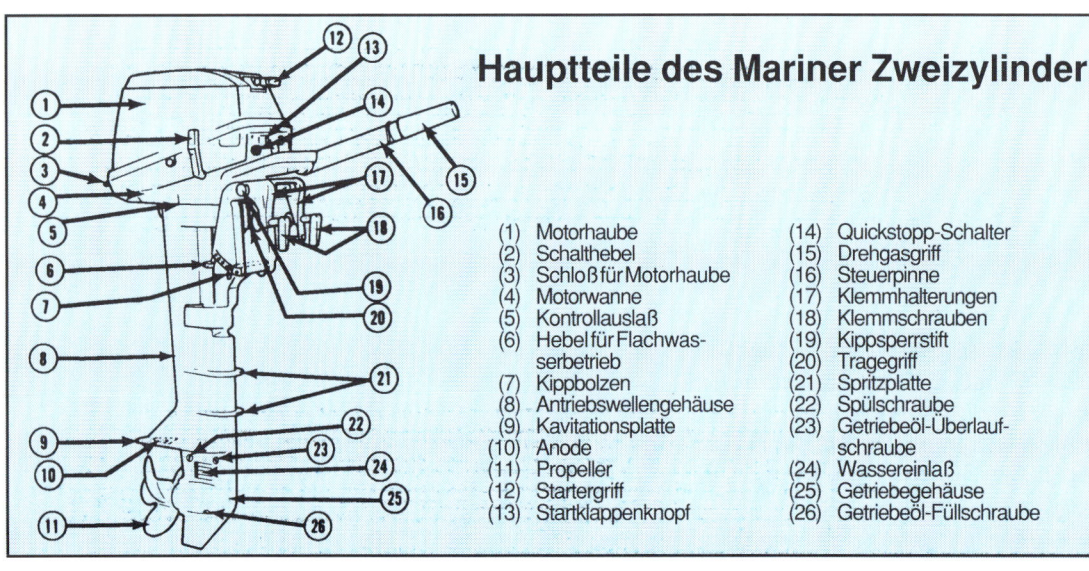

Hauptteile des Mariner Zweizylinder

(1)	Motorhaube	(14)	Quickstopp-Schalter
(2)	Schalthebel	(15)	Drehgasgriff
(3)	Schloß für Motorhaube	(16)	Steuerpinne
(4)	Motorwanne	(17)	Klemmhalterungen
(5)	Kontrollauslaß	(18)	Klemmschrauben
(6)	Hebel für Flachwasserbetrieb	(19)	Kippsperrstift
(7)	Kippbolzen	(20)	Tragegriff
(8)	Antriebswellengehäuse	(21)	Spritzplatte
(9)	Kavitationsplatte	(22)	Spülschraube
(10)	Anode	(23)	Getriebeöl-Überlaufschraube
(11)	Propeller	(24)	Wassereinlaß
(12)	Startergriff	(25)	Getriebegehäuse
(13)	Startklappenknopf	(26)	Getriebeöl-Füllschraube

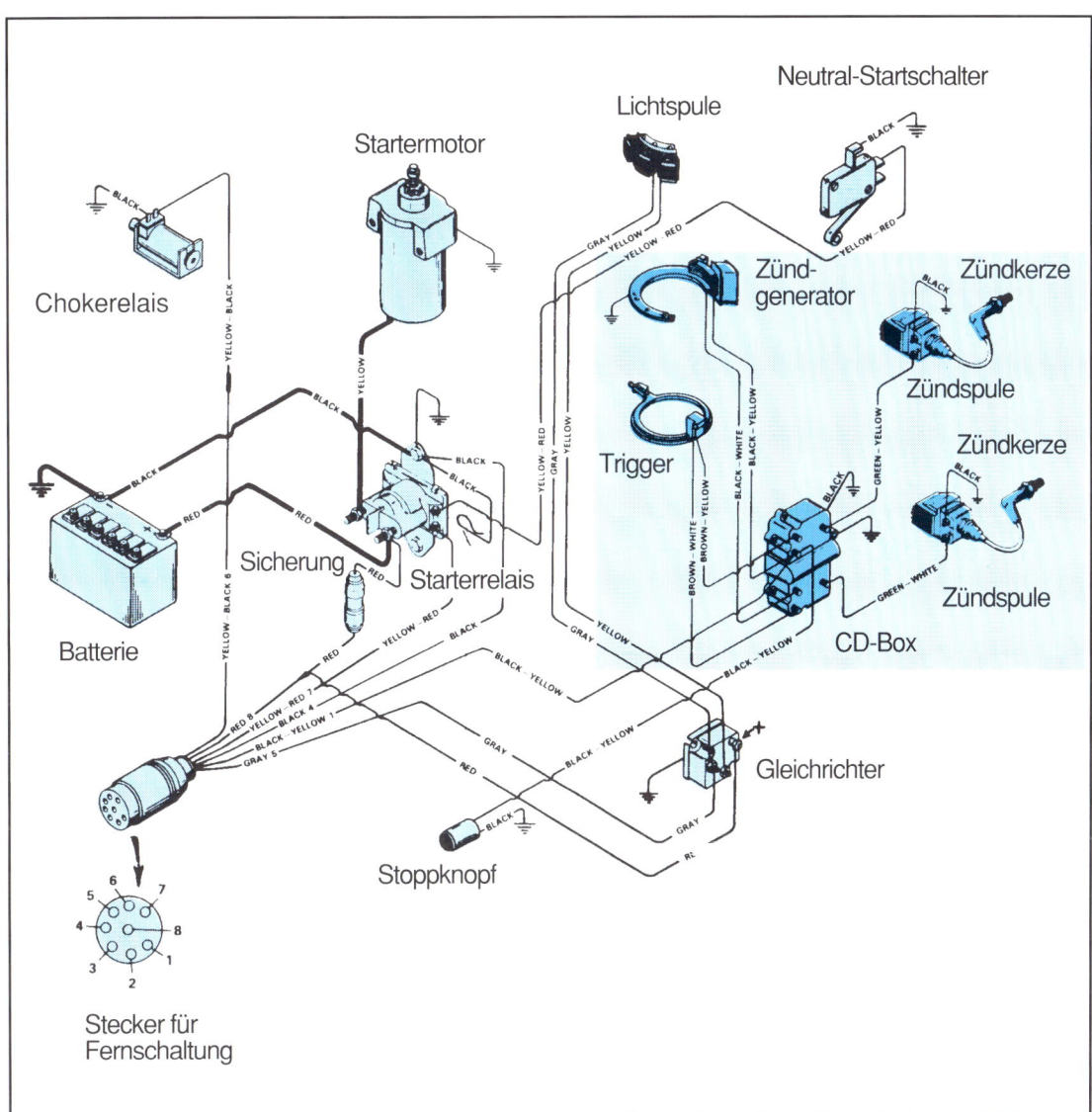

Neutral-Startschalter

Lichtspule

Startermotor

Zünd-generator

Zündkerze

Zündspule

Zündkerze

Chokerelais

Trigger

Zündspule

CD-Box

Batterie

Sicherung

Starterrelais

Gleichrichter

Stoppknopf

Stecker für Fernschaltung

▲ **Schaltplan des Mariner-Zweizylinder (20 - 30 PS) mit E-Starter, Lichtspule und dem Stecker für den Anschluß der Fernschaltung. Man kann hier sehr gut verfolgen, wie die Elektrik aufgebaut ist. Die Zündelektrik ist mit der hellblauen Fläche unterlegt. Links davon ist die ganze Starter- und Ladeelektrik dargestellt. Der Neutral-Startschalter verhindert ein Anlassen des Motors, wenn der Schalthebel nicht auf Neutral steht (ganz rechts oben). Die Zündelektrik ist in der schematischen Darstellung genauso schlicht wie jede andere Hochspannungs-Kondensatorzündung und bringt 40000 V zur Zündkerze.**

Mercury

Mercury (USA) baut Außenborder bis 205 kW (275 PS). Mit über 30 Modellen wird der ganze Leistungsbereich abgedeckt.

Die Motoren haben eine sehr übersichtliche Betriebsanleitung. Leider fehlen bei den kleinen Zweizylindern Fehlersuchtabellen und ein Schaltplan für die Elektrik. Die Skizzenfolge Notstart (rechts) zeigt wie gut verständlich die Betriebsanleitungen gemacht sind. Was die Elektrik betrifft, so haben wir den Schaltplan eines Mercury 25 ausgewählt.

▼ Schaltplan eines Mercury 25.

Auf der linken Seite sehen Sie die Elektrik für den E-Starter, auf der rechten Seite die Elektrik für die Zündung. Der Stecker liegt in der Motorwanne und wird einfach an den Kabelstrang der Fernschaltung geklemmt.

Für Motoren ohne E-Starter entfällt die linke Hälfte der Zeichnung. Die rechte Hälfte zeigt die Zündelektrik. Es sei hier noch einmal darauf hingewiesen, daß dies nur der Information dient und nicht als Reparaturvorlage.

Schematische Darstellung der Elektrik bei einem Mercury mittlerer Leistung.

(a)	Zündgenerator	(h)	Lichtspule
(b)	Trigger	(i)	Gleichrichter
(c)	Switch-Box	(j)	Startermotor
(d)	Zündspule 1.-Zyl. (Standard)	(k)	Start-Relais
(e)	Zündspule 2.-Zyl. (Standard)	(l)	Sicherung (20 A)
(f)	Zündspule 1.-Zyl.	(m)	Kaltstart-Relais
(g)	Zündspule 2.-Zyl.	(n)	Stecker für Schaltung

BLK ● schwarz
BRN ● braun
GRY ● grau
GRN ● grün
RED ● rot
WHT ● weiß
YEL ● gelb

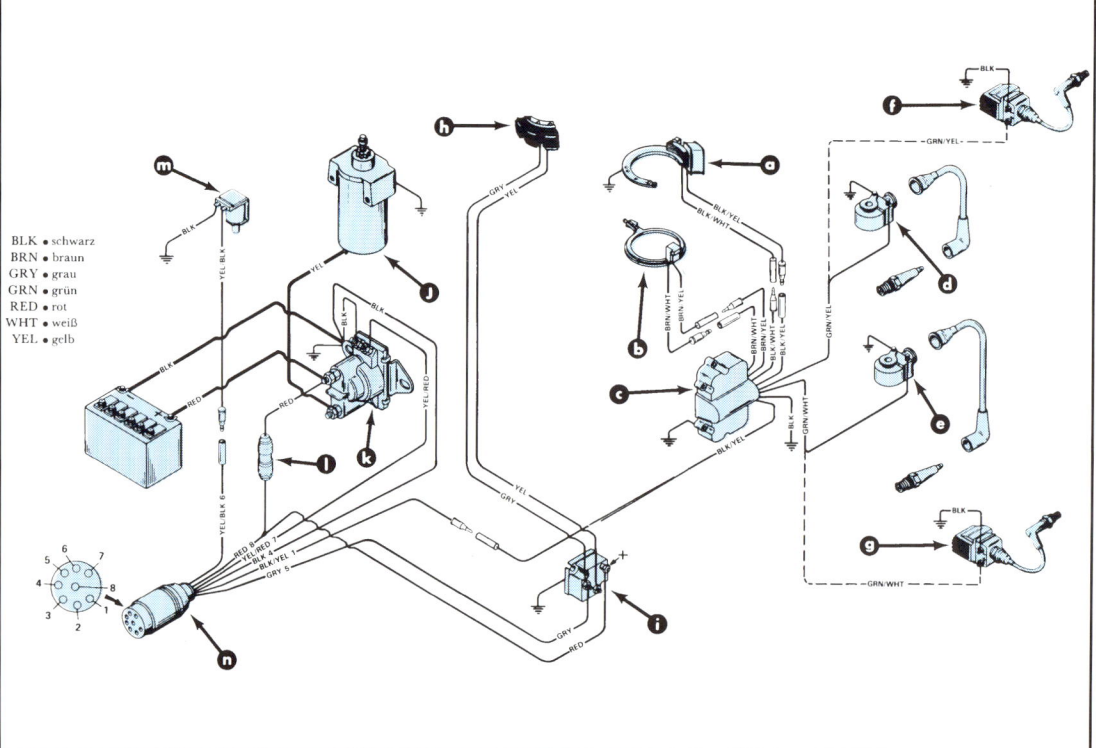

Notstart bei einem Mercury

Die Skizzenfolge aus der Betriebsanleitung zeigt den Notstart. Die Skizzen sind als Hilfestellung zu folgenden
Handgriffen gedacht:

(1) Motorhaube abnehmen
(2) Kraftstofffilter vom Startergehäuse
    abziehen (nicht drehen und auch
    nicht öffnen)
(3) Entfernen Sie die Handstart-Sper
    re auf der Steuerbordseite des
    Reversierstarters
(4) Die 3 Schrauben aus der Starter-
    abdeckung herausdrehen und
    Deckel abnehmen
(5) Starterseil mit einem Knoten in
    die Schwungradnut einhaken
    und das Seil mindestens 2 Umdre
    hungen (im Uhrzeigersinn) in den
    Schwungradfalz einlegen. Der
    Startvorgang läuft dann wie der
    normale Handstart ab .

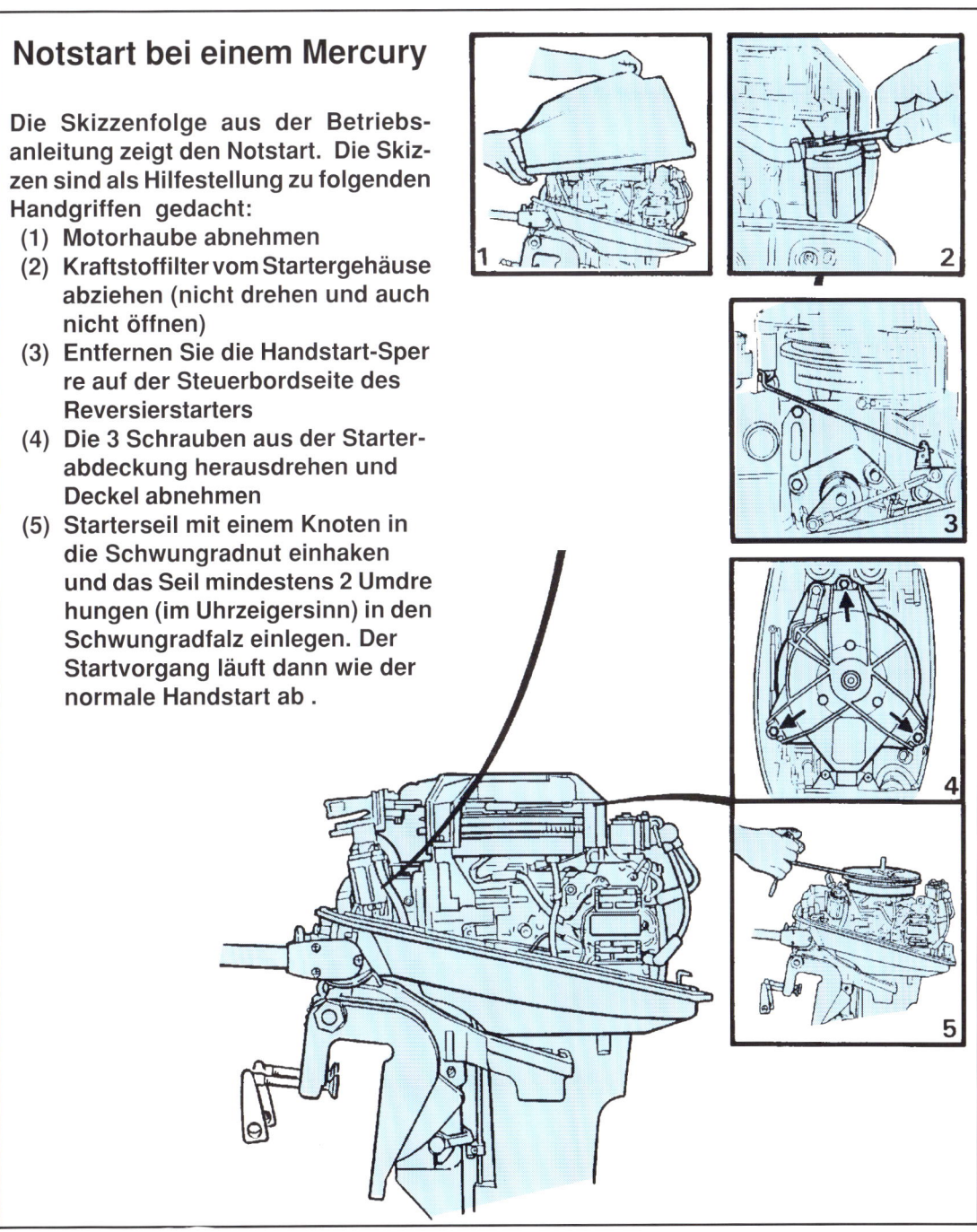

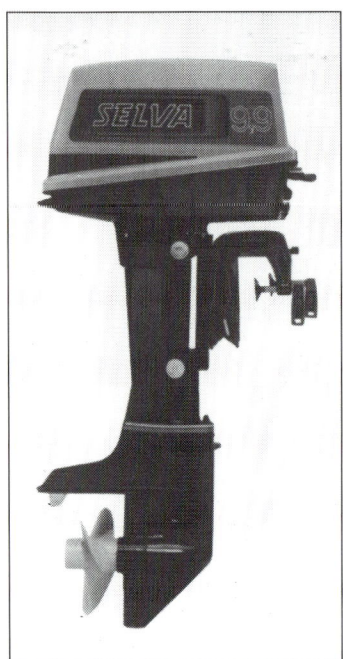

Selva

Selva ist einer der ganz seltenen Europäer auf dem Außenborder-Markt. Der italienische Hersteller baut Motoren von 2,9 bis 74 kW (4 - 100 PS). Die Bauteile sind der Herkunft entsprechend ebenfalls europäisch. Alle Modelle haben Hochspannungskondensator-Zündung (HKZ). Ab 8 kW gibt es einen Öleinspritzautomaten als Extra. Die Betriebsanleitung ist die kürzeste, die ich jemals gesehen habe: zwei DIN-A4-Seiten.

Die 20er und 30er Modelle wurden einige Jahre in großen Stückzahlen von Neckermann verkauft. Da noch viele dieser Motoren laufen, die Betriebsanleitungen aber häufig fehlen, zeige ich hier die Schaltpläne aus den damals sehr sauber gemachten Betriebsanleitungen.

◀ **Selva 9,9 - Kleiner Zweizylinder mit Handstarter. Eine 70 W-Lichtspule gibt es als Extra.**

▼ **Schaltplan für die 250er und 350er Modelle mit Lichtspule und Gleichrichter zum Laden der Batterie.**

▼ **Schaltplan für die Modelle 200 mit Handstarter.**

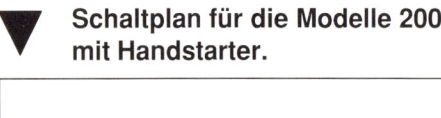

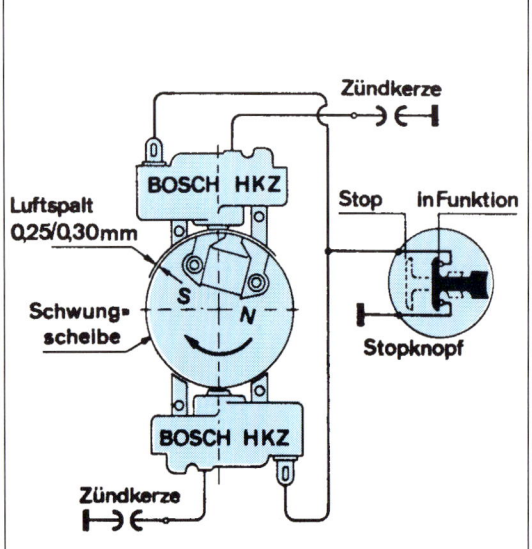

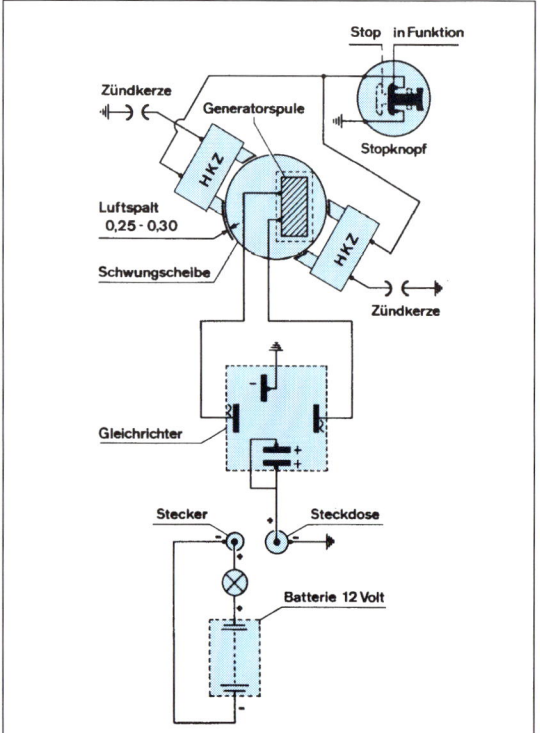

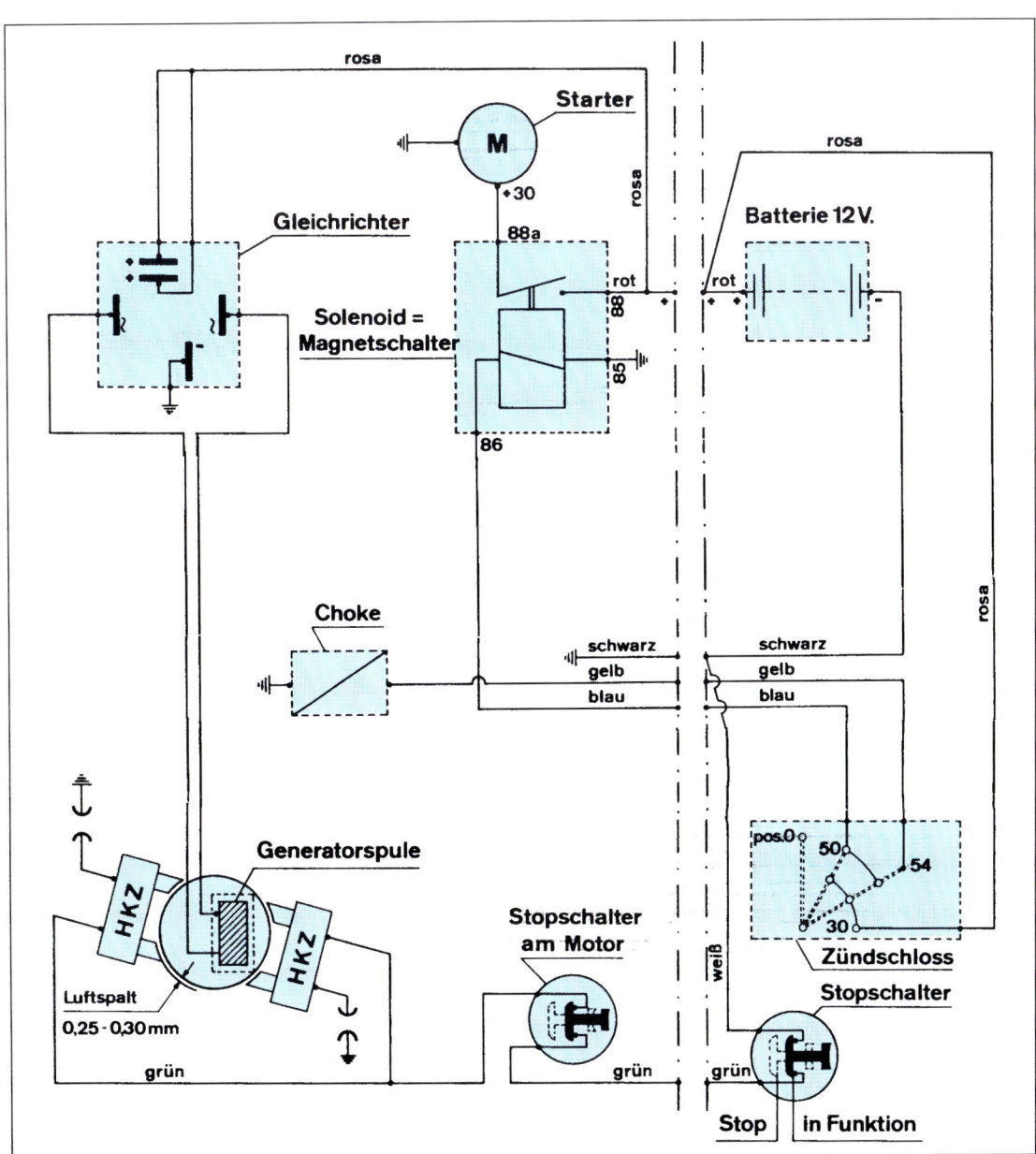

▲ Schaltplan für die 250er und 350er Modelle mit Elektrostart und Lichtspule. Die strichpunktierten Linien zeigen die Trennung von Motorelektrik und Bootselektrik. Die rechte Hälfte, nämlich Batterie, Zündschloß und Stoppschalter am Armaturenbrett, liegt außerhalb des Motors.

Suzuki

Suzuki (Japan) baut über 20 Modelle vom Ein-
zylinder bis zum V6. Der Leistungsbereich geht
von 1,5 bis 165 kW (2 - 225 PS). Die Motoren
werden seit 1991 nur noch mit CDI-Zündung
ausgerüstet, auch die ganz kleinen. Das
Mischungsverhältnis für alle Motoren ist 100 : 1,
und ab 5,9 kW (8 PS) gibt es Öleinspritzung. Die
Betriebsanleitung ist ohne große Lücken. Da sie
aber neunsprachig ist, muß man sehr lange
blättern, bis man gefunden hat, was man eigentlich sucht. Etliche wichtige Details fehlen, und da
die Texte der neun Sprachen immer auf einer
Seite zusammenstehen, bleiben für eine Spra-
che maximal neun Zeilen. Hier einige Skizzen
und Ergänzungen.

**Die Suzukis haben einen Handstarter, der wie ein E-Anlasser mit einem Ritzel
in den Zahnkranz der Schwungscheibe eingreift. Das hat den Vorteil, daß das
eigentliche Zugseil nicht oben aus der Haube kommt, sondern aus der Motorwanne, so daß
beim Anlassen das Kippmoment kleiner bleibt. Ein weiterer Vorteil: Man braucht den
Seilzugstarter nicht abzubauen, wenn man zu einem Notstart gezwungen ist, da nach dem
Abnehmen der Haube die Schwungscheibe mit der Nut für das Notstartseil frei liegt.**

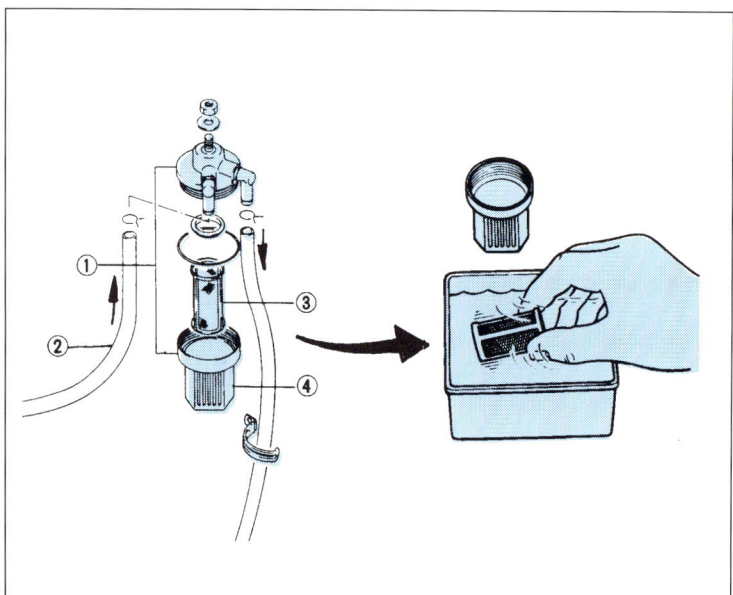

**Eine Skizze, wie man
den Kraftstoffilter reinigt
und auseinanderbaut fehlt in
der Betriebs anleitung. Wir
haben sie dem Werkstatt-
Handbuch entnommen. Es
bedeuten:**
(1) Filtergehäuse
(2) Benzinzuleitung
**(3) Filtereinsatz, den man
herausnimmt und zusammen
mit dem Gehäuseunterteil
sauber spült und dann mit
Luft trocken bläst.**

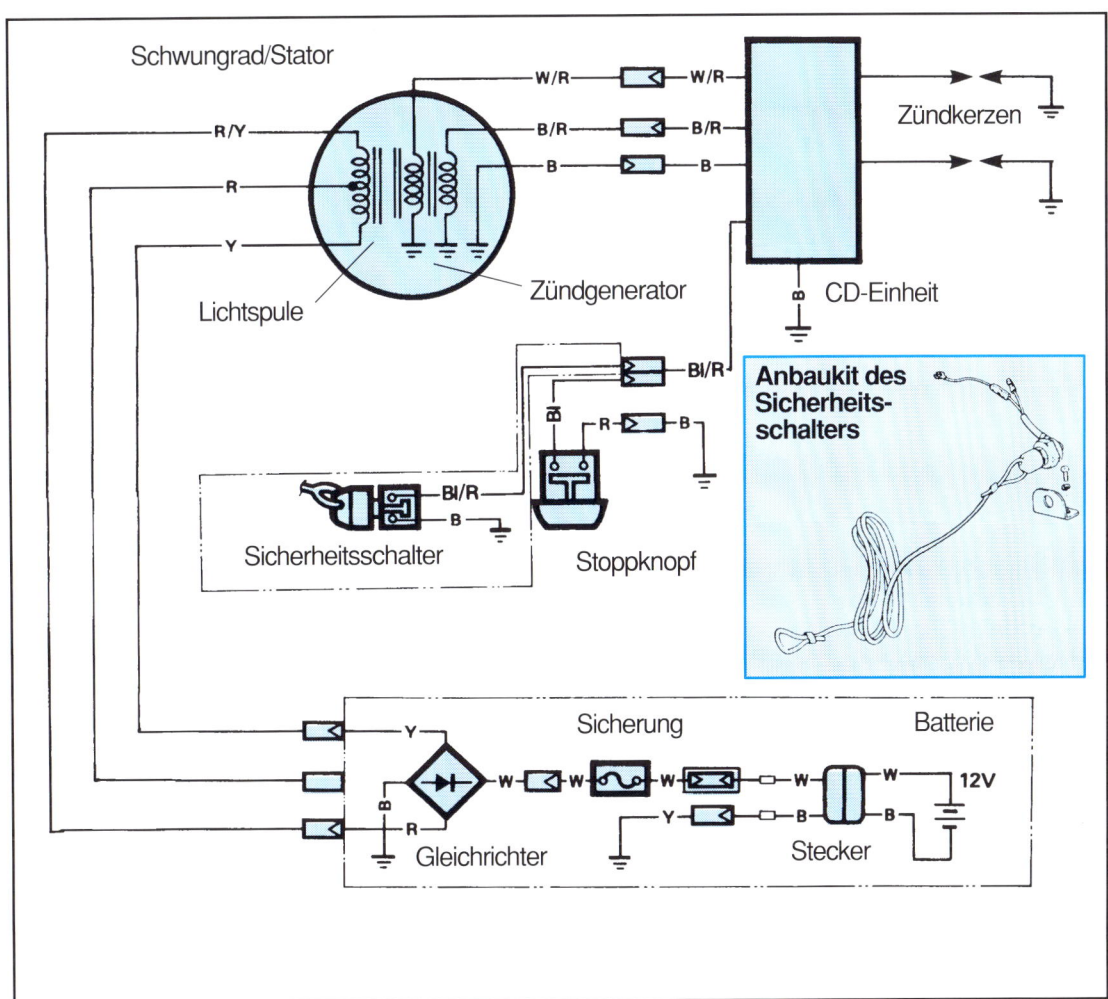

Schwungrad/Stator

Zündkerzen

W/R — W/R
B/R — B/R
B — B

R/Y

R

Y

Zündgenerator

CD-Einheit

Lichtspule

Anbaukit des Sicherheits-schalters

Bl/R
Bl
R — B

Sicherheitsschalter

Bl/R
B

Stoppknopf

Sicherung

Batterie

Y

W — W — W — W — W — 12V
B — R
Y — B — B

Gleichrichter

Stecker

▲ Elektroanlage der kleinen Suzukis. Sie sehen im oberen Bereich die Schwungscheibe mit Stator, in dem die Erregerspule für die Zündung und die Lichtspule sitzen. Daneben die CDI-Einheit und von dort die Kabel zu den Zündkerzen. In der Mitte liegt der Stoppknopf, an dem der Sicherheitsschalter angebaut werden kann. Nach unten führen die Stromabnahmeleitungen, die über den Gleichrichter, die Sicherung und Verbindungsstecker zur Batterie laufen. Die Gleichrichtereinheit wird auch nicht serienmäßig geliefert.
Der Anbaukit des Sicherheitsschalters ist in dem blauen Feld rechts oben dargestellt. Sicherheit muß zum Teil immer noch als Extra gekauft werden, sollte aber zum Standard gehören. Der Schalter wird mit einem kleinen Beschlag an die Motorwanne gebaut und mit den beiden Klemmen an den Stoppknopf und an Masse angehängt. Machen Sie sich ruhig die Mühe und suchen Sie im Elektroschaltplan oben diese beiden Punkte.

Tohatsu

Die Tohatsu-Reihe (Japan) reicht von 1,85 (2,5 PS) bis über 100 kW (136 PS). Die Betriebsanleitungen gehören zu den sorgfältigsten und lückenlosesten. Hier einige Beispiele.

▶ **Öl- und Kraftstoffilter. Hier wird deutlich, wie wichtig es ist, eine sorgfältig erarbeitete Betriebsanleitung zu haben. Zwei gleich aussehende Filter führen unterschiedliche Medien.**

▼ **Stromlaufplan für die Fernschaltung und die Instrumentierung.**

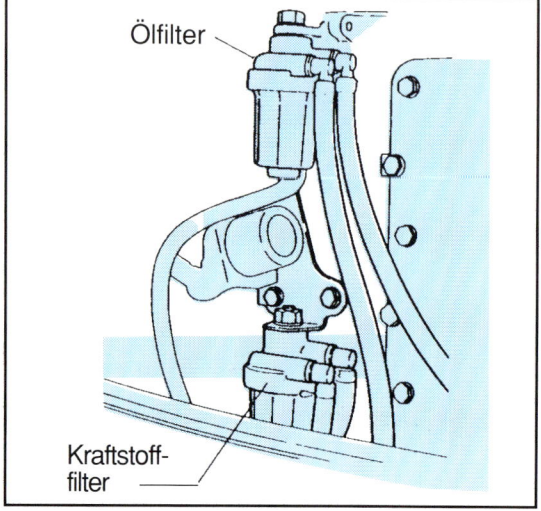

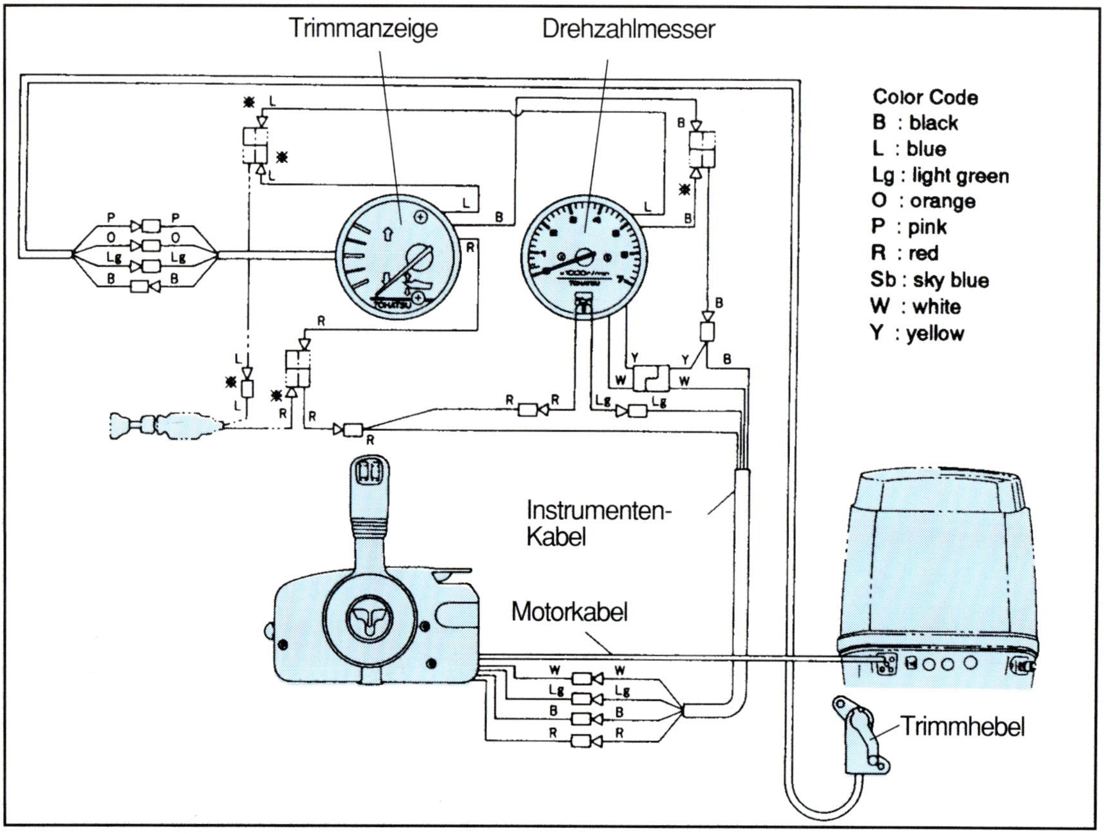

Ölfilter

Kraftstoff-
filter

Trimmanzeige   Drehzahlmesser

Color Code
B : black
L : blue
Lg : light green
O : orange
P : pink
R : red
Sb : sky blue
W : white
Y : yellow

Instrumenten-
Kabel

Motorkabel

Trimmhebel

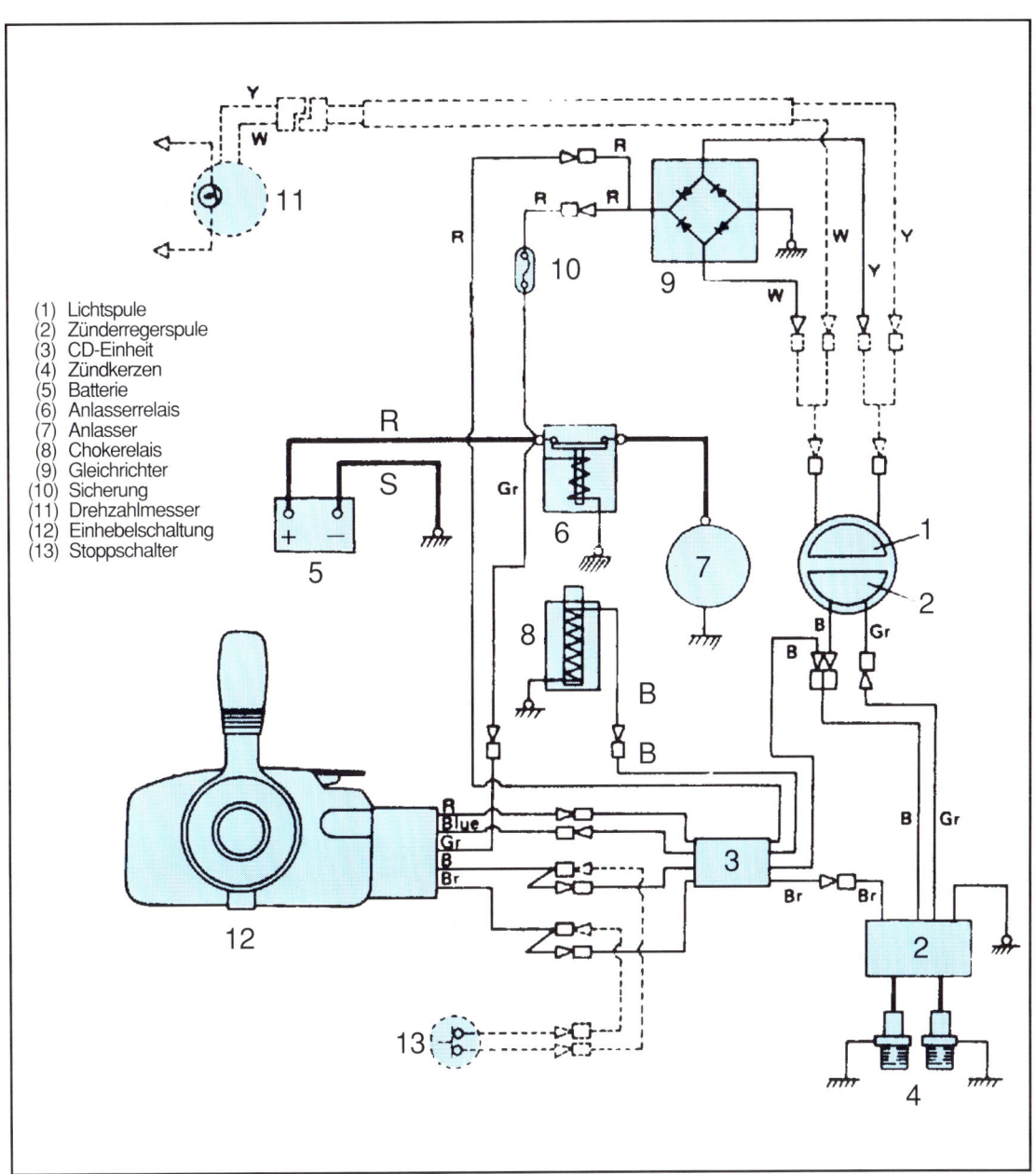

(1) Lichtspule
(2) Zünderregerspule
(3) CD-Einheit
(4) Zündkerzen
(5) Batterie
(6) Anlasserrelais
(7) Anlasser
(8) Chokerelais
(9) Gleichrichter
(10) Sicherung
(11) Drehzahlmesser
(12) Einhebelschaltung
(13) Stoppschalter

Schaltplan des Tohatsu M8 PEP. Wir haben die Bezeichnungen geändert, da in der Betriebsanleitung einige Positionen nicht klar waren. Die gestrichelten Bereiche (Stoppschalter und Drehzahlmesser) gehören nicht zur Standardausrüstung.

Volvo Penta

Volvo Penta hatte Anfang der 70er Jahre die Außenborder-Marke Archimedes übernommen. Das Motorenprogramm wurde auf Leistungen von 2,5 - 47 kW (3,5 - 64 PS) erweitert. Produziert wurde bis 1983, d. h. die Motoren sind zum Großteil noch in Funktion. Deshalb hier einige Details aus der sehr ausführlichen und gut durchdachten Betriebsanleitung.

◀ **Das Foto zeigt einen Volvo Penta, wie er bis 1983 gebaut wurde.**

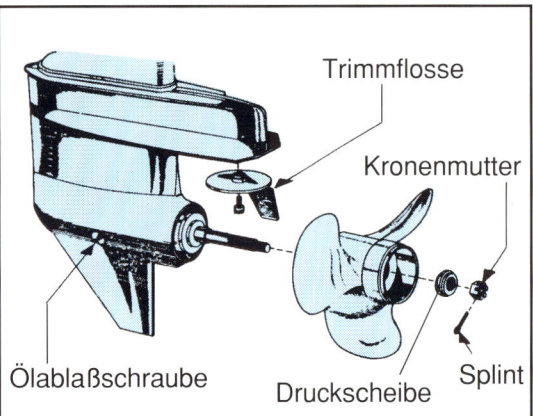

Trimmflosse

Kronenmutter

Ölablaßschraube

Druckscheibe

Splint

▲ **Propellermontage**

Hauptteile des Volvo 500 und 700

(1) Motorwanne
(2) Motorhaube
(3) Klemmschrauben
(4) Bügel für Radsteuerung
(5) Stoppknopf
(6) Kavitationsplatte
(7) Beleuchtungsanschluß

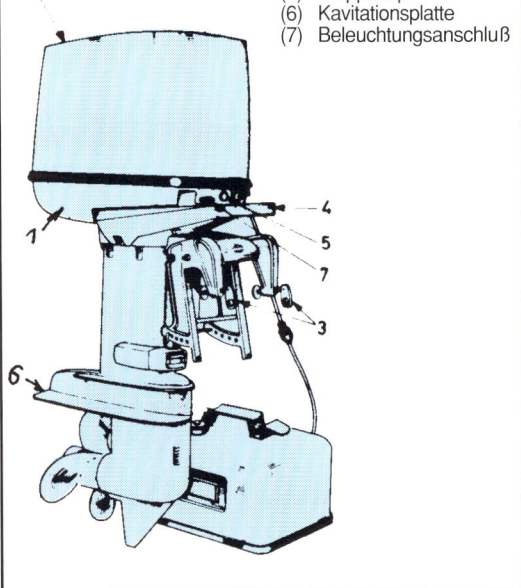

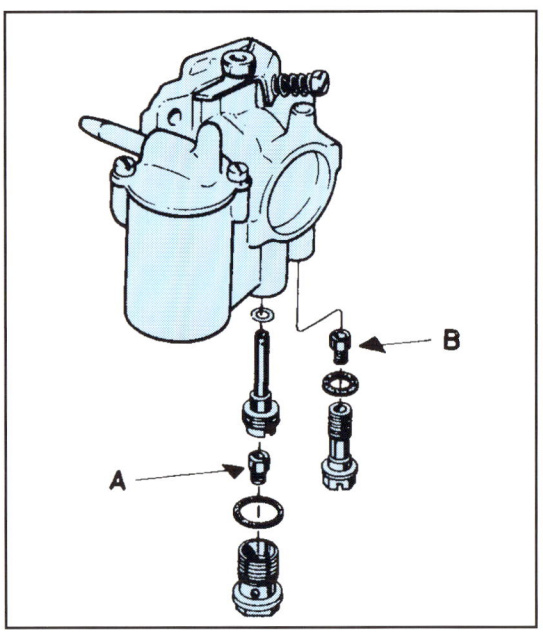

▶ **Vergaser des Volvo.
Die Leerlaufdüse ist mit (B), die Hauptdüse mit (A) bezeichnet.**

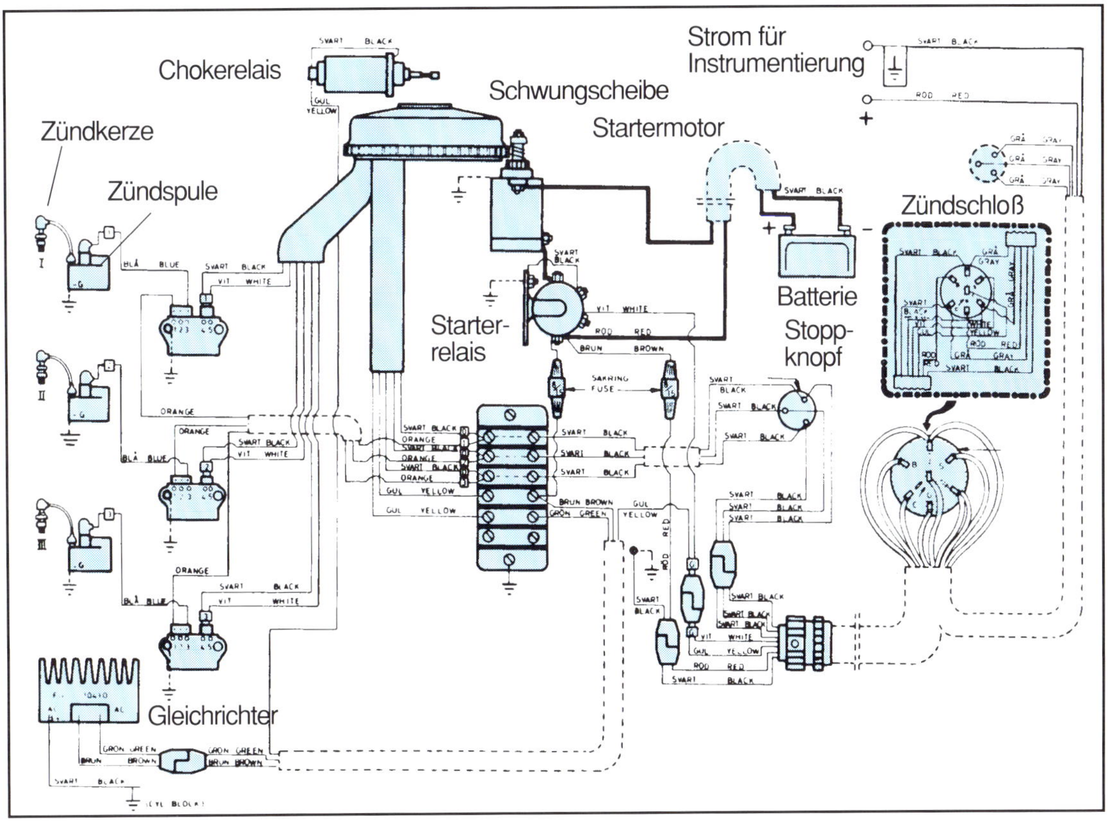

Chokerelais

Zündkerze

Zündspule

Schwungscheibe

Startermotor

Strom für
Instrumentierung

Zündschloß

Batterie

**Starter-
relais**

Stopp-
knopf

Gleichrichter

▲ **Schaltplan des Volvo Penta 500/700.
Die Elektrik teilt sich auch hier in 4**
Gruppen: links die Zündelektrik, rechts neben dem Schwungrad die Starterelektrik,
ganz rechts außen das Kabel zum Zündschloß und der Kontaktaufbau des Zündschlosses, und ganz links unten der
Gleichrichter, von dem aus die Ladeleitungen
zur Batterie zurückgehen.

▶ **Skizze zur Reinigung des Kraftstoff-
siebs vor der Pumpe.**

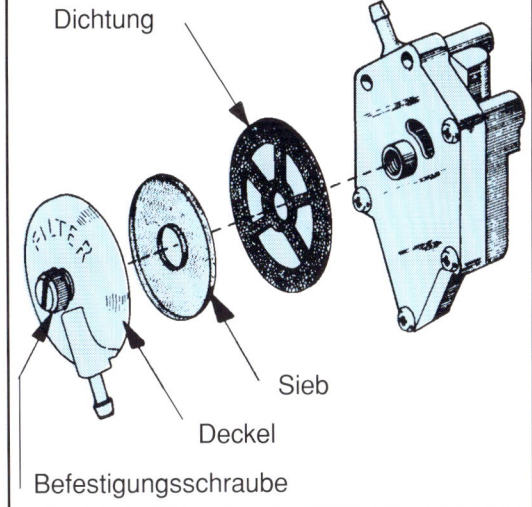

Dichtung

Sieb

Deckel

Befestigungsschraube

Yamaha

Yamaha (Japan) baut 30 Modelle im Leistungsbereich von 1 bis 187 kW (1,5 bis 250 PS). Neben den Zweitaktern, werden auch zwei Viertakter gebaut.

Yamaha hat sicher die informativste Betriebsanleitung. Leider bringt man auch hier (für den Eigner fast untrennbar) mehrere Modelle in einer Betriebsanleitung. Außerdem hat man die Skizzen nicht numeriert. Was teilweise sehr verwirrend und nicht gerade Benutzer freundlich ist. Dennoch bekommt der Eigner hier die meisten Informationen.

Schmierpunkte des Motors aus dem Wartungskapitel. Diese Darstellungs form ist sehr übersichtlich. Da die Zeichnung aber in der Betriebsanleitung nur mit "Schmierpunkte" und dem Symbol für eine Tube Yamaha-Schmierfett bezeichnet ist, erscheint das ein bißchen mager. Die Beschreibung der einzelnen Punkte wäre zu empfehlen (s. Kapitel Wartung). Zum Punkt "Propellerwelle einfetten" müßte z.B. mindestens gesagt werden, daß einmal im Jahr ▼ reicht, wenn nicht der Propeller aus anderen Gründen abgenommen wird.

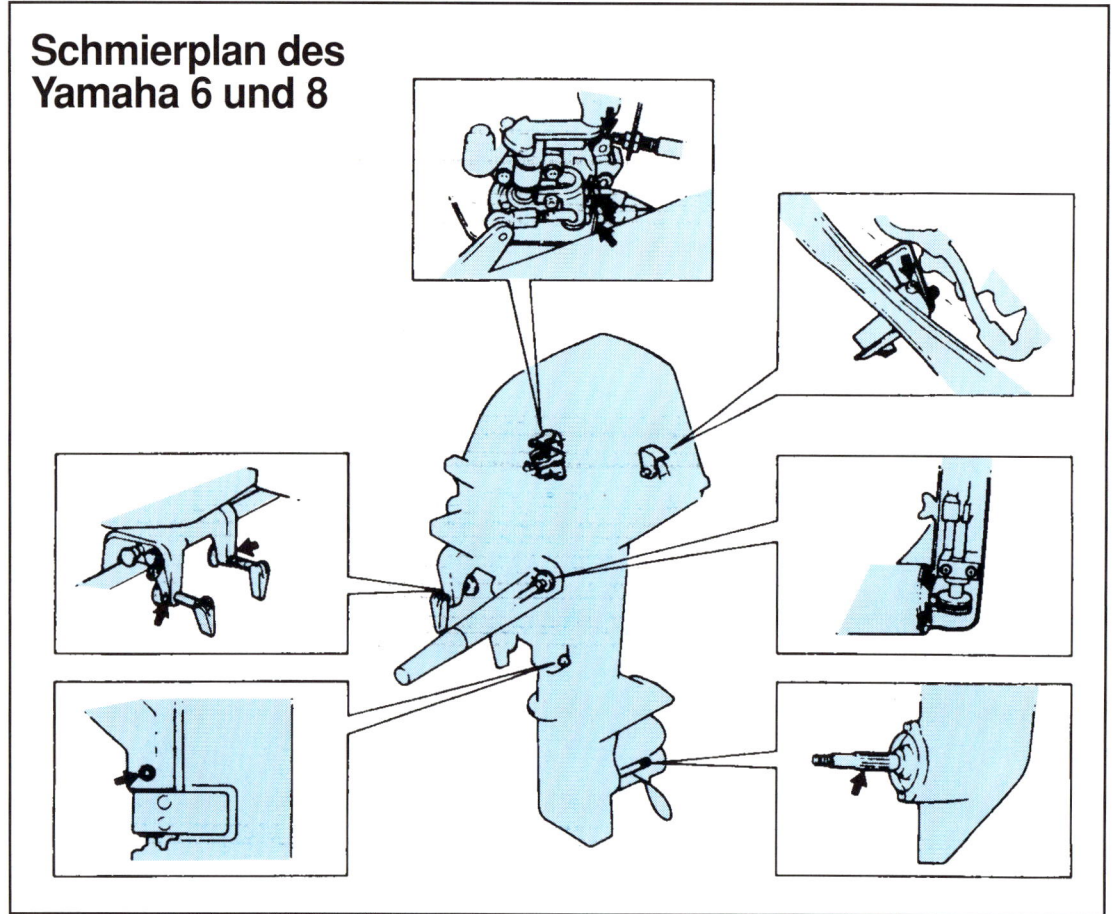

Schmierplan des Yamaha 6 und 8

Stromlaufplan
Rechts: Motor ohne E-St arter
Unten:Motor mit E-Starter
Die Elektrik dieser Motoren ist ein-
fach, modern und relativ störungsfrei.
Ein Stromlaufplan dieser Art ist aller-
dings für den Endver braucher sehr
abstrakt. Wenn man aber die beiden
Pläne vergleicht, dann bekommt man
schon ein Gefühl dafür, was zur
Zündanlage und was zur elektrischen
Startanlage gehört.
Die Ziffern des unteren Stromlaufplans
wurden an den oberen angepaßt.

6CM/6DM/8CM

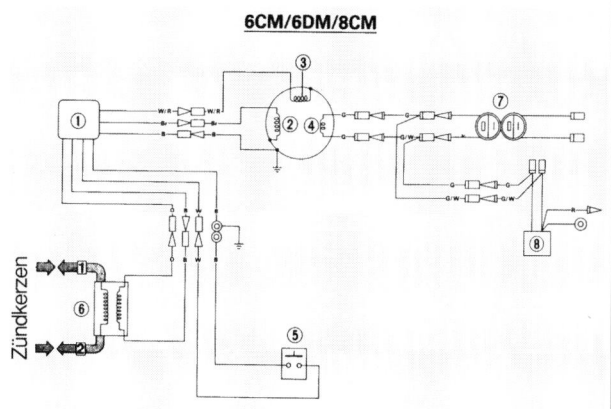

6CEM/6DEM/8CEM

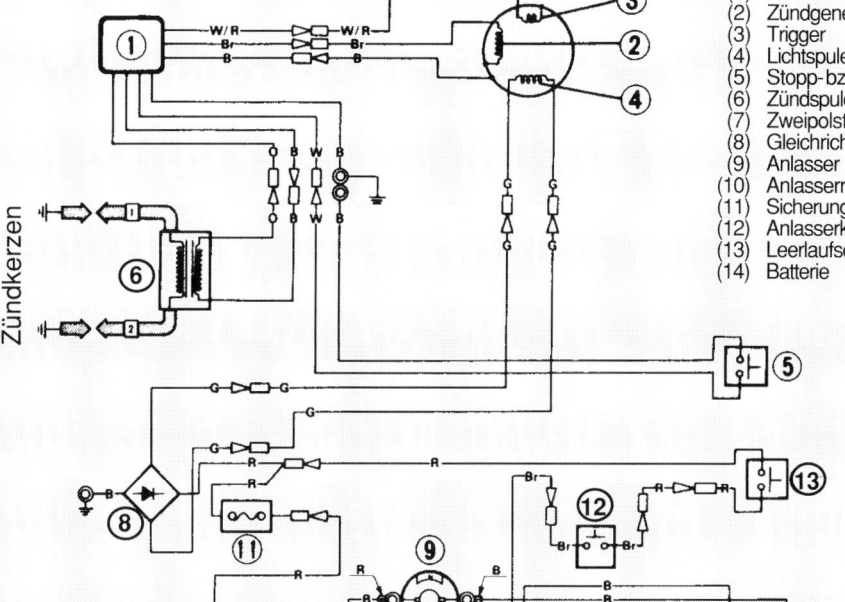

(1) CDI-Einheit
(2) Zündgenerator
(3) Trigger
(4) Lichtspule
(5) Stopp- bzw. Notstoppschalter
(6) Zündspule
(7) Zweipolstecker zur Stromabnahme
(8) Gleichrichter
(9) Anlasser
(10) Anlasserrelais
(11) Sicherung
(12) Anlasserknopf
(13) Leerlaufschalter
(14) Batterie

P-001S

B	Schwarz
Br	Braun
G	Grün
Gy	Grau
L	Blau
O	Orange
P	Rosa
R	Rot
Sb	Hellblau
W	Weiß
Y	Gelb
Lg	Hellgrün

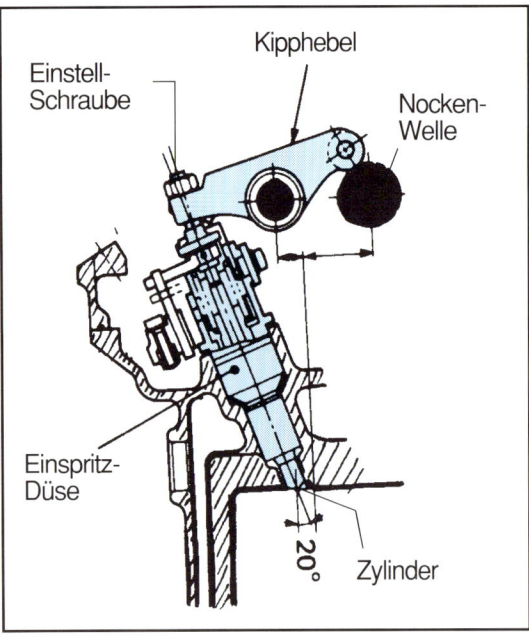

Yanmar-Dieselaußenborder

Die beiden Dieselaußenborder von Yanmar, im mittleren Leistungsbereich für Mehrzweck-motoren angesiedelt, sind zwar Außenseiter, können sich aber mit ihren Vergleichswerten wie Leistungsgewicht und Literleistung durch-aus sehen lassen. Wenn man die sprichwörtli-che Zuverlässigkeit des Diesels in Betracht zieht, gibt es eine Reihe von Einsatzgebieten, die die Schwachpunkte dieser Spezies gegenüber dem eleganten und leichteren Zweitakter in den Hin-tergrund drängen. Allein die periodischen Wartungspunkte (z.B. Filterwechsel alle 400 Stunden oder 6 Monate) sprechen für sich. Sieht man von dem eigentlichen Motor ab, so sind alle weiteren Details genauso zu handha-ben wie die eines "normalen" Außenborders. Die Abbildungen sollen Ihnen einen Einblick bieten.

Die Elektrik eines Dieselaußenborders ist natür-lich wesentlich einfacher als die eines Benzin-motors, da die gesamte Zündung entfällt. Die Betriebsanleitung enthält einen übersichtlichen Plan.

Wenn Sie sich ausführlich mit dem Motor als Diesel beschäftigen wollen, sollten sie das Buch "DIESELMOTOREN AUF YACHTEN" kaufen.

▲ **Foto links oben: Die beiden Diesel-außenborder von Yanmar stehen hier auch stellvertretend, für andere Fabrikate wie RUGGERINI, als robuste Dauerläufer.**

◄ **Die Einspritzdüsen sitzen wie Zünd-kerzen im Zylinderkopf und werden über die Nockenwelle mit Kipphebeln ange-trieben. Viel Mechanik des Viertakters. Diesel-Zweitakter gibt es nur als Langsamläufer jenseits von 2000 kW auf Seeschiffen.**

► **Schnitt durch einen Yanmar-Diesel-außenborder. Man sieht, daß außer dem eigentlichen Motor mit Ölwanne, Venti-len, Einspritzdüsen und Nockenwelle alles wie bei einem Außenborder aussieht.**

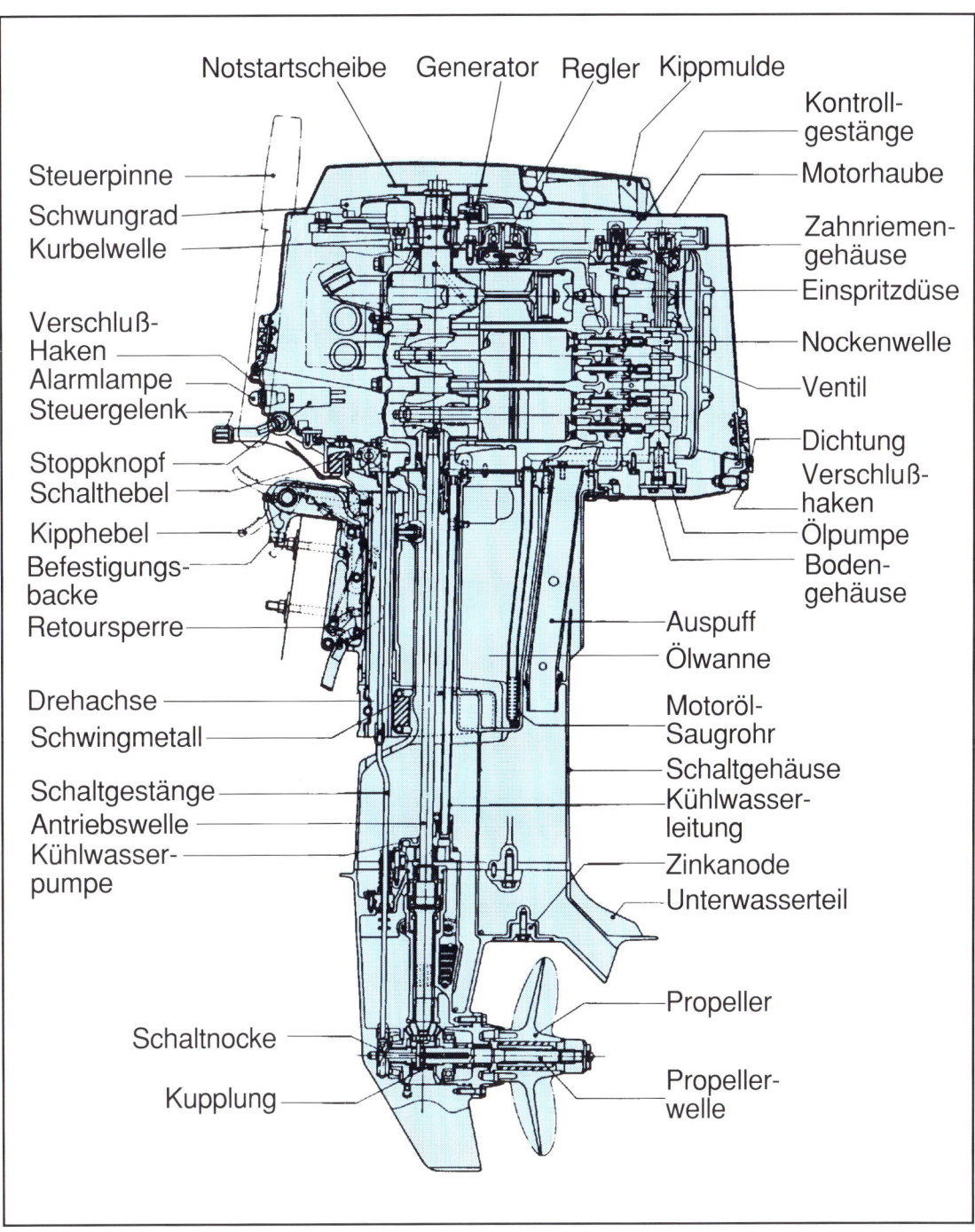

Notstartscheibe Generator Regler Kippmulde

Kontroll-
gestänge

Steuerpinne

Motorhaube

Schwungrad

Zahnriemen-
gehäuse

Kurbelwelle

Einspritzdüse

Verschluß-
Haken

Nockenwelle

Alarmlampe

Ventil

Steuergelenk

Dichtung

Stoppknopf

Verschluß-
haken

Schalthebel

Ölpumpe

Kipphebel

Boden-
gehäuse

Befestigungs-
backe

Auspuff

Retoursperre

Ölwanne

Drehachse

Motoröl-

Schwingmetall

Saugrohr

Schaltgestänge

Schaltgehäuse

Antriebswelle

Kühlwasser-
leitung

Kühlwasser-
pumpe

Zinkanode

Unterwasserteil

Propeller

Schaltnocke

Propeller-
welle

Kupplung

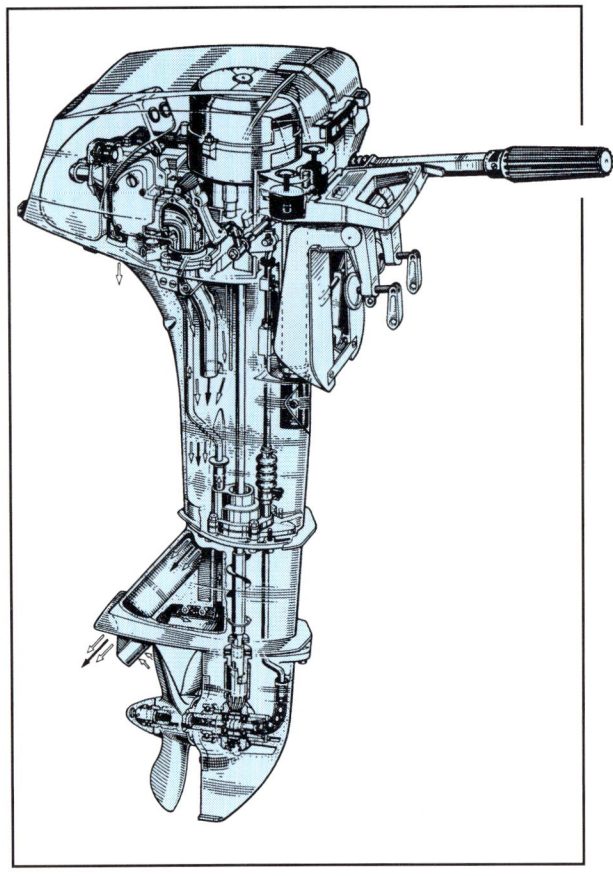

Zündapp

Zündapp baute bis 1981 diese kleinen, sehr robusten 6 PS-Motoren in 4 verschiedenen Versionen, eine davon heruntergesetzt auf 5 PS für führerscheinfreies Fahren. Die Motoren waren mit Lichtspulen bis 60 W ausgerüstet und entsprachen in allem dem Stand der Technik. Die Betriebsanleitung gehörte zu dem Besten, was es auf diesem Sektor gab, vergleichbar mit dem heutigen Werkstatt-Handbuch der meisten Außenborder-Firmen.

◀ **Röntgenzeichnung desZündapp 6. Ein sehr beliebter Außenbordmotor aus deutschem Stall. Die Produktion wurde 1981 eingestellt.**

▼ **Schaltplan des Zündapp mit einer 20 W-Generatorwicklung und Magnetzündung.**

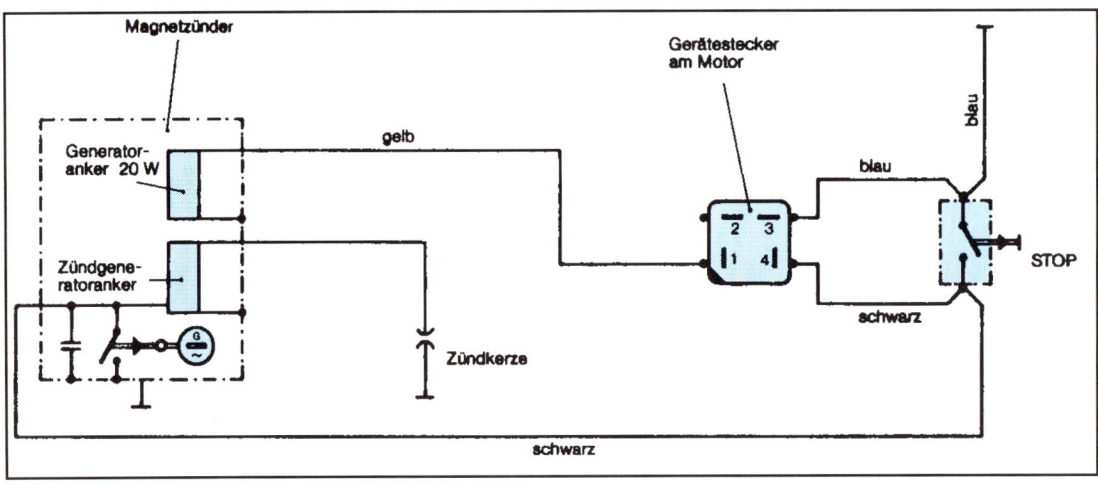

Stichwort-Verzeichnis

Buchstaben vor der Seitenzahl: A= ausführlicher Textabschnitt, B= Bild (Foto oder Zeichnung), F= Fehlersuche, K= ganzes Kapitel, T= Stichwort im Text erwähnt.

Stichwort-Verzeichnis

Buchstaben vor der Seitenzahl:	A= ausführlicher Textabschnitt, B= Bild (Foto oder Zeichnung), F= Fehlersuche, K= ganzes Kapitel, T= Stichwort im Text erwähnt.

Quellenverzeichnis
Zeitschriften / Kataloge:
YACHT, BOOTE, KLASINGS BOOTSMARKT INTERNATIONAL
Allgemeine Motorunterlagen, Werkstatt-Handbücher, Betriebsanleitungen und sonstige Schriften:
Bosch, Evinrude, Force, Honda, Johnson, König, Mariner, Mercury, Ruggerini, Selva, Suzuki, Tohatsu, Varta, VDO,
Volvo Penta, Yamaha, Yanmar, Zündapp.